LA GUI

Mesmer

STEFAN ZWEIG

La Guérison
par l'esprit

Mesmer Mary Baker-Eddy Freud

TRADUCTION DE ALZIR HELLA ET JULIETTE PARY

LE LIVRE DE POCHE

Titre original :

DIE HEILUNG DURCH DEN GEIST
Insel Verlag, Leipzig, 1931

Ouvrage publié sous la direction de Jean-Paul Enthoven.

Correcteur d'imprimerie, syndicaliste et anarchiste, Alzir Hella
(1881-1953) fut à la fois le traducteur, l'agent littéraire et un ami
très proche de Stefan Zweig, qu'il contribua à faire connaître en
France. Comme l'a écrit Dominique Bona, « Alzir Hella accomplira
au service de l'œuvre de Zweig un travail considérable pendant
de longues années, et lui amènera un de ses publics les plus
enthousiastes ». Alzir Hella traduisit également d'autres auteurs de
langue allemande, notamment *À l'ouest rien de nouveau* d'Erich
Maria Remarque.

Première édition en France, Stock, 1932.

Atrium Press, 1976
ISBN : 987-2-253-94338-9 – 1re publication LGF

À Albert Einstein, respectueusement.

INTRODUCTION

Chaque trouble de la nature est le rappel d'une patrie plus haute.

NOVALIS

La santé, pour l'homme, est une chose naturelle, la maladie une chose antinaturelle. Le corps en jouit aussi naturellement que le poumon jouit de l'air et l'œil de la lumière. La santé vit et croît silencieusement en l'homme en même temps que le sentiment général de la vie. La maladie, au contraire, s'introduit subitement en lui comme une étrangère, se rue à l'improviste sur l'âme effrayée et agite en elle une foule de questions. Car puisque cet ennemi inquiétant vient du dehors, qui l'a envoyé ? Se maintiendra-t-il, se retirera-t-il ? Peut-on le conjurer, l'implorer ou le maîtriser ? Les griffes aiguës de la maladie suscitent au cœur de l'homme les sentiments les plus opposés : crainte, confiance, espérance, résignation, malédiction, humilité et désespoir. La maladie pousse le malade à questionner, à penser et à prier, à lever dans le vide son regard épouvanté et à inventer un être vers qui il puisse se tourner dans son angoisse. C'est la souffrance tout d'abord qui a créé chez l'homme le sentiment de la religion, l'idée de Dieu.

La santé étant l'état normal de l'homme ne s'explique pas et ne demande pas à être expliquée.

Mais tout être qui souffre cherche à découvrir le sens de sa souffrance. La maladie s'emparerait-elle de nous sans cause ? Notre corps serait-il incendié par la fièvre sans faute de notre part, les fers brûlants de la douleur fouailleraient-ils nos entrailles sans but et sans raison ? Cette idée effrayante de l'absurdité totale de la souffrance, chose qui suffirait pour détruire l'ordre moral de l'univers, jamais l'humanité n'a osé la poursuivre jusqu'au bout. La maladie lui paraît toujours envoyée par quelqu'un, et l'être inconcevable qui l'envoie doit avoir ses raisons pour la faire pénétrer précisément dans tel ou tel corps. Quelqu'un doit en vouloir à l'homme qu'elle atteint, être irrité contre lui, le haïr. Quelqu'un veut le punir pour une faute, pour une infraction, pour un commandement transgressé. Et ce ne peut être que celui qui peut tout, celui qui fait éclater la foudre, qui répand sur la terre le froid et la chaleur, qui allume ou voile les étoiles, LUI, le Tout-Puissant : Dieu. C'est pourquoi, dès le début, le phénomène de la maladie est indissolublement lié au sentiment religieux.

Les dieux envoient la maladie, les dieux seuls peuvent la faire partir : cette pensée se dresse, immuable, à l'aube de toute médecine. Encore inconscient de son propre savoir, pauvre, impuissant, faible et solitaire, l'homme primitif, en proie à l'aiguillon de la maladie, ne voit rien d'autre à faire que d'élever son âme vers le dieu magicien, que de lui crier sa souffrance, en le suppliant de l'en délivrer. Le seul remède qu'il connaisse est l'invocation, la prière, le sacrifice. On ne peut pas se défendre contre Lui, le tout-puissant, l'invincible caché derrière les ténèbres : il ne reste donc qu'à s'humilier, à implorer son pardon, à le supplier de retirer la douleur qui tourmente la chair. Mais comment atteindre l'Invisible ? Comment parler à celui dont on ne connaît pas la demeure ? Comment lui donner des preuves de son remords, de sa soumission, de sa volonté de sacrifice ? Le malheureux l'ignore, comme il ignore tout. Dieu ne se révèle pas à lui ; il ne se penche pas sur son humble existence, ne prête pas l'oreille à sa prière, ne daigne pas lui donner de réponse. Alors, dans sa détresse, l'homme impuissant et désemparé doit faire appel à un autre homme, plus sage, plus expérimenté, qui connaît les formules magiques susceptibles de conjurer les forces ténébreuses, d'apaiser les puissances irritées, pour servir d'intermédiaire entre lui et Dieu. Et cet intermédiaire au temps des cultures primitives est toujours le prêtre.

Lutter pour la santé, aux premiers âges de l'humanité, ne signifie donc pas combattre sa maladie, mais lutter pour conquérir Dieu. Toute médecine au début n'est que théologie, culte, rite, magie, réaction psychique de l'homme devant l'épreuve envoyée par Dieu. On oppose à la souffrance physique non pas une technique, mais un acte religieux. On ne cherche pas à connaître la maladie, on cherche Dieu. On ne traite pas les phénomènes de la douleur, mais on s'efforce de les expier, de les écarter par la prière, de les racheter à Dieu par des serments, des cérémonies et des sacrifices, car la maladie ne peut s'en aller que comme elle est venue : par voie surnaturelle. Il n'y a qu'une santé et qu'une maladie et cette dernière n'a qu'une cause et qu'un remède : Dieu. Entre Dieu et la souffrance il n'y a qu'un seul et même intermédiaire : le prêtre, à la fois gardien de l'âme et du corps. Le monde n'est pas encore divisé, partagé, la foi et la science n'ont pas cessé de se confondre : on ne peut se délivrer de la douleur sans rite, prière ou conjuration, sans faire entrer en jeu simultanément toutes les forces de l'âme. C'est pourquoi les prêtres, maîtres des démons, confidents et interprétateurs des rêves, eux qui sont renseignés sur la marche mystérieuse des astres, n'exercent pas leur art médical comme une science pratique, mais exclusivement comme un mystère religieux. Cet art qui ne s'apprend pas, qui ne se communique qu'aux initiés, ils se le transmettent de génération en génération ; et, bien que l'expérience leur ait beaucoup appris sous le rapport médical, jamais ils ne donnent de conseil purement pratique : toujours ils exigent la guérison-miracle, des temples, la foi et la présence des dieux. Le malade ne peut obtenir la guérison sans que l'âme et le corps soient purifiés et sanctifiés ; les pèlerins qui se rendent au temple d'Epidaure, voyage long et pénible, doivent passer la veille en prières, se baigner, sacrifier chacun un animal, dormir dans la cour du temple sur la peau du bélier immolé et conter au prêtre les rêves de la nuit afin qu'il les interprète : alors seulement il leur accorde, en même temps que la bénédiction religieuse, l'aide médicale. Mais le premier gage de toute guérison, le gage indispensable, est l'élévation confiante de l'âme vers Dieu ; celui qui veut le miracle de la santé doit s'y préparer. La doctrine médicale, à ses origines, est indissolublement liée à la doctrine religieuse ; au commencement, la médecine et la théologie ne font qu'un.

Cette unité du début ne tarde pas à être brisée. Pour devenir indépendante et pour pouvoir servir d'intermédiaire pratique entre la maladie et le malade, la science doit dépouiller la souffrance de son origine divine et exclure comme superflues les pratiques religieuses : prière, culte, sacrifice. Le médecin se dresse à côté du prêtre et bientôt contre lui — la tragédie d'Empédocle — et en ramenant le mal du domaine surnaturel dans la sphère des phénomènes naturels, il cherche à éliminer le trouble de la nature au moyen de ses éléments extérieurs, ses herbes, ses sucs et ses minéraux. Le prêtre se borne au culte et ne s'occupe plus de soins médicaux ; le médecin renonce à toute influence psychique, au culte et à la magie : les deux courants suivent désormais des voies distinctes. Par suite de cette grande rupture de l'ancienne unité, les éléments de la médecine acquièrent immédiatement un sens et un aspect tout à fait nouveaux. En premier lieu, le phénomène psychique général dénommé « maladie » se divise en d'innombrables maladies isolées, déterminées, classées. Par là, son existence en quelque sorte se sépare de la personnalité psychique de l'individu. La maladie n'est plus un phénomène qui s'attaque à l'homme tout entier, mais seulement à un de ses organes (Virchow, au congrès de Rome, dit : « Il n'y a pas de maladies générales, mais seulement des maladies d'organes et de cellules. »). La mission originelle du médecin qui était de combattre la maladie en la traitant comme un tout, se transforme naturellement en une tâche, au fond, plus médiocre : localiser tout mal et sa cause et le classer dans une catégorie de maladies systématiquement décrites et déterminées. Dès que le médecin a mené à bien son diagnostic et désigné la maladie, il a fait la plupart du temps le principal, et le traitement se poursuit de lui-même par la « thérapie » prescrite à l'avance pour ce « cas ». La médecine moderne, science établie sur la connaissance et entièrement détachée de toute religion, de toute magie, s'appuie sur des certitudes absolues au lieu de faire appel aux intuitions individuelles ; bien qu'elle prenne encore volontiers le nom poétique d'« art médical », ce grand mot n'exprime plus qu'une sorte de métier d'art. La médecine n'exige plus comme jadis de ses disciples une prédestination sacerdotale ni des dons de visionnaire leur permettant de communiquer avec les forces universelles de la nature : la vocation est devenue métier ; la magie, système ; le mystère de la guérison, connaissance des organes et science médicale. Une guérison ne s'accomplit plus comme une action morale, un événement miraculeux, mais comme un fait purement raisonné et calculé par le médecin ; la pratique remplace la spontanéité, le manuel, le logos, la conjuration mystérieuse et créatrice. Là où l'ancienne méthode de guérison magique réclamait la plus haute tension de l'âme, le clinicien a besoin de toute sa lucidité et de tout son sang-froid.

Cet acheminement inévitable des méthodes de guérison vers le matérialisme et le professionnalisme devait atteindre au XIXᵉ siècle un degré extraordinaire ; entre le traitant et le traité intervient alors un troisième élément dépourvu de vie : l'appareil. Le coup d'œil du médecin-né, qui embrasse tous les symptômes dans une synthèse créatrice, devient de moins en moins indispensable à la diagnose : le microscope est là pour découvrir le germe bactériologique, le cardiographe pour enregistrer les mouvements et le rythme du cœur, les rayons Roentgen viennent remplacer la vision intuitive. De plus en plus, le laboratoire ravit au médecin ce que son métier avait encore de personnel dans le domaine du diagnostic ; pour ce qui est du traitement, les ateliers de chimie lui offrent le remède tout préparé, dosé et mis en boîte que le guérisseur du Moyen Age, lui, était obligé chaque fois de mesurer, calculer et mélanger lui-même. La toute-puissance de la technique qui a envahi la médecine — plus tard il est vrai, que les autres domaines, mais qui a fini quand même par s'y installer victorieusement — trace du processus de la guérison un tableau admirablement nuancé ; peu à peu la maladie, jadis considérée comme une irruption du surnaturel dans le monde individuel, devient précisément le contraire de ce qu'elle était aux commencements de l'humanité : un cas « ordinaire », « typique », au cours déterminé, à la durée calculée d'avance, un problème résolu par la raison. Cette rationalisation à l'intérieur est puissamment complétée par l'organisation extérieure ; dans les hôpitaux, ces magasins généraux de misère humaine, les maladies sont classées par catégories avec leurs spécialistes et les médecins n'y traitent plus que des « cas », n'examinent plus, généralement, que l'organe malade, sans même jeter un regard sur la physionomie de l'être humain aux prises avec la souffrance. Ajoutez à cela les organisations géantes, caisses de secours, assurances sociales, qui contribuent encore à cette dépersonnalisation et cette rationalisation ; il en résulte une espèce de standardisation qui étouffe tout contact intérieur entre le médecin et le patient ; avec la meilleure volonté du monde, il devient de plus en

plus impossible de susciter entre le médecin et le
patient la moindre vibration de cette force magnétique mystérieuse qui va d'âme à âme. Le médecin
de famille, le seul qui voyait encore l'homme dans le
malade, qui connaissait non seulement son état physique, sa nature et ses modifications, mais aussi sa
famille et par conséquent certains de ses antécé-
dents, le dernier qui représentait encore quelque
chose de l'ancienne dualité du prêtre et du guérisseur, prend peu à peu figure de fossile. Le temps
l'écarte. Il jure avec la loi de la spécialisation, la
systématisation, comme le fiacre avec l'automobile.
Trop humain, il ne peut plus s'adapter à la mécanique perfectionnée de la médecine.

La grande masse ignorante, mais intuitive, du
peuple proprement dit a toujours résisté à cette
dépersonnalisation et cette rationalisation absolues
de la médecine. Aujourd'hui comme il y a mille ans,
l'homme primitif, non encore touché par la
« culture », considère craintivement la maladie
comme quelque chose de surnaturel et lui oppose la
résistance morale de l'espoir, de la prière et du ser-
ment ; il ne pense pas tout d'abord à l'infection et à
l'obstruction de ses artères, mais à Dieu. Aucun
manuel, aucun maître d'école ne pourra jamais le
persuader que la maladie naît « naturellement »,
c'est-à-dire sans le moindre sens et sans qu'inter-
vienne une question de culpabilité ; c'est pourquoi il
se méfie par avance de toute pratique qui promet
d'éliminer la maladie froidement, techniquement,
d'une façon rationnelle. La récusation par le peuple
du médecin sorti des universités correspond à un
instinct collectif héréditaire qui exige un médecin
« naturiste » en relation avec l'universel, sympathisant avec les plantes et les bêtes, au courant des mystères de la nature, devenu guérisseur par prédestination et non à la suite d'examens ; le peuple veut
toujours, au lieu de l'homme du métier connaissant
les maladies, l'homme tout court « dominant » la
maladie. Et bien que la diablerie et la sorcellerie se

soient depuis longtemps évanouies à la lumière électrique, la foi en ce faiseur de miracles, en ce magicien, est bien plus vivante qu'on ne le reconnaît
publiquement. La vénération émue que nous ressen-
tons devant l'inexplicable génie créateur d'un Beethoven, d'un Balzac ou d'un Van Gogh, le peuple, lui,
la concentre encore aujourd'hui sur tous ceux en qui
il croit reconnaître des forces supérieures de guérison. Toujours il réclame comme intermédiaire, au
lieu de la drogue inanimée et froide, la chaleur
humaine vivante qui irradie la « puissance ». Le sorcier, le magnétiseur, le berger et la guérisseuse de village éveillent en lui plus de confiance que le docteur
appointé par une municipalité et ayant droit à pension, parce qu'eux exercent la médecine non pas
comme une science, mais comme un art, et surtout
comme une magie noire interdite. A mesure que la
médecine se spécialise, se rationalise, se perfec-
tionne techniquement, l'instinct de la grande masse
se dresse contre elle de plus en plus violemment : le
courant obscur et souterrain qui depuis des siècles
lutte contre la médecine académique continue à
sillonner les profondeurs du peuple en dépit de toute
instruction publique.

Cette résistance, la science la sent et la combat en
vain, bien qu'elle ait réussi, en faisant appel au
concours de l'Etat, à obtenir une loi contre les guérisseurs et les médicastres : on n'étouffe pas complètement par des décrets des mouvements qui ont un
fond religieux. A l'ombre de la loi opèrent aujour-
d'hui comme au Moyen Age d'innombrables guérisseurs non diplômés, c'est-à-dire illégaux du point de
vue de l'Etat ; la guerre entre les traitements naturels, les guérisons religieuses et la thérapeutique
scientifique se poursuit toujours. Pourtant les adversaires les plus dangereux de la science académique
ne sont pas sortis des chaumières, ni des camps de
bohémiens, mais de ses propres rangs ; de même que
la Révolution française n'a pas pris tous ses guides
dans le peuple et que la domination de la noblesse a

été, au fond, sapée par les nobles eux-mêmes ayant pris parti contre elle, de même dans la grande révolte contre la spécialisation à outrance de la médecine officielle les leaders les plus déterminés ont toujours été des médecins indépendants. Le premier qui combat la matérialisation, l'explication du miracle de la guérison, est Paracelse. Il fonce contre les « doctores » avec la brutalité paysanne qui lui est propre et les accuse de vouloir, avec leur science livresque, démonter et remonter le microcosme comme s'il s'agissait d'une montre. Il combat l'orgueil, le dogmatisme d'une science qui a perdu tout lien avec la haute magie de la *natura naturans*, qui ne devine ni ne respecte les forces élémentaires et ignore le fluide que dégage tant l'âme individuelle que l'âme universelle. Et quelque suspectes que nous paraissent aujourd'hui ses formules, l'influence spirituelle de cet homme s'accroît, pour ainsi dire, sous la peau du temps, et se manifeste au début du XIXe siècle dans la médecine dite « romantique », qui, se rattachant au mouvement poétique et philosophique de cette époque, aspire à une union supérieure de l'âme et du corps.

Avec sa foi absolue en l'âme universelle, la médecine romantique affirme que la nature elle-même est la plus sage des guérisseuses et qu'elle n'a besoin de l'homme que comme auxiliaire tout au plus. De même que sans l'intervention du chimiste le sang se crée des antitoxines contre tout poison, l'organisme qui se maintient et se transforme seul réussit généralement, sans aucun concours, à venir à bout de sa maladie. La tâche principale de toute médecine serait, par conséquent, de ne pas contrecarrer obstinément la nature, mais seulement de renforcer, en cas de maladie, la volonté de guérir toujours existante chez l'individu. Une impulsion morale, religieuse ou intellectuelle est souvent plus efficace que la drogue ou l'appareil lui-même, déclare-t-elle ; le résultat, en réalité, vient toujours du dedans, jamais du dehors. La nature est le « médecin intérieur » que chacun porte en soi dès sa naissance et qui en sait plus long sur les maladies que le spécialiste, lequel ne fait que s'appuyer sur les symptômes extérieurs, ajoute-t-elle. La médecine romantique, on le voit, considère la maladie, l'organisme et le problème de la guérison comme une « unité ».

Cette idée fondamentale de la résistance de l'organisme à la maladie fait naître au cours du XIXᵉ siècle toute une série de systèmes. Mesmer avait fondé sa doctrine sur la « volonté de guérir » qui est en l'homme, la Christian Science établit la sienne sur la force féconde de la foi, résultat de la connaissance de soi. Et de même que ces guérisseurs se servent des forces intérieures de la nature, d'autres utilisent ses forces extérieures : les homéopathes recourent aux simples, Kneipp et les médecins naturistes aux éléments revivifiants : eau, soleil, lumière ; mais tous renoncent unanimement aux médicaments chimiques, aux appareils médicaux et par là aux conquêtes dont s'enorgueillit la science moderne. Le contraste général que l'on relève entre tous ces traitements naturels, ces cures miraculeuses, ces « guérisons par l'esprit » et la pathologie officielle, se résume en une brève formule. Dans la médecine scientifique le malade est considéré comme *objet* et il lui est imposé presque dédaigneusement une passivité absolue ; il n'a rien à dire ni à demander, rien à faire qu'à suivre docilement, sans réfléchir, les prescriptions du médecin et à éviter le plus possible d'intervenir dans le traitement. La méthode psychique, elle, exige avant tout du patient qu'il *agisse* lui-même, qu'il déploie la plus grande activité contre la maladie, en sa qualité de *sujet*, de porteur et de réalisateur de la cure. Le seul, le véritable médicament de toutes les cures psychiques est cet appel au malade, qu'elles engagent à ramasser ses forces morales, à les concentrer en un faisceau de volonté et à les opposer à la maladie. La plupart du temps l'assistance des guérisseurs se réduit à des mots ; mais celui qui sait les miracles opérés par le logos, le verbe créateur, cette vibration magique de la lèvre dans le vide qui a construit et détruit des mondes innombrables, ne s'étonnera pas de voir, dans l'art de guérir comme dans tous les autres domaines, les merveilles réalisées uniquement par les mots. Il ne s'étonnera pas de voir, dans des organismes parfois complètement ravagés, la santé reconstituée uniquement par l'esprit, au moyen de la parole et du regard. Ces guérisons admirables ne sont en réalité ni rares ni miraculeuses : elles reflètent vaguement une loi encore secrète pour nous, et que les temps à venir approfondiront peut-être, la loi des rapports supérieurs entre le corps et l'esprit ; c'est déjà bien pour notre temps de ne plus nier la possibilité des cures purement psychiques et de s'incliner avec une certaine gêne devant des phénomènes que la science à elle seule ne peut expliquer.

L'abandon volontaire de la médecine académique par quelques médecins indépendants est, à mon avis, un des épisodes les plus intéressants de l'histoire de la civilisation. Car rien dans l'histoire, celle des faits comme celle de l'esprit, n'égale en grandeur dramatique l'attitude morale d'un homme isolé, faible, solitaire, qui s'insurge contre une organisation embrassant le monde. Chaque fois qu'un homme a osé, armé de sa seule foi, entrer en conflit avec les puissances coalisées du monde et se lancer dans une bataille qui semblait absurde et sans chance de succès — qu'il s'agisse de l'esclave Spartacus luttant avec les cohortes et les légions romaines, du pauvre cosaque Pougatchev ayant rêvé de régner sur la gigantesque Russie, ou de Luther, le moine au front têtu se dressant contre la toute-puissante *fides catholica* — toujours il a su communiquer aux autres hommes son énergie intérieure et tirer du néant des forces incommensurables. Chacun de nos grands fanatiques de la « Guérison par l'Esprit » a groupé autour de lui des centaines de milliers d'individus ; chacun par ses actes et ses guérisons a ébranlé et secoué la conscience de son temps ; chacun a suscité dans la science des courants formidables. Chose fantastique : à une époque où la médecine, grâce à une technique féeriquement perfectionnée, accomplit de véritables miracles, où elle a appris à observer, décomposer, mesurer, photographier, influencer et transformer les plus minuscules atomes et molécules de substance vivante, où toutes les autres sciences naturelles exactes la suivent et lui prêtent leur concours, où tout l'élément organique semble enfin dénué de mystère, à pareille époque une série de chercheurs indépendants démontrent l'inutilité dans beaucoup de cas de toutes ces connaissances. Ils prouvent publiquement et d'une façon irréfutable qu'aujourd'hui comme jadis on peut obtenir des guérisons rien que par des moyens psychiques et cela même dans des cas où l'admirable machinerie de la médecine universitaire a échoué. Vu du dehors, leur système est inconcevable, presque ridicule dans son invraisemblance ; le médecin et le patient, paisiblement assis l'un en face de l'autre, paraissent simplement bavarder. Pas de rayons Roentgen, pas de courant électrique, pas même de thermomètre, rien de tout l'arsenal technique qui fait l'orgueil justifié de notre temps : et cependant leur méthode archaïque agit souvent plus efficacement que la thérapeutique la plus avancée. Le fait qu'il y a des chemins de fer n'a rien changé à la mentalité de l'humanité. N'amènent-ils pas tous les ans à la grotte de Lourdes des centaines de milliers de pèlerins qui veulent y guérir uniquement par le miracle ? L'invention des courants à haute fréquence n'a rien changé, elle non plus, à l'attitude de l'âme vis-à-vis du mystère, car ces mêmes courants cachés dans la baguette magique d'un « preneur d'âmes » n'ont-ils point fait surgir du néant autour d'un seul homme, à Gallspach, en 1930, toute une ville avec hôtels, sanatoriums et lieux de divertissement ? Rien n'a montré d'une façon aussi visible que les succès multipliés des traitements par la suggestion et les guérisons dites miraculeuses de quelles formidables énergies dispose encore le

XXᵉ siècle, quelles possibilités de guérison pratiques ont été sciemment négligées par la médecine bacté-riologique et cellulaire en niant obstinément l'inter-vention de l'irrationnel et en excluant arbitrairement de ses calculs l'autotraitement psychique.

Bien entendu, aucun de ces systèmes de guérison à la fois anciens et nouveaux n'a ébranlé, un seul ins-tant, l'organisation magnifique de la médecine moderne, insurpassable dans sa diversité et ses méthodes d'examen ; le triomphe de certains sys-tèmes et traitements ne prouve en aucune façon que la médecine scientifique moderne en soi ait eu tort ; seul est démasqué ce dogmatisme qui s'acharnait à ne trouver valable et admissible que la méthode la plus récente et considérait effrontément toutes les autres comme fausses, inacceptables et surannées. Cette suffisance seule a reçu un coup des plus durs. Les succès désormais indéniables des méthodes psy-chiques décrites dans ce livre n'ont pas peu contri-bué à éveiller chez les leaders intellectuels de la médecine des réflexions salutaires. Un doute léger, mais déjà perceptible pour nous autres profanes, s'est infiltré dans leurs rangs. Et l'on se demande, comme le fait un homme de la valeur de Sauerbruch, si la conception purement bactériologique et sérolo-gique des maladies n'a pas poussé la médecine dans une impasse ; si la spécialisation d'une part, et la pré-dominance des généralisations sur le diagnostic indi-viduel d'autre part, n'ont pas commencé à transfor-mer peu à peu l'art médical destiné à servir les hommes en une science étrangère à l'humanité et n'ayant pour but qu'elle-même ? Ou, pour citer une excellente formule, si « le docteur n'est pas devenu par trop médecin » ? Ce que l'on appelle aujourd'hui une « crise de conscience de la médecine » n'a rien de commun avec une étroite affaire de métier ; elle participe du phénomène général de l'incertitude européenne, du relativisme universel, qui — après des dizaines d'années d'affirmations absolues dans tous les domaines de la science — apprend enfin aux spécialistes à regarder derrière eux et à questionner. Une certaine largeur d'esprit, d'ordinaire, hélas, étrangère aux académiciens, commence heureusement à se manifester : ainsi, le livre excellent d'Aschner sur la « Crise de la médecine » cite une foule d'exemples surprenants, qui nous apprennent comment des cures raillées et condamnées hier encore comme moyenâgeuses (par exemple le cautère et la saignée) sont redevenues aujourd'hui des plus modernes et des plus actuelles. La médecine, enfin curieuse de leurs lois, considère avec plus de justice et de curiosité le phénomène des « guérisons par l'esprit », que les professeurs diplômés, au XIXᵉ siècle, qualifiaient encore avec mépris de bluff, truquage et mensonge ; on fait des efforts sérieux pour adapter peu à peu les méthodes psychiques aux méthodes cliniques exactes. Chez les médecins les plus humains et les plus intelligents, on sent poindre, sans aucun doute, une certaine nostalgie de l'ancien universalisme, un désir de passer d'une pathologie purement locale à une thérapeutique générale, un besoin de connaître non seulement les maladies qui s'abattent sur l'individu, mais l'individu lui-même. Après avoir décomposé le corps humain et étudié ses cellules et ses molécules, l'homme de science tourne enfin sa curiosité vers la « totalité » de l'individu considéré comme tel et cherche derrière les causes locales de sa maladie d'autres causes supérieures. De nouvelles sciences — la typologie, la physiognomonie, la théorie de l'hérédité, la psychanalyse, la psychologie individuelle — s'efforcent de placer au premier plan ce qu'il y a de personnel, d'unique, de particulier dans chaque individu ; et les résultats de la psychologie non officielle, les phénomènes de la suggestion, de l'autosuggestion, les découvertes de Freud, d'Adler, occupent de plus en plus l'attention de tout médecin sérieux.

Les courants de la médecine organique et psychique, séparés depuis des siècles, commencent à se rapprocher, car tout développement — à l'image de la spirale de Goethe ! — parvenu à un certain degré, regagne obligatoirement son point de départ. Toute mécanique revient finalement à la loi fondamentale de son mouvement, ce qui est divisé aspire au retour à l'unité, le rationnel retombe dans l'irrationnel ; après des siècles d'une science rigoureuse qui a étudié à fond la forme et la matière du corps humain, on se tourne à nouveau vers « l'esprit qui fait le corps ».

*
* *

Ce livre ne prétend aucunement être l'histoire systématique de toutes les méthodes de guérison psychique. Il nous est seulement donné d'exposer ici des idées en images, de montrer comment une pensée se développe chez un individu, comment elle le dépasse et prend son essor dans le monde, moyen, selon nous, de la rendre plus palpable que par la lecture de n'importe quel traité historico-critique. Nous nous sommes contenté de choisir trois personnalités qui, chacune par une voie différente et même opposée, ont pratiquement réalisé sur des centaines de milliers d'humains le principe de la guérison par l'esprit : Mesmer par la suggestion et le renforcement de la volonté de guérir, Mary Baker-Eddy par l'extase de la foi, Freud par la connaissance de soi et l'élimination des conflits psychiques inconscients. Personnellement nous n'avons éprouvé aucune de ces méthodes ni en qualité de médecin ni en tant que patient ; le fanatisme ou une reconnaissance quelconque ne nous lie à aucune d'elles. Nous espérons donc, ayant composé ce travail par pure délectation psychologique, avoir gardé notre indépendance et n'être pas devenu mesmériste dans le portrait de Mesmer, Christian Scientists dans celui de Mary Baker-Eddy, ni psychanalyste intraitable dans celui de Freud. Nous nous rendons parfaitement compte que ces doctrines n'ont pu devenir efficaces qu'en surestimant leur principe, nous y voyons bien les outrances succéder aux outrances, mais fidèle à Hans Sachs, « nous ne disons pas que ceci est une faute ». De même que la nature d'une vague est de vouloir se dépasser, le propre d'une idée qui évolue est de rechercher sa forme extrême ; ce qui détermine sa valeur ce n'est pas la manière dont elle se réalise mais la réalité qui est en elle, ce n'est pas ce qu'elle représente, mais ce qu'elle fait ! Et nous reprenons ce mot merveilleux de Paul Valéry : « La valeur du monde repose sur les extrêmes, sa solidité sur les moyennes. »

Stefan ZWEIG

MESMER

*Sachez que l'action exercée par la volonté est
un point important dans la médecine.*

PARACELSE

CHAPITRE PREMIER

LE PRÉCURSEUR ET SON ÉPOQUE

> *On ne juge rien plus superficiellement que le carac-*
> *tère de l'homme, et cependant en rien on ne devrait être*
> *plus prudent. En nul autre domaine on n'a autant*
> *besoin de connaître l'ensemble, qui seul constitue le*
> *caractère. J'ai toujours trouvé que les gens que l'on dit*
> *mauvais y gagnent et que les bons y perdent.*

LICHTENBERG

Pendant un siècle, François-Antoine Mesmer, ce Winkelried de la médecine psychique moderne, est demeuré sur le banc d'infamie des escrocs et des charlatans, auprès de Cagliostro, du comte Saint-Germain, de John Law et autres aventuriers de cette époque. En vain l'honnête solitaire proteste-t-il auprès des penseurs allemands contre ce verdict déshonorant des universités ; en vain Schopenhauer célèbre-t-il le mesmérisme comme « la découverte philosophique la plus riche de contenu, bien qu'en attendant elle pose plus d'énigmes qu'elle n'en résout ». Mais qu'y a-t-il de plus difficile à détruire qu'un préjugé ? C'est ainsi que se répètent presque inconsciemment les propos malveillants ; c'est ainsi qu'un probe chercheur, un audacieux précurseur qui, guidé par une lumière mystérieuse et vacillante, ouvrit la voie à une science nouvelle, est considéré

comme un individu fantasque et équivoque, comme
un fanatique sans scrupule ; tout cela sans qu'on se
soit donné la peine de se rendre compte à combien
d'impulsions transformatrices et d'une importance
mondiale ont donné naissance ses erreurs et ses exagérations du début, depuis longtemps corrigées.

Destin tragique de Mesmer : il vint trop tôt et trop
tard. L'époque dans laquelle il entre, le siècle « super-
intelligent » des Lumières, selon le mot de Schopenhauer, est trop orgueilleuse de sa raison pour n'être
pas entièrement hostile à l'intuition. Au mystérieux
Moyen Age, vaguement et respectueusement divina-
teur, avait succédé le rationalisme des encyclopédistes, des Je-sais-tout, la dictature grossière et matérialiste des Holbach, La Mettrie, Condillac, qui
envisageaient l'univers comme un mécanisme inté-
ressant, mais encore améliorable, et l'homme uniquement comme un curieux automate pensant. Se
rengorgeant parce qu'ils ne brûlaient plus de sorcières, qu'ils traitaient la bonne vieille Bible comme
de naïfs contes d'enfants et qu'ils avaient dérobé la
foudre au Bon Dieu grâce au paratonnerre de Franklin, ces émancipateurs taxaient d'illusion absurde
tout ce qu'on ne pouvait pas saisir avec des pinces
ni prouver par la règle de trois. De la sorte, ils
balayaient en même temps que les superstitions tout
germe de mysticisme de leur univers philosophique,
clair et transparent comme du verre et fragile
comme lui. Ce qui ne pouvait être mathémati-
quement défini comme fonction, leur arrogance le
qualifiait vite de fantôme ; ce que les sens n'arrivaient pas à comprendre, ils le considéraient non
point comme incompréhensible, mais tout simplement comme inexistant.

Dans une époque aussi immodeste, aussi impie,
adorant uniquement sa propre raison pleine de suffisance, un homme entre à l'improviste et soutient
que notre univers n'est nullement un espace vide et
inanimé, un néant mort et indifférent autour des
humains, mais qu'il est constamment parcouru par

des ondes invisibles et insaisissables, que seule perçoit l'intuition, par des tensions et des courants mystérieux qui dans leur va-et-vient incessant s'effleurent et s'animent mutuellement allant pour ainsi dire d'âme en âme, d'esprit à esprit. Impalpable et pour le moment encore innommée, cette force, la même peut-être qu'irradient les astres et qui guide les somnambules, ce fluide inconnu, cette matière universelle, en passant d'homme à homme, peut, dit-il, amener des transformations dans les maladies psychiques et physiques et rétablir ainsi cette harmonie suprême que nous appelons santé. Mais le siège de cette force originelle, son vrai nom, sa composition réelle, cela François-Antoine Mesmer, certes, est incapable de le définir. En attendant, il donne à cette matière active, par analogie, le nom de magnétisme. Il prie les académies, les professeurs de vérifier par eux-mêmes l'effet étonnant obtenu par ce traitement qui consiste en un simple effleurement des doigts ; il insiste pour qu'on examine enfin sans avis préconçu les guérisons magiques, qu'il obtient, en ce qui concerne les troubles nerveux surtout, uniquement grâce à l'influence magnétique (à la suggestion, dirions-nous aujourd'hui). Cependant la science professorale des académies refuse avec obstination de jeter un seul regard impartial sur tous ces phénomènes présentés par Mesmer et cent fois vérifiés. Ce fluide, cette force transmissible dont on ne peut nettement définir l'essence (ceci est déjà suspect) ne fait point partie du Dictionnaire philosophique, abrégé de tous les oracles : par conséquent, rien de semblable ne peut exister. Les phénomènes que présente Mesmer ne paraissant pas explicables par la seule raison, eux non plus n'existent pas !

Il vient un siècle trop tôt, ce Mesmer, et quelques siècles trop tard. La médecine naissante aurait accordé à ses expériences bizarres une attention bienveillante, car la grande âme du Moyen Age réservait une place à l'inconcevable. Elle était encore capable de ces émerveillements purs d'enfant, elle avait confiance en sa propre émotion intérieure plus qu'en la simple vue des choses. Tout en étant crédule, cette époque était très compréhensive et ses penseurs, tant laïques que théologiens, n'auraient point considéré comme absurde le dogme de Mesmer : les relations transcendantes, les affinités physiques entre le macrocosme et le microcosme, entre l'âme universelle et l'âme individuelle, entre les astres et l'humanité, sa conception de l'influence étonnante qu'un homme peut exercer sur un autre homme par la magie de sa volonté et par de savants procédés, cela leur aurait paru tout naturel. La cosmologie faustienne du Moyen Age eût assisté aux expériences de Mesmer avec curiosité, sans méfiance, le cœur ouvert. Et il en est ainsi de la science moderne qui n'envisage la plupart des résultats psychotechniques de ce premier des magnétiseurs ni comme des jongleries ni comme des miracles. Justement parce que tous les jours, toutes les heures, presque, nous sommes bouleversés par de nouvelles et incroyables merveilles dans les domaines de la physique et de la biologie, nous hésitons longuement et scrupuleusement avant de traiter de faux ce qui, hier encore, était invraisemblable. D'ailleurs, bon nombre de découvertes et d'expériences mesmériennes ne trouvent-elles pas sans difficulté leur place dans notre représentation actuelle de l'univers ? Qui songe encore aujourd'hui à discuter le fait que nos nerfs et nos sens sont soumis à des lois mystérieuses, que nous sommes « le jouet de la moindre pression atmosphérique », suggestionnés et influencés par d'innombrables impulsions tant intérieures qu'extérieures ? Toute journée nouvelle ne nous enseigne-t-elle pas à nous, qui percevons à l'instant même où elle est prononcée une parole venant d'au-delà de l'Océan, que notre éther est animé de vibrations et d'ondes vitales inexplicables ? Non, la pensée la plus discutée de Mesmer ne nous effraie plus du tout : nous admettons que de notre être se dégage une force qui lui est propre, une force unique et véritable, qui, de façon presque magique, ne dépendant plus des nerfs, peut influencer et déterminer l'être et la volonté d'autrui. Mais, fatalité, l'époque à laquelle appartient Mesmer ne possède pas d'organe pour ce qui relève de l'intuition. Elle ne veut pas de clair-obscur dans les choses psychiques : l'ordre avant tout ! La lumière sans ombres ! Là où commence le crépuscule du conscient et de l'inconscient avec le jeu de ses transitions créatrices, le froid regard diurne de la science rationnelle ne voit rien. Cette science ne reconnaissant pas l'âme comme force créatrice et individuelle, sa médecine n'admet dans le mécanisme humain que des lésions organiques, des maladies du corps, jamais d'ébranlement psychique. Rien d'étonnant à ce qu'elle ne connaisse pour les maladies de l'âme que la sagesse barbare du barbier : purges, saignées, eau froide. On attache les déments à la roue et on les fait tourner jusqu'à ce que l'écume leur sorte de la bouche ; ou bien on les rosse jusqu'à ce qu'ils tombent épuisés. On gave de drogues les épileptiques ; quant aux troubles nerveux, comme on ne sait de quelle façon s'y attaquer, on les déclare tout simplement inexistants. Et lorsque Mesmer, ce fâcheux, apporte pour la première fois un soulagement à ces maladies par son influence magnétique, qui paraît par conséquent magique, la Faculté indignée détourne les yeux et affirme n'avoir vu là que mensonge et charlatanerie !

Dans cet audacieux combat d'avant-poste pour une psychothérapie nouvelle, Mesmer est complètement seul. Ses aides, ses disciples sont en retard d'un demi-siècle, de tout un siècle même. Et — tragique aggravation — ce lutteur isolé n'est même pas cuirassé par une absolue confiance en soi. Car Mesmer ne fait que deviner la direction, il ne connaît pas encore le chemin. Il flaire une piste, il se sent effleuré par le souffle ardent d'un grand et fécond mystère, mais il sait qu'il ne peut, à lui seul, le découvrir et l'éclaircir entièrement. C'est pourquoi il est émouvant de voir cet homme, que des propos inconsidérés ont fait passer pour charlatan pendant tout un siècle, demander assistance auprès de ses collègues, les médecins ; tout comme Colomb errant de cour en cour avec son plan de la route des Indes, Mesmer va d'une académie à une autre et insiste pour qu'on s'intéresse à son idée et pour qu'on l'appuie. Lui aussi, comme son grand frère en découverte, part d'une erreur, car, encore enchevêtré dans l'illusion moyenâgeuse de l'arcane, Mesmer croit avoir trouvé avec le magnétisme la panacée, les Indes éternelles de l'ancien art de guérir. En réalité, il a depuis long-temps, sans le savoir, découvert bien plus qu'une voie nouvelle — il a trouvé, comme Colomb, un continent nouveau, avec d'innombrables archipels et des régions encore inexplorées : la psychothérapie. Car tous les domaines, ouverts aujourd'hui seulement, de la psychologie, l'hypnose et la suggestion, la Christian Science et la psychanalyse, même le spiritua-lisme et la télépathie, sont situés dans cette terre nouvelle découverte par le solitaire tragique ; mais lui-même ne s'est jamais rendu compte d'être entré dans une autre partie du monde scientifique que celle de la médecine. D'autres ont labouré ses terres et moissonné ; d'autres ont récolté la gloire là où il ensemença des jachères, cependant que son nom à lui fut jeté avec mépris par la science à la voirie des hérétiques et des charlatans. Ses contemporains ont fait son procès et l'ont condamné. A présent, le moment est venu de juger ses juges.

CHAPITRE II

PORTRAIT

En 1773, Léopold Mozart mande à sa femme qui habite Salzbourg :

« Au dernier courrier je ne t'ai point écrit, car nous avions un grand concert chez notre ami Mesmer, dans son jardin de la Landstrasse. Mesmer joue fort bien de l'harmonica de Miss Dewis ; il est le seul à Vienne qui l'ait appris et il possède un instrument bien plus beau que celui de Miss Dewis elle-même. Wolfgang, lui aussi, en a déjà joué. »

Ils étaient de bons amis, on le voit, le médecin de Vienne, le musicien de Salzbourg et le fils célèbre de ce dernier. Déjà, quelques années auparavant, quand Afligio, le fameux directeur de l'Opéra de la Cour (qui finit plus tard aux galères), ne voulut pas, en dépit de l'ordre impérial, jouer la *Finta simplice* du jeune Wolfgang-Amédée, alors âgé de quatorze ans, un mécène de la musique, François-Antoine Mesmer, était intervenu ; plus hardi que l'Empereur et la Cour, il mit à la disposition du compositeur son petit théâtre de plein air pour la représentation de *Bastien et Bastienne*, s'assurant ainsi dans l'histoire, à côté de sa gloire, l'inoubliable mérite d'avoir tenu sur les fonts baptismaux le premier opéra de Mozart. Cette marque d'amitié, le petit Wolfgang ne l'oublie pas : dans toutes ses lettres il parle de Mesmer ; il est tou-

jours avec le plus grand plaisir l'hôte de son « cher
Mesmer ». Et lorsqu'en 1781 il s'installe à demeure
à Vienne, il se rend en diligence tout droit de la bar-
rière à la maison familiale. « Je t'écris ceci du jardin
de Mesmer, dans la Landstrasse. » Ainsi commence
sa première lettre à son père le 17 mars 1781. Et plus
tard, dans *Cosi fan tutte*, il érige à son savant ami le
monument humoristique que l'on sait ; aujourd'hui
encore, et pour les siècles à venir ne trouve-t-on pas
au milieu d'un gai récitatif les vers suivants :

> *Voici l'aimant*
> *Qui vous le prouvera*
> *Jadis l'employa Mesmer*
> *Originaire*
> *Des Allemagnes*
> *Et dont la célébrité fut si grande*
> *En France...*

Ce singulier Mesmer est non seulement un savant,
un ami des arts, un philanthrope, c'est aussi un
homme riche. Peu de gens de la bourgeoisie vien-
noise possédaient alors une maison aussi magnifique, aussi accueillante que la sienne, située au 261
de la Landstrasse et qui était véritablement un petit
Versailles sur les bords du Danube. Dans le vaste jardin presque princier, les invités sont charmés par
toute sorte d'agréments genre rococo, petits bosquets, allées ombragées ornées de statues antiques,
pigeonnier, volière, coquet théâtre de plein air (depuis longtemps disparu, hélas ! et où fut donnée la
première de *Bastien et Bastienne*), bassin de marbre
qui, plus tard, au moment des cures magnétiques,
verra se dérouler les scènes les plus curieuses, belvé-
dère du haut duquel, par-delà le Danube, on peut
voir le Prater. Il n'est guère étonnant que la bonne
compagnie de Vienne, causeuse et jouisseuse, fréquente volontiers cette belle maison, dont le proprié-
taire compte parmi les citoyens les plus notables,
depuis qu'il a épousé la veuve du conseiller des

Finances Van Bosch qui lui a apporté une dot de plus
de trente mille florins. Sa table (nous conte Mozart)
est journellement ouverte à tous ses amis et connaissances ; on boit et on mange excellemment chez cet
homme aussi instruit que jovial, et l'on n'y manque
point non plus de joies intellectuelles. On y entend,
bien avant leur publication, et souvent joués par les
auteurs eux-mêmes, les nouveaux quartetti, airs et
sonates de Haydn, Mozart et Gluck, amis intimes de
la maison, et aussi ceux de Piccinni et Righini. Les
invités qui préfèrent à la musique les entretiens sur
les choses de l'esprit trouvent également en leur hôte,
dans tous les domaines, un partenaire d'une culture
universelle. Car Mesmer, ce soi-disant charlatan,
tient aussi sa place parmi les savants : lorsque ce fils
de chasseur épiscopal, né le 23 mai 1734 à Iznang au
bord du lac de Constance, se rend à Vienne pour y
poursuivre ses études, il est déjà docteur en philosophie et *studiosus emeritus* en théologie de l'Université d'Ingolstadt. Mais cet esprit inquiet est loin
d'être satisfait. Comme jadis le docteur Faust, il veut
saisir la science par tous les bouts. Il fait donc encore
son droit à Vienne, pour, finalement, se tourner vers
la médecine. Le 27 mai 1766, François-Antoine Mesmer, déjà deux fois docteur, est solennellement
promu docteur en médecine ; le diplôme est signé de
la propre main du célèbre professeur et médecin de
la cour Van Swieten. Cependant Mesmer n'a pas
l'intention de battre immédiatement monnaie avec
son permis de guérir. Il n'est pas pressé de pratiquer
et préfère suivre, en dilettante, les dernières découvertes de la géologie, de la physique, de la chimie et
des mathématiques, les progrès de la philosophie
abstraite et avant tout s'occuper de musique. Il joue
d'ailleurs aussi bien du clavecin que du violoncelle
et c'est lui qui le premier introduit en Autriche l'harmonica, pour lequel Mozart compose alors un quin-
tetto spécial. Bientôt les soirées musicales de Mesmer sont les plus goûtées du Tout-Vienne
intellectuel ; à côté du petit logis musical du jeune

Van Swieten, près du Grand Fossé, où tous les dimanches on voit Haydn, Mozart et plus tard Beethoven, la maison du 261 de la Landstrasse passe pour le plus noble refuge de la science et des arts.

Non, cet homme tant calomnié, que l'on a jugé plus tard avec une telle malveillance en l'accusant de n'être qu'un profane de la médecine et un misérable charlatan, ce François Mesmer n'est pas le premier venu ; tous ceux qui l'approchent s'en rendent compte aussitôt. Déjà, extérieurement, cet homme bien bâti, au front vaste, se distingue dans toute société par sa grande taille et son port imposant. Quand à Paris il se montre dans un salon avec son ami Christophe Willibald Gluck, tous les regards se tournent curieusement vers ces deux enfants d'Enak qui dépassent d'une tête la mesure commune. Malheureusement, les rares portraits de Mesmer qui nous sont restés ne rendent pas toujours très bien la marque physiognomique ; on voit néanmoins le visage harmonieusement dessiné, la lèvre forte, le menton plein et charnu, le front magnifiquement bombé au-dessus des yeux clairs comme l'acier ; cet homme solide, qui gardera jusqu'à l'âge patriarcal une santé indestructible, irradie une confiance bienfaisante. Rien de plus erroné que de se représenter le grand magnétiseur comme un sorcier, comme une apparition démoniaque au regard étincelant et lançant des éclairs diaboliques, comme un Svengali ou un docteur Spalanzani ; au contraire, le trait caractéristique que tous ses contemporains sont unanimes à distinguer est sa patience inébranlable, sa patience sans bornes. Plus froid qu'effervescent, plus tenace que fougueux, le brave Souabe examine tranquillement les phénomènes ; et de même que cet homme à la large carrure traverse une pièce d'un pas ferme et mesuré, de même dans ses recherches, il va d'une expérience à l'autre, lentement mais avec décision. Il ne pense point par inspirations éblouissantes, foudroyantes, mais par déductions prudentes et irrévocables ; aucune contradiction, aucun mécontentement ne saurait ébranler la cuirasse épaisse de son calme. Ce calme, cette ténacité, cette grande et constante patience constituent le génie particulier de Mesmer. C'est à sa réserve extraordinaire, à sa modestie, à son attitude bienveillante et dénuée d'ambition, qu'il doit — phénomène curieux pour un homme riche et supérieur — de n'avoir à Vienne que des amis et pas d'ennemis. Partout on fait éloge de son savoir, de sa simplicité, de sa nature sympathique, on vante son attitude généreuse, lui qui a toujours la main et le cœur ouverts : « Son âme est comme sa découverte, dit-on, simple, bienfaisante et sublime. » Même ses collègues, les docteurs de Vienne, apprécient François-Antoine Mesmer comme un excellent médecin — jusqu'au moment, il est vrai, où il a l'audace de suivre sa propre voie et de faire sans l'assentiment de la Faculté une découverte qui remue le monde. Alors, soudain, c'en est fini de la sympathie générale et la lutte commence : être ou ne pas être.

CHAPITRE III

L'ÉTINCELLE

Au cours de l'été 1774 un étranger distingué passe par Vienne en compagnie de sa femme, qui, prise de crampes d'estomac, prie le père jésuite Maximilien Hell, astronome réputé, de lui fabriquer un aimant de forme commode qu'elle pourrait s'appliquer sur le ventre pour arrêter ses douleurs. Car bien que cela nous paraisse quelque peu étrange, c'est un fait indiscutable pour la médecine magique et sympathique d'antan que l'aimant recèle des forces curatives. Déjà l'Antiquité avait toujours été intriguée par les propriétés bizarres de l'aimant, que Paracelse qualifie plus tard de « souverain de tous les mystères », parce que ce phénomène parmi les métaux possède des vertus tout à fait spéciales. Cependant que le plomb et le cuivre, l'argent, l'or, le zinc et le fer ordinaire obéissent, sans la moindre manifestation individuelle, à la loi de la pesanteur, cet élément est le seul et unique qui exprime une vie, une activité indépendantes. L'aimant attire impérieusement à lui le fer, qui n'a pas de vie propre ; seul « sujet » parmi les « objets », il montre une sorte de volonté personnelle ; son attitude dominatrice nous fait involontairement supposer qu'il est régi par d'autres lois — astrales peut-être — que les règles terrestres de l'univers. Taillé en aiguille, conducteur de navire et guide des égarés, toujours il tient son doigt d'acier dans la direction du nord, paraissant ainsi garder, au milieu du monde terrestre, le souvenir de son origine météorique. Des particularités aussi remarquables chez un métal étaient destinées à fasciner, dès le début, la classique philosophie naturelle. Et l'esprit humain étant toujours enclin à penser par analogie, les médecins du Moyen Age attribuèrent à l'aimant une force sympathique. Pendant des siècles ils expérimentent pour savoir s'il ne peut attirer à soi les maladies du corps humain, comme il attire les éclats de fer. Mais là où règnent les ténèbres, s'allume comme un œil de hibou l'esprit chercheur et curieux de Paracelse. Son imagination sans cesse errante, tantôt charlatanesque, tantôt géniale, transforme sans hésiter cette vague supposition de ses prédécesseurs en certitude pathétique. Son esprit facilement inflammable se persuade immédiatement qu'à côté de la force attractive qui agit dans l'ambre (il s'agit de l'électricité encore mineure) celle de l'aimant révèle l'existence d'une force astrale, sidérale dans le corps « adamique » terrestre ; et immédiatement il fait figurer l'aimant dans la liste des remèdes infaillibles. « J'affirme nettement et franchement — écrit-il — à la suite de toutes les expériences que j'ai faites avec l'aimant, qu'il cache un mystère suprême, sans lequel on ne peut rien contre de nombreuses maladies. » Autre part, il écrit encore : « L'aimant est resté longtemps sous les yeux de tous sans que quelqu'un songeât à l'utiliser et se demandât s'il possédait d'autres capacités hors celle d'attirer le fer. Les docteurs pouilleux me reprochent souvent de ne point suivre les anciens ; mais en quoi dois-je les suivre ? Tout ce qu'ils ont dit de l'aimant n'est rien. Mettez ce que j'en dis sur la balance et jugez. Si j'avais suivi aveuglément les autres et si je n'avais point tenté d'expériences personnelles, je n'en aurais pas su plus long que n'importe quel paysan, à savoir que l'aimant attire le fer. Mais un sage doit faire des recherches lui-même, et c'est ainsi que j'ai découvert qu'en dehors de sa capacité évidente, qui saute aux yeux, d'attirer le fer, l'aimant possède une puissance cachée. » Et, avec sa fougue habituelle, Paracelse donne des indications précises sur l'application de l'aimant dans des buts curatifs. Il déclare que l'aimant possède un ventre (pôle attractif) et un dos (pôle répulsif) et que, bien appliqué, il peut transmettre sa force à travers tout le corps. Cette méthode de traitement véritablement divinatoire et anticipant sur le caractère du courant électrique que l'on n'est pas près de découvrir encore, vaut, selon l'éternel hâbleur, « plus que tous les enseignements des galénistes ». « Si, dit-il, au lieu de discourir, ils avaient étudié l'aimant, ils auraient fait plus qu'avec tous leurs savants bavardages. L'aimant guérit les écoulements des yeux, des oreilles, du nez et autres parties du corps. Il guérit aussi les abcès, les fistules, le cancer, les hémorragies chez les femmes. L'aimant guérit tous les maux, il fait sortir la jaunisse et chasse l'hydropisie, comme je l'ai souvent constaté dans la pratique, mais il est inutile de mâcher tout cela pour le mettre dans la gueule des ignorants. » Notre médecine actuelle ne prendra pas trop au sérieux cette publicité tapageuse ; mais ce qu'a dit Paracelse reste pendant deux siècles pour son école révélation et loi. Ainsi, avec bien d'autres mauvaises herbes germées dans l'enfer magique de Paracelse et prônées aussi emphatiquement, ses disciples continuent à entretenir et cultiver avec respect la théorie de la puissance curative de l'aimant. Son élève Helmont et après lui Goclenius, qui publia en 1608 un *Tractatus de magnetica cura vulnerum*, défendront passionnément, sur la foi de Paracelse, l'idée des propriétés curatives organiques du fer magnétique. A côté de la médecine officielle, la méthode de traitement magnétique se fraie déjà une voie souterraine. Et c'est sans doute un de ces satellites anonymes, un de ces obscurs disciples de la cure sympathique qui a prescrit l'aimant à la voyageuse étrangère.

Hell, le père jésuite auquel s'est adressée la

malade, est astronome et non médecin. Peu lui chaut
que l'aimant exerce ou non un effet réel sur les
crampes d'estomac, il n'a qu'à préparer l'aimant dans
la forme voulue. Il s'en acquitte avec conscience.
Mais en même temps il fait part de cet événement
extraordinaire à son ami, le savant docteur Mesmer.
Ce dernier, *semper novarum rerum cupidus*, toujours
curieux d'apprendre et d'expérimenter de nouvelles
méthodes scientifiques, prie Hell de le tenir au courant de la cure. A peine apprend-il que les crampes
d'estomac ont réellement cessé qu'il visite la malade
et s'émerveille du soulagement immédiat obtenu par
l'application de l'aimant. La méthode l'intéresse. Il se
fait fabriquer par Hell des aimants de format semblable et les essaie sur toute une série de malades ;
il leur applique le fer à cheval magnétisé tantôt sur
le cou, tantôt sur le cœur, en un mot, sur la partie
malade. Et, chose singulière, dans certains cas
— en particulier celui d'une demoiselle Osterlin, qu'il
guérit ainsi de ses crampes et celui du professeur
Bauer — il obtient des guérisons inouïes et inattendues.

Un médicastre candide resterait bouche bée et
croirait avoir trouvé un nouveau talisman de santé :
le fer magnétique. Cela paraît en effet simple et clair
comme le jour : en cas de crampes et de crises épileptiques on n'a qu'à poser à temps sur le corps du
malade le fer à cheval magique, sans se soucier du
pourquoi ni du comment, et le miracle de la guérison se produit. Mais François Mesmer est médecin,
homme de science, fils d'une époque nouvelle, qui
pense aux enchaînements et aux causes. La preuve
évidente que l'aimant a soulagé d'une façon presque
magique plusieurs de ses patients ne lui suffit pas :
en sa qualité de médecin sérieux et réfléchi, qui ne
croit pas aux miracles, il veut savoir et pouvoir expliquer aux autres pourquoi ce métal mystérieux
accomplit de telles merveilles. Son expérience ne lui
a mis en main qu'un dénominateur de la guérison
énigmatique : l'effet curatif fréquent de l'aimant ;

pour en tirer une déduction logique, il a besoin encore d'une autre donnée : la raison. Alors seulement le nouveau problème scientifique serait non seulement posé, mais résolu.

Chose étrange, un hasard diabolique paraît avoir glissé entre ses mains ce qu'il cherche. Car ce même François-Antoine Mesmer, il y a huit ans, en 1766, a conquis le grade de docteur avec une dissertation très remarquable, teintée de mysticisme, intitulée *De planetarum influxu* ; sous l'influence de l'astrologie médiévale, il y admettait l'effet des astres sur l'homme et y soutenait la thèse qu'une force mystérieuse quelconque « se déversant à travers les vastes espaces du ciel s'insinue au plus profond de toute matière et influe sur elle, qu'un éther originel, un fluide mystérieux, pénètre l'être humain comme tout le cosmos ». Ce fluide originel, ce principe vital, le prudent étudiant ne le définit encore fort vaguement que comme la *gravitas universalis*, la loi de la gravitation universelle. Cette hypothèse de sa jeunesse, le médecin l'a probablement oubliée depuis longtemps. Mais lorsque Mesmer, au cours d'un traitement fortuit, voit l'influence inexplicable exercée par l'aimant, pierre météorique d'origine astrale, ces deux éléments, la malade guérie par l'application de l'aimant et la dissertation de naguère, fusionnent soudain pour donner naissance à une théorie. Maintenant Mesmer croit son hypothèse philosophique confirmée de façon irréfutable par cet effet curatif évident et pense avoir trouvé le vrai nom de sa vague *gravitas universalis* : c'est la force magnétique, dont l'attraction s'exerce sur les hommes comme sur les astres de l'univers. L'élément magnétique, s'exclame prématurément l'audacieux inventeur, est donc la *gravitas universalis, le feu invisible d'Hippocrate*, le *spiritus purus, ignis subtilissimus*, le torrent créateur qui parcourt l'éther des mondes comme les cellules du corps humain ! Le pont cherché depuis longtemps qui relie le monde astral à l'humanité lui semble, dans sa griserie, déjà atteint. Fier et ému, il sent que celui qui passera courageusement ce pont touchera une terre nouvelle.

L'étincelle a jailli. Le contact accidentel d'une expérience et d'une hypothèse a déclenché chez Mesmer l'explosion d'une pensée. Mais c'est dans une voie complètement fausse qu'elle s'est tout d'abord dirigée. Emporté par son enthousiasme hâtif, Mesmer croit avoir trouvé en le fer magnétique la panacée, la pierre philosophale, et c'est ainsi qu'il a pour point de départ une erreur, une déduction nettement inexacte. Mais c'est une erreur créatrice. Et comme il ne se précipite pas derrière elle à tête perdue, mais que, conformément à son caractère, il marche d'un pas hésitant, il réussit à avancer malgré son détour. Il suivra d'ailleurs encore plus d'un chemin tortueux. Mais quoi qu'il en soit, tandis que les autres restent pesamment appuyés sur leurs vieilles méthodes, ce solitaire poursuit sa route dans l'obscurité et, parti d'idées puériles et moyenâgeuses, se transporte dans la sphère intellectuelle des temps modernes.

CHAPITRE IV

PREMIÈRES TENTATIVES

A présent François-Antoine Mesmer, jusqu'ici simple médecin et amateur de belles sciences, a une idée qui ne le quitte plus — on pourrait même dire qu'elle le possède. Car, jusqu'à son dernier souffle il pensera, en chercheur implacable, à ce *perpetuum mobile*, au moteur qui anime le monde. Il mise désormais sa réputation, sa fortune, son temps, sa vie, uniquement sur l'idée du fluide magnétique universel. Dans cette obstination, dans cet entêtement rigide et ardent, réside la grandeur tragique de Mesmer, car jamais il ne pourra nettement prouver ce qu'il cherche. En revanche, ce qu'il trouve réellement — une psychotechnique nouvelle — il ne l'a jamais cherché et ne s'en est jamais rendu compte. Son sort, au fond, ressemble à celui de son contemporain, l'alchimiste Böttger, qui veut, dans sa prison, fabriquer de l'or, et qui, entre-temps, découvre par hasard la porcelaine, chose mille fois plus importante : chez tous deux, l'idée primitive ne détermine qu'une impulsion psychique ; quant à la découverte elle se découvre en quelque sorte d'elle-même au cours d'expériences passionnées.

Mesmer, au début, n'a pour le guider que l'idée philosophique d'un fluide universel. Il a aussi l'aimant, il est vrai. Mais dès les premières expé-

riences il voit que le rayon d'activité de l'aimant est
relativement insignifiant, que son attraction ne
s'exerce que sur une distance de quelques pouces ;
cependant la divination mystique de Mesmer ne se
laisse pas induire en erreur : il pense que l'aimant
cache des énergies latentes beaucoup plus intenses
qu'il serait possible de faire apparaître et d'augmenter en sachant s'en servir. Il se livre donc aux plus
curieux artifices. Au lieu de poser, comme la patiente
anglaise, un seul fer à cheval à l'endroit douloureux,
il applique à ses malades deux aimants, l'un en haut,
à gauche, l'autre en bas, à droite, afin que le fluide
mystérieux rayonne sur tout le corps et par le flux et
le reflux rétablisse l'harmonie troublée. Pour augmenter sa propre influence, il porte lui-même autour
du cou un aimant cousu dans un sachet de cuir ;
mais cela ne suffit pas ; il transmet ce courant d'énergie à tous les objets imaginables. Il magnétise l'eau,
en fait boire à ses malades et les oblige à s'y baigner ;
il magnétise, par des passes, des assiettes et des
tasses de porcelaine, des vêtements et des lits ; il
magnétise des miroirs afin qu'ils irradient le fluide ;
il magnétise des instruments de musique pour que
la vibration du son transmette, elle aussi, la force
curative. Toujours plus fanatique, il est pris par l'idée
fixe que l'on peut faire passer la force magnétique
(comme plus tard l'énergie électrique) par des fils
conducteurs, la concentrer dans des bouteilles et la
recueillir dans des accumulateurs. Il en arrive finalement à construire son fameux « baquet » tant
raillé, une espèce de grand cuveau couvert, en bois,
où deux rangées de bouteilles emplies d'eau magnétisée convergent vers une tige d'acier ; cette dernière
a des pointes mobiles que le patient peut amener à
la partie malade. Autour de cette batterie magnétique se rangent avec respect les malades, qui se
tiennent par le bout des doigts et forment une
chaîne, car Mesmer déclare s'être rendu compte que
le passage du fluide par plusieurs organismes
humains peut encore intensifier le courant. Mais les

expériences sur les hommes ne lui suffisent plus ; bientôt il se sert de chats et de chiens ; finalement les arbres du jardin de Mesmer sont magnétisés, de même que le bassin, dans le miroir tremblant duquel les patients plongent religieusement leurs pieds nus, les mains reliées aux arbres par des cordes ; pendant ce temps, le maître joue de son harmonica, magnétisé lui aussi, afin de rendre les nerfs de ses malades plus dociles au remède universel, grâce aux rythmes doux et ondoyants de l'instrument.

Absurdité, charlatanisme, enfantillage que tout cela ! dirons-nous aujourd'hui avec un sourire indigné ou charitable de ces folles pratiques qui nous rappellent en effet Cagliostro et d'autres thaumaturges. Les premières expériences de Mesmer — à quoi bon le cacher ? — trébuchent impuissantes et confuses dans le fourré enchevêtré des mauvaises herbes moyenâgeuses. Le fait de vouloir communiquer l'énergie magnétique aux arbres, à l'eau, aux miroirs et à la musique rien que par des passes, et d'espérer obtenir par là des effets curatifs, nous paraît à nous une pure farce. Mais pour ne point tomber dans l'injustice, voyons donc honnêtement où en étaient les sciences physiques à l'époque. Trois forces nouvelles excitent alors la curiosité de la science, toutes trois encore minuscules, mais représentant chacune un Hercule au berceau. Avec la marmite de Papin et les nouvelles machines de Watt on avait eu un premier pressentiment de la force motrice de la vapeur, de la puissance formidable de l'air atmosphérique qui passait aux yeux des générations précédentes pour quelque chose d'inconsistant, pour un gaz universel incolore et insaisissable. Dix ans après le premier aérostat soulèvera un homme au-dessus de la terre, un quart de siècle plus tard, le premier bateau à vapeur triomphera de l'eau, cet autre élément. Mais à l'époque dont nous parlons la force de la vapeur n'est visible que dans les expériences de laboratoire ; l'électricité, encore enfermée dans la bouteille de Leyde, ne se manifeste que très faiblement et très timidement. Car, en 1775, quelle est la portée de la force électrique ? Volta n'a pas encore fait son expérience décisive, et, de petites batteries pareilles à des jouets, on tire à peine quelques faibles décharges et quelques inutiles étincelles. C'est tout ce que l'époque de Mesmer sait de l'énergie créatrice de l'électricité ; elle en sait tout autant — ou tout aussi peu — du magnétisme. Mais déjà, sous la poussée splendide d'une divination encore vague, l'âme humaine devait pressentir que grâce à une de ces forces — peut-être serait-ce la vapeur, peut-être la batterie électrique ou magnétique — l'avenir transformerait la face du monde et assurerait aux bipèdes que nous sommes, pendant des millions d'années, la domination sur terre. On pressentait ces énergies, aujourd'hui encore illimitées, que la main de l'homme a domptées et qui inondent nos villes de lumière, qui labourent les cieux, qui transmettent le son de l'équateur au pôle dans la durée infinitésimale d'une seconde. Dans leurs faibles débuts sont contenus les germes de forces gigantesques : le monde entier le sent, Mesmer le sent avec lui ; mais, comme le prince malchanceux du *Marchand de Venise* qui ne choisit pas la bonne des trois caissettes, il dirige la grande attente de l'époque vers l'élément le plus faible, l'aimant. Erreur indéniable, certes, mais erreur humainement compréhensible, expliquée par l'époque.

Ce qui nous étonne, ce ne sont donc point les premières méthodes de Mesmer, sa magnétisation des miroirs et de l'eau, mais bien l'effet thérapeutique inimaginable qu'il obtient au moyen de ce fer magnétique insignifiant. Cependant, à la lumière d'une juste analyse psychologique, ces cures apparemment miraculeuses ne le sont point en réalité ; car il est probable, il est même certain que depuis le commencement de toute médecine l'humanité souffrante a été guérie par la suggestion beaucoup plus souvent que nous ne le croyons et que la science n'est encline à l'admettre. L'histoire nous prouve qu'il n'y eut point

de méthode médicale, si absurde qu'elle fût, qui ne
soulageât quand même pour un temps les malades
qui croyaient en elle. Nos grands-pères et nos aïeux
ont été guéris par des moyens pour lesquels notre
médecine d'aujourd'hui n'a qu'un sourire de pitié
— cette même médecine dont la science des cinquante années à venir dénoncera avec le même sourire les méthodes de traitement actuelles comme
inopérantes et peut-être même dangereuses. Toujours où s'accomplit une guérison surprenante, la
suggestion a une part puissante dont on ne se doute
pas. Tous les moyens thérapeutiques de tous les
temps, de l'antique formule de conjuration à la thé-
riaque, aux excréments de souris bouillis du Moyen
Age et au radium employé de nos jours, doivent une
grande partie de leur efficacité à la volonté de guérir éveillée chez le malade. Dans nombre de cas, le
véhicule de cette foi en la guérison, aimant, héma-
tite ou injection, importe peu en comparaison de la
confiance que le malade accorde au remède. Il n'est
donc pas du tout miraculeux, mais au contraire
logique et naturel, que le dernier traitement découvert obtienne les succès les plus inattendus, car les
individus, ne le connaissant pas encore, mettent en
lui le plus grand espoir et de la sorte activent ses
effets. Il en est ainsi avec Mesmer. A peine l'efficacité de l'aimant se manifeste-t-elle dans quelques cas
isolés que la nouvelle de la toute-puissance de Mesmer se répand dans Vienne et dans tout le pays. De
près et de loin on vient en pèlerinage chez le mage
des bords du Danube ; chacun veut être effleuré par
l'aimant miraculeux. Les grands seigneurs appellent
le médecin de Vienne dans leurs châteaux, les journaux publient des comptes rendus de sa méthode, on
discute, conteste, porte aux nues, insulte l'art de
Mesmer. Mais au fond tous veulent l'éprouver ou le
connaître. Goutte, convulsions, bourdonnements
d'oreilles, paralysie, crampes d'estomac, troubles de
menstruations, insomnie, douleurs hépathiques
— les multiples maladies qui résistaient à tout trai-

tement sont guéries grâce à l'aimant. Les miracles
succèdent aux miracles dans la maison du 261 de la
Landstrasse qui n'était jusqu'ici qu'un lieu de divertissement. Un an à peine s'est écoulé depuis que la
touriste étrangère a attiré l'attention de Mesmer sur
le remède magique et déjà la gloire du médecin,
inconnu jusqu'alors, dépasse les frontières de
l'Autriche. Des docteurs de Hambourg, de Genève,
des villes les plus éloignées, le prient de leur expliquer le mode d'emploi de cet aimant que l'on dit tellement efficace, pour qu'ils puissent de leur côté
poursuivre ses expériences et les vérifier soigneusement. Et — tentation dangereuse pour l'orgueil de
Mesmer ! — les deux médecins auxquels il se confie
par écrit, le docteur Unzer d'Altona et le docteur
Harsu de Genève, confirment en tout point l'effet
curatif de la méthode de Mesmer d'après les résultats magnifiques qu'ils ont obtenus avec l'aimant et
publient un éloge enthousiaste de la cure magnétique. Grâce à des approbations partant d'un tel élan
de conviction Mesmer voit vite croître le nombre de
ses adeptes. Finalement, le Grand Electeur le fait
venir en Bavière. Ce qui se manifesta de façon si surprenante à Vienne se vérifie avec autant d'éclat à
Munich. Le conseiller d'académie Osterwald, qui
était entièrement paralysé et à moitié aveugle, publie
lui-même à Augsburg, en 1776, le récit de sa guérison sensationnelle par l'aimant : « Tous les résultats
qu'il a obtenus ici dans différentes maladies, écrit-il
de Mesmer, nous font croire qu'il a dérobé à la nature
une de ses forces les plus secrètes. » Avec une exactitude clinique, le patient guéri décrit l'état désespéré
dans lequel l'a trouvé Mesmer et la magie de la
cure magnétique qui l'a délivré d'un seul coup de
souffrances extrêmement anciennes et rebelles
jusqu'alors à tout traitement médical. Et pour
répondre à toute objection possible de la part des
médecins, le judicieux conseiller d'académie écrit :
« Si quelqu'un voulait soutenir que ce qui m'est
arrivé avec mes yeux n'est qu'imagination, je le lui

concède volontiers et n'exige d'aucun médecin du monde autre chose que de réussir à me faire imaginer que je suis guéri. » Sous l'effet de ces succès incontestables les mérites de Mesmer sont reconnus officiellement pour la première fois — et aussi pour la dernière. Le 28 novembre 1775 l'Académie de l'Electorat de Bavière le nomme solennellement membre de sa compagnie « étant certaine que les efforts d'un homme aussi remarquable, dont la gloire est immortalisée par les preuves extraordinaires et indéniables de ses connaissances et de ses découvertes aussi inattendues qu'utiles, contribueront grandement à son éclat ». Mesmer pourrait être satisfait ; au cours d'une seule année, il a remporté une victoire complète : une académie, une douzaine de médecins, des centaines de patients guéris et débordant de reconnaissance témoignent de la force curative indiscutable de l'aimant.

Mais, chose étrange : au moment où des témoins impartiaux lui donnent raison, Mesmer lui-même se donne tort. Durant cette année, il a déjà reconnu l'erreur initiale de son calcul, à savoir que l'effet n'est point obtenu par l'aimant qu'il tient en main, mais par la main même, que, par conséquent, son influence étonnante sur les hommes ne provient point de l'élément inanimé qu'il manie, mais de lui-même : le guérisseur magique n'est donc pas l'aimant, mais le magnétiseur. Cette constatation faite, le problème a pris soudain une autre tournure : une poussée de plus, et la causalité réelle pourrait être reconnue. Mais l'énergie spirituelle de Mesmer si grande soit-elle ne lui permet pas de franchir tout un siècle. Il n'avance que pas à pas sur ses fausses routes, sur ses chemins pleins de détours. Néanmoins, en rejetant honnêtement et résolument sa pierre miraculeuse, l'aimant, il est sorti du pentagramme magique du Moyen Age, de la boutique à miracles médiévale ; il a atteint le point où son idée devient pour nous compréhensible et féconde.

CHAPITRE V

PRESSENTIMENTS ET CONSTATATIONS

Il n'est plus possible de déterminer la date exacte où Mesmer entreprit ce changement historique décisif dans son traitement. Mais déjà en 1776 Osterwald, son malade reconnaissant, annonce de Bavière que « le docteur Mesmer accomplit maintenant la plupart de ses cures sans aucune sorte d'aimants artificiels, rien que par l'effleurement direct ou indirect des endroits malades ». En moins d'une année donc, Mesmer s'est aperçu que dans les cures dites magnétiques, l'aimant est complètement superflu. Car lorsqu'il fait des passes, rien qu'avec la main, de haut en bas et de bas en haut, les malades éprouvent la même excitation ou le même soulagement. Mesmer n'a qu'à effleurer ses patients et déjà leurs nerfs se tendent et se convulsent, déjà se manifeste, sans aucun instrument ou médicament, une évolution de la maladie dans l'organisme, une agitation suivie d'un apaisement. Il ne lui est plus permis d'en douter : sa main dégage une force inconnue, bien plus mystérieuse encore que l'aimant et dont il n'existe aucune explication, ni chez Paracelse ni dans la médecine ancienne ou nouvelle. Voilà l'inventeur étonné en face de sa propre découverte : au lieu de la méthode magnétique il en a inventé une autre.

En vérité, à ce moment-là, Mesmer devrait dire

honnêtement : Je me suis trompé, l'aimant ne soulage pas pour un sou, toute la force que je lui ai attribuée ne lui appartient pas en réalité et les guérisons que j'obtiens journellement à mon propre émerveillement sont fondées sur des causes que je ne comprends pas moi-même. Et, bien entendu, il devrait aussitôt cesser de qualifier ses cures de magnétiques et se débarrasser de tout l'appareil grotesque des bouteilles et des baquets aimantés, des tasses et des arbres ensorcelés, comme d'autant de tours de passe-passe superflus. Mais combien peu d'hommes, en politique, en science, en art, en philosophie, combien peu, même parmi les plus intrépides, ont le courage d'avouer nettement que leur opinion d'hier était une erreur et une absurdité. Ainsi Mesmer n'échappe pas à la règle. Au lieu de renoncer définitivement à la théorie de la force curative de l'aimant, théorie qui ne tient plus debout, il bat en retraite par une voie détournée ; il se met à faire du mot « magnétique » une notion à double sens. Il est vrai, dit-il, que l'aimant minéral ne guérit pas, cependant la force qui agit dans mes cures n'en est pas moins, elle aussi, un magnétisme, mais « animal ». Et dans une foule d'explications confuses il cherche à prouver que rien d'essentiel n'a changé dans son système. Mais en réalité ce magnétisme animal qu'on devrait appeler magnétisme vital, cette conception que Mesmer nous glisse ainsi dans son raisonnement diffère de l'ancienne métallothérapie comme le ciel de la terre. C'est pourquoi à partir de ce moment il faut bien faire attention pour ne pas se laisser embrouiller par une homonymie artificielle et voulue. Dès 1776, magnétiser, pour Mesmer, ne signifie plus : effleurer ou influencer au moyen d'un aimant, mais uniquement faire agir sur autrui la mystérieuse puissance humaine (« animale ») irradiée par les extrémités nerveuses des doigts. Et si, jusqu'à présent, les praticiens s'intitulent toujours « magnétopathes », c'est à tort, car aucun d'eux, probablement, n'a même pas un aimant chez lui. Tout leur traitement se base uni-

quement sur l'action de leur personnalité, sur la thérapeutique suggestive ou fluidique.

Donc, un an déjà après sa première découverte,
Mesmer abandonne brusquement son erreur la plus
dangereuse : mais qu'elle était belle cette erreur,
qu'elle était aisée ! Naguère Mesmer croyait qu'en
cas de crampes ou de crises nerveuses il suffisait
d'appliquer sur le corps du patient un aimant, de
faire quelques effleurements ingénieux pour que le
mal fût écarté. Mais à présent que cette illusion commode de la magie de l'aimant est détruite, le chercheur reste désorienté devant sa propre vertu
magique, devant les résultats quotidiennement obtenus et renouvelés rien qu'avec les mains. De quel élément, au fond, provient l'effet merveilleux qui se produit quand il caresse les tempes de ses malades,
quand il souffle sur eux, quand, au moyen de certains
mouvements circulaires opérés le long des muscles,
il provoque ces convulsions surprenantes, ces palpi-
tations soudaines et mystérieuses des nerfs ? Est-ce
un fluide, une « force vitale », qui se dégage de lui,
de l'organisme nommé François-Antoine Mesmer ?
Autre question : cette force fluidique est-elle particulière à sa nature ou la rencontre-t-on chez n'importe
quel humain ? Peut-on l'intensifier par la volonté,
peut-on la diviser ou l'augmenter par d'autres éléments ? Comment se produit cette transmission de
force ? Par la voie de l'âme (animisme) ou sous
forme d'irradiation chimique et d'exhalation de
molécules invisibles ? Cette force est-elle terrestre ou
divine, physique ou spirituelle, vient-elle des étoiles
ou est-ce une essence subtile de notre sang, un produit de notre volonté ? Mille questions assaillent tout
à coup cet homme simple, d'une intelligence
moyenne qui n'est qu'un observateur plein d'abnéga-
tion : il sait qu'il n'est pas à la hauteur de ces questions, dont la principale — les guérisons magnétiques se produisent-elles par voie animiste ou
fluidique ? — demeure aujourd'hui encore sans
réponse satisfaisante. Dans quel labyrinthe s'est-il

candidement engagé depuis qu'il a imité le traitement absurde par l'aimant, employé par l'étrangère
de passage ! Où cette fausse route du début ne l'at-
t-elle pas entraîné ! Durant des années encore il ne
verra pas d'issue. Mesmer n'est sûr que d'une chose
que lui a apprise son expérience émerveillée, et c'est
là-dessus qu'il base désormais toute sa doctrine :
dans certaines crises, un être humain peut souvent
en aider un autre par sa présence et son influence
plus que tous les remèdes chimiques. « De tous les
corps de la nature celui qui agit le plus sur l'homme
est l'homme. » La maladie, selon lui, est un déséquilibre de l'harmonie chez l'individu, une interruption
dangereuse des lois rythmiques du flux et du reflux.
Mais il y a au fond de tout homme une puissance
curative intérieure, une volonté d'être bien portant,
un désir vital originel et éternel d'éliminer toute
maladie. La tâche de la nouvelle médecine magnétique est de renforcer cette « volonté de santé » (que
la médecine mécanique, en effet, a trop longtemps
négligée) par une influence magnétique (suggestive,
dirions-nous). Selon la conception de Mesmer,
psychologiquement juste, et que la Christian
Science, plus tard, poussera au maximum, la volonté
de santé, le désir intérieur de l'âme, peut opérer des
guérisons miraculeuses : par conséquent, le devoir
du médecin est de provoquer ces miracles. Le
magnétopathe, en quelque sorte, recharge les nerfs
épuisés pour l'attaque décisive ; il complète et renforce la batterie de défense intérieure de l'organisme.
Que l'on ne s'effraie pas, prévient Mesmer, si, au
cours de ces tentatives pour augmenter la force
vitale, les symptômes du mal, au lieu de cesser
immédiatement, deviennent, au contraire, plus violents, plus convulsifs ; le rôle de tout vrai traitement
magnétique est précisément de pousser la maladie à
son sommet, jusqu'à la crise ; dans cette fameuse
« théorie de la crise » de Mesmer on reconnaît aisément l'ancienne exorcisation pratiquée au Moyen
Age et les exorcismes du père Gassner, qu'il connais-

sait fort bien. Mesmer, sans qu'il le devine, opère depuis 1776 des cures suggestives et hypnotiques selon toutes les règles, et le grand secret de ses succès réside surtout dans l'intensité de son irradiation personnelle, dans la force presque magique de son individualité. Mais, quoi qu'il en soit, si peu qu'il sache sur la cause des effets qu'il produit, ce novateur étrange et solitaire a abouti dès les premières années à des découvertes extrêmement importantes, qui ont frayé la voie à l'évolution des sciences psychiques. En premier lieu Mesmer a observé que certains de ses patients sont particulièrement magnétisables (suggestionnables) alors que d'autres, au contraire, ne le sont pas du tout, que certains hommes, par conséquent, peuvent servir de transmetteurs, d'autres de récepteurs de la volonté ; que si l'on augmente le nombre des acteurs, on obtient un résultat beaucoup plus grand, grâce à la suggestion collective. Par ces observations, Mesmer étend d'un seul coup les possibilités de comprendre une époque ; cette lumière nouvelle permet, d'une façon tout à fait inattendue, de décomposer autrement et plus richement le spectre de l'âme. On le voit, cet homme isolé, que nul ne conseille, et qui, sans le vouloir, est venu se heurter à un problème formidable, lance en plein XVIIIe siècle une foule d'impulsions nouvelles. Mais personne ne peut le renseigner sur ce phénomène aujourd'hui encore inexpliqué qui fait que certaines natures particulièrement douées, pour ainsi dire médico-magiques, réussissent, rien que par l'imposition des mains et par l'action atmosphérique de leurs personnalités, à obtenir des guérisons en face desquelles demeure impuissante la science la plus profonde et la plus éclairée.

Mais les malades, eux, ne se soucient guère du fluide, du comment ni du pourquoi ; séduits par l'attrait de la nouveauté, de la singularité, ils accourent en foule. Bientôt Mesmer doit installer chez lui une clinique magnétique ; depuis que les malades ont entendu parler de la fameuse guérison de la jeune demoiselle Osterlin et qu'ils ont lu les lettres débordantes de reconnaissance d'autres patients, ils viennent même de l'étranger. Le temps est passé de la musique et des jeux galants dans les bosquets. Mesmer, qui jusqu'alors n'avait fait aucun usage pratique de son diplôme de docteur, travaille fiévreusement du matin au soir, entouré de baguettes, de baquets et autres appareils les plus singuliers de sa « fabrique de santé ». Dans le jardin, autour du bassin de marbre où jadis jouaient gaiement des poissons dorés, des malades font maintenant la chaîne avec recueillement les pieds plongés dans l'eau salvatrice. Chaque jour on enregistre un nouveau triomphe de la cure magnétique, chaque heure amène de nouveaux croyants, car le bruit des guérisons miraculeuses filtre à travers les portes et les fenêtres ; bientôt toute la ville en proie à la curiosité ne parlera plus que de ce Théophraste Paracelse ressuscité. Mais au milieu de tous ces succès, un seul homme garde sa raison : François Mesmer. En dépit des instances de ses amis, il hésite encore et toujours à se prononcer définitivement sur ce fluide faiseur de miracles ; et il se contente d'ébaucher en vingt-sept axiomes une première et vague théorie du magnétisme animal. Il se refuse obstinément à enseigner les autres tant qu'il sent que lui-même doit apprendre le mystère de sa propre influence.

CHAPITRE VI

LE ROMAN DE MADEMOISELLE PARADIS

La gloire de François-Antoine Mesmer s'étend, mais la faveur dont il jouissait à Vienne diminue dans la même mesure. Toute la société intellectuelle, tous les savants et professeurs aimaient cet homme érudit et cependant dénué d'ambition, riche et par-dessus le marché hospitalier, d'un commerce agréable et jamais hautain ; il leur était sympathique tant qu'il ne faisait que jouer avec les idées nouvelles, en dilettante inoffensif. Mais dès que Mesmer devient sérieux et que ses cures d'un nouveau genre font sensation, il sent subitement chez ses confrères une opposition d'abord dissimulée, puis peu à peu nettement ouverte. En vain invite-t-il ses anciens col-lègues à sa clinique magnétique pour leur prouver qu'il n'y a dans ses procédés ni charlataneries ni farces, mais qu'il possède un système bien fondé, aucun d'eux, docteurs ou professeurs, ne veut se rendre compte du caractère de ses étranges guéri-sons. Cette thérapeutique avec le bout des doigts, sans interventions cliniques, sans ordonnances ni médicaments, ces opérations à l'aide de baguettes magiques et de baquets magnétisés leur paraissent, et cela se comprend, plutôt puériles. Bientôt Mesmer sent un vif courant d'air lui passer traîtreusement dans le dos. « La froideur avec laquelle on a accueilli ici mes premières idées, écrit-il à Munich, m'étonne beaucoup. » Il espérait honnêtement que les grands savants de sa ville d'adoption, que ses anciens amis de science ou ses partenaires musiciens discuteraient tout au moins sa méthode et lui présenteraient leurs objections. Mais les académiciens, jadis si confraternels, ne lui parlent même plus, ne font que le railler et le ridiculiser. Partout, il se heurte à une opposition préconçue qui finit par l'irriter. En mars 1776 il écrit de nouveau au secrétaire de l'académie des sciences de l'Electorat de Bavière pour l'informer que son idée, à Vienne, « est en butte à des persécutions presque générales à cause de sa nouveauté » ; deux mois plus tard il se plaint encore plus fort : « Je continue toujours à faire dans mon domaine des découvertes physiques et médicales, mais mon désir de voir mon système discuté et commenté est d'autant moins aisé à satisfaire que je suis obligé de me débattre continuellement contre les plus basses intrigues. On me fait passer ici pour un imposteur et tous ceux qui me croient sont considérés comme fous — tel est le sort d'une vérité nouvelle. »

Il subit le destin inévitable de ceux qui sont venus trop tôt. L'immortelle routine des Facultés flaire et combat furieusement en lui une révélation naissante. Une lutte concentrique clandestine commence à Vienne contre les cures magnétiques ; dans les revues allemandes et françaises paraissent — bien entendu, sans signature — des articles envoyés de Vienne qui ridiculisent la méthode de Mesmer. Mais la haine doit encore passer par l'escalier de service, car l'attitude irréprochable de Mesmer ne donne prise à aucune attaque ouverte. On ne saurait qualifier d'ignorant, de charlatan, d'incompétent un docteur de trois facultés, dont le diplôme de médecin porte depuis plus de dix ans les signatures d'autorités telles que Van Swieten et Van Haen. On ne peut non plus accuser de filouterie cet homme riche qui soigne gratuitement la plupart de ses malades. Et, ce qui est le plus gênant, on ne peut même pas jeter le discrédit sur lui en le représentant comme un hâbleur et un vantard, car Mesmer n'exagère en aucune façon la portée de sa découverte. Jamais il n'affirme (comme le fera plus tard Mary Baker-Eddy pour la Christian Science) avoir trouvé une panacée qui rend superflu tout autre traitement médical ; traçant scrupuleusement les limites du magnétisme animal, il constate avec modestie que celui-ci ne soulage directement que les maladies nerveuses et ne fait tout au plus qu'influencer indirectement leurs conséquences physiques. Il faut donc que ses confrères, dont la bile s'amasse secrètement, fassent preuve d'une certaine patience avant de pouvoir donner un croc-en-jambe au novateur détesté.

Enfin l'occasion si longtemps cherchée se présente. Le coup décisif est porté grâce à l'épisode de mademoiselle Paradis, petit roman facile à transformer en drame à effets, car rarement l'on vit dans un cas de maladie scènes plus impressionnantes. Marie-Thérèse Paradis, jeune fille très douée, est considérée depuis sa quatrième année comme irrémédiablement aveugle à la suite d'une paralysie des nerfs visuels. Ses dons étonnants de pianiste l'ont rendue très populaire à Vienne et l'impératrice en personne l'a prise sous son haut parrainage ; elle la fait étudier à ses frais et accorde en outre aux parents de l'enfant prodige une pension de deux cents ducats d'or. (Cette mademoiselle Paradis a donné plus tard de nombreux concerts, dont l'un en présence de Mozart, et l'on peut trouver aujourd'hui encore à la Bibliothèque de Vienne plusieurs de ses compositions qui n'ont pas été publiées.) La jeune fille est donc amenée chez Mesmer. Pendant des années, elle a été soignée sans résultats selon les méthodes classiques par les premiers oculistes de Vienne, le fameux professeur Barth, dont la spécialité est d'opérer les cataractes, et le médecin de la cour Stoerk. Mais certains indices (un tressaillement convulsif des yeux, qui sortent alors de leurs orbites, une maladie du foie et de la rate provoquant des accès de démence) font supposer que la cécité de mademoiselle Paradis n'est pas due à une maladie du nerf optique, mais à des troubles psychiques. Mesmer constate chez elle un déséquilibre de tout le système nerveux et déclare par conséquent son cas éventuellement guérissable par sa méthode. Et afin de pouvoir surveiller avec attention les progrès de la cure magnétique, il prend la jeune fille dans sa maison, où il la soigne gratuitement en même temps que deux autres patients.

Jusqu'ici les témoignages des contemporains concordent tout à fait. Mais ensuite, une opposition complète se manifeste entre les dires de Mesmer, qui assure avoir rendu presque entièrement la vue à la jeune fille et ceux des professeurs qui nient toute amélioration et ne voient là que tours de passe-passe et imagination. (Ce mot « imagination » jouera désormais un rôle décisif dans tous les jugements académiques portés sur Mesmer.) Aujourd'hui que cent cinquante ans se sont écoulés, il n'est certes pas facile de se prononcer devant deux affirmations qui contrastent si violemment. Le fait que par la suite Marie-Thérèse Paradis est demeurée aveugle le reste de sa vie semble opiner en faveur des médecins ; Mesmer, par contre, a pour lui, outre le témoignage de contemporains, un document écrit rédigé par le père de la jeune fille qui me paraît trop suggestif pour qu'on puisse le rejeter tout bonnement comme une invention. On trouverait peu de documents qui dépeignent avec autant de clarté psychologique la première découverte du monde extérieur par un être peu à peu guéri de sa cécité. Il eût fallu un poète et un psychologue plus grand que le vieux Paradis, secrétaire à la Cour, ou que Mesmer — d'une nature si peu poétique — pour pouvoir imaginer des observations aussi subtiles et aussi profondes. Cet écrit dit :

« Après un bref et énergique traitement magnétique de Monsieur le docteur Mesmer ma fille commença à distinguer les contours des corps et figures qu'on lui présentait. Mais le nouveau sens était si susceptible qu'elle ne pouvait reconnaître ces objets que dans une pièce très obscure, aux rideaux baissés et aux volets bien fermés. Rien que de passer rapidement devant ses yeux, protégés par un quintuple bandeau, une bougie allumée, elle tombait à terre, comme foudroyée. La première forme humaine qu'elle aperçut fut M. le docteur Mesmer. Elle le regarda très attentivement et suivit les différents mouvements du corps qu'il faisait devant elle pour examiner ses yeux. Elle en fut en quelque sorte effrayée et dit : "C'est terrible à voir ! Est-ce donc cela l'image de l'homme ?" Sur sa demande, on lui amena un grand chien de la maison, très doux, qui avait toujours été son préféré ; elle le regarda avec la même attention. "Ce chien me plaît bien plus que l'homme ; sa vue m'est infiniment plus supportable", déclarat-elle. Les nez surtout des personnes qu'elle voyait la choquaient très fort. Elle ne pouvait s'empêcher d'en rire. "Il me semble, dit-elle, qu'ils me menacent et veulent me crever les yeux." Après avoir vu plusieurs visages, elle s'y habitue mieux. Ce qui lui donne le plus de peine, c'est d'apprendre à *connaître* les couleurs et les distances, car en ce qui concerne le sens de la vue elle est aussi inexpérimentée et peu exercée qu'un nouveau-né. Elle ne se trompe cependant jamais quand il s'agit de *différencier* les couleurs ; par contre, elle confond leurs dénominations, surtout si on ne la met pas sur la voie en les lui faisant comparer avec celles qu'elle a déjà appris à connaître. Devant le noir, elle déclare que c'est là l'image de son ancienne cécité. Cette couleur provoque toujours chez elle un certain penchant à la mélancolie, à laquelle elle s'abandonnait souvent durant la cure. En ce temps-là, il lui arrivait bien des fois de fondre subitement en larmes. Un jour elle eut une crise si violente qu'elle se jeta sur un sofa en se tordant les mains, arracha ses bandeaux, repoussant tous ceux qui voulaient la calmer et se livra, au milieu de gémissements et de sanglots, à un tel désespoir que madame Sacco ou toute autre comédienne célèbre n'eût pu trouver de meilleur modèle pour représenter une personne en proie au chagrin le plus extrême. Au bout de quelques instants, cette triste humeur passa et ma fille reprit son attitude plaisante et rieuse, pour retomber peu de temps après dans le même accès. Dès que se propagea la nouvelle qu'elle avait recouvré la vue, il accourut un si grand nombre de parents, d'amis et de hauts personnages qu'elle s'en montra mécontente. Un jour elle m'exprima ainsi son mécontentement : "D'où vient que je me sente moins heureuse à présent que jadis ? Tout ce que je vois me cause un trouble désagréable. Ah ! j'étais bien plus tranquille durant ma cécité !" Je la consolais en lui faisant comprendre que son trouble présent provenait uniquement de la sensation qu'elle avait de voguer dans une sphère étrangère et qu'elle se sentirait aussi calme et contente que les autres dès qu'elle serait un peu plus habituée à voir. "Fort bien, répondit-elle, car si, à la vue de nouveaux objets, je devais toujours éprouver une inquiétude semblable, je préférerais sur-le-champ redevenir aveugle."

« Ce sens nouvellement acquis en ayant fait une espèce d'être primitif, elle est libre de tout préjugé et ne classe les choses que d'après l'impression qu'elle en reçoit. Elle porte de très bons jugements sur les traits du visage humain et en tire des conclusions quant aux qualités de l'âme. La vue d'un miroir lui causa un grand étonnement ; elle n'arrivait point à comprendre comment la surface de la glace pouvait saisir les objets et les refléter. On la conduisit dans une pièce magnifique où se trouvait une grande glace murale. Elle ne se lassait pas de s'y regarder et prenait les poses les plus étranges ; elle ne pouvait surtout s'empêcher de rire en voyant l'image de la glace s'avancer à sa rencontre dès qu'elle s'approchait et se retirer dès qu'elle-même s'éloignait. Tous les objets qu'elle aperçoit à une certaine distance lui paraissent petits et s'agrandissent, d'après ses notions, dans la mesure où elle s'en rapproche.

Lorsque, ayant retrouvé la vue, elle porta à sa bouche un morceau de pain grillé, il lui parut si grand qu'elle ne crut point pouvoir l'y faire entrer.

« On la mena ensuite un soir au bassin qu'elle appela "une grande soupière". Les allées du jardin lui parurent marcher avec elle ; en rentrant à la maison, elle crut que l'édifice venait au-devant d'elle et éprouva un grand contentement en voyant les fenêtres éclairées. Le lendemain, pour la satisfaire, il fallut l'emmener dans le jardin à la lumière du jour. Elle regarda de nouveau attentivement tous les objets, mais avec moins de plaisir que la veille au soir. Elle nomma le Danube un grand et large ruban blanc, elle indiqua exactement les endroits où elle croyait voir le commencement et la fin du fleuve. Elle s'imaginait pouvoir en tendant la main toucher les arbres situés à mille pas environ sur la rive opposée du fleuve. Comme c'était par une journée très claire elle ne put supporter longtemps la lumière crue du jardin. Elle demanda qu'on lui bandât de nouveau les yeux, parce que la sensation du jour était encore trop forte pour sa faible vue et lui occasionnait des vertiges. Mais une fois les yeux voilés, elle n'osa plus faire un pas sans être guidée, bien qu'avant, pendant sa cécité, elle se fût promenée seule dans le salon qui lui était familier. L'éparpillement nouveau de ses sens l'oblige à se montrer plus attentive quand elle est au piano ; alors que naguère elle jouait de grands concertos avec la plus rigoureuse exactitude, tout en s'entretenant avec ceux qui l'entouraient, à présent il lui est difficile de jouer un morceau les yeux ouverts, car elle se met aussitôt à observer le jeu de ses doigts sur le clavier et manque la plupart des touches. »

Cette description si claire, si classique, donne-t-elle l'impression d'une tromperie ? Peut-on réellement admettre que toute une série de témoins honorables se soient laissé duper à ce point et aient annoncé aux journaux une guérison miraculeuse

sans s'être convaincus eux-mêmes de l'état de la
jeune fille ? C'est justement à cause du bruit fait par
cette cure magnétique que le corps médical furieux
intervient. Car cette fois Mesmer a empiété sur le
domaine personnel et privé des médecins. Le professeur Barth, en particulier, le chirurgien-oculiste qui
avait soigné mademoiselle Paradis pendant des
années sans résultat, engage contre le traitement
indésirable une campagne acharnée. Il soutient que
la jeune fille doit toujours être considérée comme
aveugle « car elle ne connaît pas ou confond les
noms des objets qu'on lui présente ». Erreur fort
explicable, vraisemblable même, du point de vue
psychologique, chez une personne qui fut aveugle de
longues années et qui voit les choses pour la première fois — et par conséquent objection sans
aucune solidité. Mais les personnages officiels sont
les plus forts. Tout d'abord, l'intervention de médecins influents met obstacle à l'intention de Mesmer
de présenter personnellement sa patiente en voie de
guérison à l'impératrice Marie-Thérèse. Ensuite ses
confrères irrités s'efforcent de plus en plus de l'empêcher de poursuivre son traitement magnétique. De
quel droit, se demande-t-on objectivement ? Car,
même dans le cas le plus défavorable, la cure par la
suggestion ne peut tuer le nerf optique s'il est déjà
mort, ni rendre un aveugle plus aveugle qu'il ne l'est.
Avec la meilleure volonté du monde, on ne saurait
déduire d'aucun article de loi une raison légale
d'enlever en plein traitement sa malade à un médecin diplômé. Et comme, en outre, mademoiselle
Paradis est fidèlement dévouée à son sauveur, les
adversaires de Mesmer choisissent un moyen
détourné pour lui ravir son précieux sujet : ils
mettent dans la plus grande inquiétude le père et la
mère en déclarant que si leur fille retrouvait réellement la vue, c'en serait fait aussitôt et de la pension
impériale de deux cents ducats d'or et de l'attraction
unique d'une pianiste aveugle. Cet argument
suprême de l'argent menacé agit immédiatement sur

la famille. Le père, jusque-là tout dévoué à Mesmer, accourt chez lui avec fracas, exige qu'il lui rende sa fille sur-le-champ et le menace de son sabre. Mais, chose étrange, ce n'est point le médecin qui s'oppose au départ de sa malade. Mademoiselle Paradis elle-même, attachée à son sauveur, soit par suggestion, soit érotiquement, refuse nettement de retourner chez ses parents et déclare vouloir rester chez Mesmer. La mère, exaspérée, se précipite avec rage sur sa fille désobéissante qui préfère à ses parents un homme étranger et roue de coups la malheureuse au point que celle-ci a une attaque d'épilepsie. Mais, en dépit des ordres, des menaces et des coups, on ne réussit pas à faire quitter à la stoïque mademoiselle Paradis son bienfaiteur (et peut-être son amant). Elle reste à la clinique magnétique. Mesmer a remporté une victoire, mais c'est une victoire à la Pyrrhus. Car à la suite de ces émotions et de ces violences la faible vue péniblement reconquise s'éteint de nouveau. Il faut tout recommencer pour ranimer les nerfs troublés. Mais on n'en laisse pas le temps à Mesmer. La Faculté a déjà alerté l'artillerie lourde. Elle mobilise l'archevêque, le cardinal Migazzi, l'impératrice et la cour, et aussi, semble-t-il, la suprême instance de l'Autriche à l'époque de Marie-Thérèse : la haute et célèbre Commission des mœurs. Le professeur Stoerk, en sa qualité de président du corps médical autrichien, ordonne au nom de l'impératrice de « mettre fin à cette duperie ». Ainsi le pouvoir de l'Etat rompt celui du magnétiseur sur son médium. Mesmer est obligé d'interrompre sur-le-champ sa cure et de rendre mademoiselle Paradis, non guérie, à ses parents, en dépit des plaintes désespérées de la malade. Les suites de cette pénible affaire ne peuvent être reconstituées, étant donné le manque de documents la concernant. Mesmer fut-il plus ou moins chassé d'Autriche par les autorités comme « étranger indésirable », ou en avait-il lui-même assez de ses confrères, les médecins de Vienne ? On l'ignore. Quoi qu'il en soit, immédiatement après l'affaire Paradis il abandonne sa superbe maison de la Landstrasse, quitte l'Autriche et cherche une nouvelle patrie d'abord en Suisse, ensuite à Paris.

La Faculté de Vienne peut être satisfaite, elle a atteint son but. Elle s'est débarrassée du novateur incommode, elle a discrédité les premières données d'une psychothérapie encore vague mais déjà proche des méthodes modernes et en a délivré, croit-elle, le monde entier. Il règne alors à la Faculté de Vienne, *in rebus psychologicis*, pendant plus d'un siècle, un calme splendide jusqu'au moment où surgit encore un novateur importun : Sigmund Freud et sa psychanalyse que les professeurs combattent avec le même parti pris et la même fureur, mais cette fois, heureusement, avec bien moins de succès.

CHAPITRE VII

PARIS

Le XVIIIe siècle est cosmopolite dans sa façon de penser et de vivre.

Les arts et les sciences d'Europe représentent une seule et grande famille ; les frontières isolantes actuelles d'Etat à Etat n'existent pas encore pour l'intellectuel. L'artiste comme le savant, le musicien comme le philosophe, vont sans empêchement d'une capitale à une autre ; ils sont chez eux partout où ils peuvent réaliser leur talent et leur mission, amis sincères de toutes les nations, de tous les peuples et de tous les princes. C'est pourquoi la décision de Mesmer de quitter Vienne pour Paris n'a rien de particulier, et dès les premiers instants, il n'a pas à le regretter. Ses malades de l'aristocratie autrichienne lui ouvrent les portes de l'ambassade ; Marie-Antoinette, toujours prête à accueillir tout ce qui est nouveau, singulier et divertissant, lui promet son appui ; la franc-maçonnerie, toute-puissante à cette époque, et à laquelle Mesmer appartient sans aucun doute, l'introduit immédiatement au centre de l'intellectualité française. En outre, sa doctrine vient à un moment exceptionnellement opportun. En extirpant la foi religieuse de la société du XVIIIe par leur ironie et leur scepticisme agressifs, Voltaire et les encyclopédistes n'avaient pas tué en l'homme le besoin

de croire, éternel et indestructible ; ils n'avaient
réussi qu'à le détourner sur des voies mystiques et
cachées. Jamais Paris ne fut plus superstitieux et
plus avide de nouveautés qu'au début du « siècle des
Lumières ». Depuis que l'on ne croit plus aux
légendes des saints bibliques, on cherche soi-même
des saints nouveaux et étranges et on les découvre
en la personne des charlatans, alchimistes, phila-
lètes, rose-croix, qui affluent à Paris ; tout ce qui est
invraisemblable, tout ce qui s'oppose effrontément à
la science classique officielle trouve un accueil
enthousiaste dans le grand monde parisien, blasé et
entiché de philosophie. La passion des sciences
occultes, de la magie blanche et noire, pénètre dans
les meilleurs milieux. La Pompadour, qui gouverne
la France, se glisse la nuit, par une sortie secrète des
Tuileries, pour aller chez madame Bontemps se faire
lire l'avenir dans le marc de café ; la duchesse d'Urfé
se fait construire un arbre de Diane (relisez Casano-
va) et cherche le rajeunissement physiologique ; la
marquise de l'Hôpital se laisse entraîner par une
vieille femme dans un lieu isolé où Lucifer en personne doit lui apparaître au cours d'une messe noire
(tandis que la bonne marquise et son amie, nues
commes des vers, attendent le diable annoncé,
l'aventurière prend la poudre d'escampette avec
leurs vêtements et leur argent). Les personnages les
plus considérables de France frémissent de vénération quand le légendaire comte de Saint-Germain,
commettant un lapsus volontaire, parle à table de
Mahomet ou de Jésus-Christ comme de connaissances personnelles. A la même époque, les auber-
gistes et les hôteliers de Strasbourg se réjouissent de
voir leurs maisons bondées parce que le prince de
Rohan héberge dans un des plus beaux palais de la
ville le fameux charlatan sicilien Balsamo, qui se
donne le titre de comte de Cagliostro. De toutes les
directions, à cheval, en diligence et en litière,
arrivent les aristocrates, pour acheter à ce jongleur
illettré philtres et remèdes miraculeux. Dames d'hon-

neur et princesse de sang, nobles demoiselles et baronnes installent dans leurs châteaux et hôtels des « laboratoires » d'alchimie ; bientôt l'épidémie des miracles gagne le peuple lui-même. A peine la nouvelle se répand-elle que quelques cas de guérisons miraculeuses se sont produits sur la tombe de l'archidiacre Pâris, au cimetière Saint-Médard, que des milliers de gens assiègent la nécropole et tombent dans les convulsions. Aucune singularité n'est trop extravagante, aucun miracle assez miraculeux, et jamais les charlatans n'eurent aussi beau jeu qu'à cette époque, à la fois raisonneuse et avide de sensations, qui s'achète tout ce qui peut chatouiller les nerfs, qui ne jure que par quelque folie nouvelle, qui, incroyante et crédule, se laisse prendre à n'importe quelle sorcellerie.

Néanmoins Mesmer — il faut encore et toujours insister là-dessus — n'a aucunement l'intention de rivaliser avec un Cagliostro ou un Saint-Germain en exploitant à son tour les mines d'or de la bêtise humaine. Médecin diplômé, très fier de sa théorie, fanatique et même prisonnier de son idée, ce qu'il veut et désire avant tout c'est être reconnu par la science officielle. Il méprise l'enthousiasme précieux et profitable des snobs : le jugement approbateur d'un seul académicien lui importerait plus que les cris de cent mille fous. Mais les hauts et puissants professeurs refusent obstinément de franchir le seuil de son laboratoire. L'académie de Berlin, après ses explications, lui a laconiquement répondu « qu'il était dans l'erreur » ; le conseil médical de Vienne l'a publiquement traité d'imposteur ; on comprend donc son désir désespéré d'être enfin honoré d'un jugement honnête. Dès qu'il arrive à Paris, en février 1778, sa première démarche est pour Le Roy, président de l'Académie des Sciences, par l'intermédiaire de qui il prie tous les membres de lui faire l'honneur de soumettre à un examen rigoureux le traitement pratiqué dans son hôpital provisoire de Créteil. Conformément à la règle, le président fait discuter sa proposition. Mais la Faculté de Vienne l'a apparemment devancé, car l'Académie des Sciences déclare tout court ne pas vouloir s'occuper des expériences de Mesmer.

Cependant, ardemment convaincu d'avoir apporté au monde quelque chose de nouveau et de très important et voulant voir son idée scientifique traitée scientifiquement, Mesmer ne s'incline pas aussi vite. Aussitôt il s'adresse à la Faculté de Médecine qui vient d'être fondée. Là, en sa qualité de médecin, il peut faire valoir ses droits indiscutables et inaliénables. De nouveau, il propose à ses confrères de leur présenter à Créteil ses patients guéris et de répondre à toutes les questions qu'on lui posera. Mais la Faculté, elle non plus, n'a guère le désir d'aller à l'encontre des décisions de sa sœur de Vienne. Elle repousse l'invitation ennuyeuse sous le fade prétexte qu'elle ne peut juger des guérisons que si elle connaît l'état antérieur des patients, ce qui n'est pas le cas.

Cinq fois Mesmer a essayé d'obtenir des Facultés de partout qu'elles reconnussent ou tout au moins qu'elles examinassent attentivement son système : impossible d'agir avec plus de loyauté, plus honnêtement, plus scientifiquement. A présent seulement que les fameux savants l'ont condamné par leur silence, sans avoir jeté un regard sur ses faits et gestes, Mesmer se tourne vers le tribunal suprême et décisif, vers le public, vers tous les gens cultivés que la question est susceptible d'intéresser, et, en 1779, il publie son *Traité sur la découverte du magnétisme animal*. Avec éloquence et honnêteté, sans un mot prometteur de miracles ou de choses impossibles, il y sollicite l'aide, l'attention, la sympathie du public pour ses expériences :

« Le magnétisme animal, écrit-il, n'est pas ce que les médecins appellent un remède secret. C'est une science qui a ses bases, ses déductions et ses principes. Tout cela, je l'admets, est resté inconnu jusqu'à ce jour. Mais justement pour cette raison il serait contradictoire de vouloir me donner pour juges des gens qui ne comprendraient rien de ce qu'ils auraient à examiner. Il ne me faut point des juges, mais des élèves. Mon désir est donc d'obtenir d'un gouvernement une maison où je pourrais prendre des malades en traitement, et où l'on pourrait aisément et sûrement prouver les effets du magnétisme animal sans avoir à recourir aux hypothèses. Je me chargerais alors d'instruire un certain nombre de médecins, et je laisserais à ce même gouvernement le soin de répandre ma découverte d'une façon lente ou rapide, générale ou limitée. Si mes propositions étaient rejetées en France, je la quitterais, à contrecœur, il est vrai, mais cela arriverait certainement. Si elles sont rejetées de partout, j'espère cependant trouver un refuge pour moi-même. Armé de ma probité, sûr de n'avoir à subir aucun reproche de ma conscience, je réunirai autour de moi une petite partie de l'humanité à laquelle j'aurais tant voulu être utile dans des proportions plus vastes ; alors il sera temps de ne consulter nul autre que moi-même sur ce que j'aurai à faire. Si j'agissais autrement, le magnétisme animal serait considéré comme une mode ; chacun chercherait à en profiter et à y trouver plus ou moins ce qu'il y a réellement en lui. On en abuserait, et la question de son utilité deviendrait un problème dont on n'aurait peut-être la solution qu'au bout de plusieurs siècles. »

Est-ce là la façon de s'exprimer d'un charlatan, les hâbleries, les rodomontades d'un homme malhonnête ? Le solliciteur d'hier, il est vrai, formule son exposé avec une certaine fierté : Mesmer parle pour la première fois le langage du succès. Car déjà, en ces quelques mois, sa méthode du traitement des maladies nerveuses par la suggestion a trouvé de puissants partisans, des alliés influents, parmi lesquels Charles Deslon, médecin du comte d'Artois, qui a publié une brochure en sa faveur. Grâce à lui, il a accès à la Cour comme il veut ; en même temps, une dame d'honneur de Marie-Antoinette que Mesmer a guérie d'une paralysie recommande son sauveur à la reine. La haute noblesse, madame de Lamballe, le prince de Condé, le duc de Bourbon, le baron de Montesquieu et en particulier le héros du jour, le jeune marquis de La Fayette, défendent passionnément sa doctrine. Ainsi, malgré l'attitude hostile de l'Académie, en dépit de l'insuccès de Vienne, le gouvernement, sur l'ordre de Marie-Antoinette, engage des négociations directes avec Mesmer pour attacher à la France le promoteur d'idées ayant une portée aussi considérable ; le ministre Maurepas lui offre au nom de Sa Majesté des appointements à vie de vingt mille livres, plus dix mille pour son logement, payables seulement, il est vrai, le jour où trois élèves instruits au compte de l'Etat reconnaîtront l'utilité de la thérapeutique magnétique. Mais Mesmer est las de lutter encore et toujours avec l'étroitesse d'esprit et les préjugés des savants ; il ne veut plus s'embarquer dans des négociations avec des *si* et des *mais*, il n'accepte pas d'aumône. Il décline fièrement l'offre : « Je ne puis, dit-il, conclure aucun accord avec un gouvernement si l'on ne reconnaît pas auparavant, d'une façon expresse et indispensable, la vérité de ma découverte. »

Au bout de deux ans de cures magnétiques, ce Mesmer, expulsé de Vienne, est devenu si puissant à Paris qu'il peut menacer de quitter la capitale et poser dans ce sens un ultimatum à la reine :

« Exclusivement par respect pour Sa Majesté je lui offre de prolonger mon séjour en France jusqu'au 18 septembre et d'appliquer mon traitement, jusqu'à cette date, à tous les malades qui m'accorderont encore leur confiance. Je cherche, Majesté, un gouvernement qui reconnaisse la nécessité de ne pas laisser introduire à la légère dans le monde une vérité qui par son influence sur l'organisme humain provoque des changements devant être dès le début contrôlés et dirigés dans la bonne voie par la vraie science et la vraie force. Dans une affaire qui concerne toute l'humanité, l'argent, aux yeux de

Votre Majesté, ne peut venir qu'en deuxième ligne ;
quatre cent ou cinq cent mille livres employées dans
un tel but n'ont pas d'importance. Ma découverte et
moi-même devons être récompensés avec une lar-
gesse digne du souverain auquel je me lie. »

Cet ultimatum de Mesmer n'est pas accepté, probablement par suite de la résistance de Louis XVI,
dont l'esprit d'épargne et de modération s'opposait à
toutes ces expériences fantastiques. Mesmer exécute
sa menace ; il quitte Paris et se rend à Spa, alors ter-
ritoire allemand.

Mais cet exil volontaire, sorte de défi, diffère grandement de celui de Vienne, qui ressemblait terriblement à une fuite ou à une expulsion. Il quitte le
royaume des Bourbons en prétendant, en potentat,
et toute une nuée de disciples enthousiastes accompagnent le maître vénéré. Mais il en demeure encore
plus à Paris et dans toute la France pour travailler
en sa faveur. Peu à peu l'indignation générale soulevée par le départ, dû aux intrigues de la Faculté, d'un
homme comme Mesmer, se transforme en véritable
fièvre. Des dizaines d'écrits paraissent pour défendre
sa méthode. A Bordeaux, du haut de la chaire, en
pleine cathédrale, le père Hervier célèbre le magnétisme ; La Fayette, à la veille de son départ pour
l'Amérique, informe Washington, comme d'une nouvelle de la plus grande importance, que, outre des
canons et des fusils, destinés à la lutte pour l'indépendance, il apporte aux Américains la doctrine de
Mesmer.

« Un docteur nommé Mesmer, écrit-il, ayant fait la
plus grande découverte, a fait des adeptes, parmi lesquels votre humble serviteur est appelé un des plus
enthousiastes... Avant de partir, j'obtiendrai la per-
mission de vous confier le secret de Mesmer, qui est
une importante découverte philosophique. » Et la
franc-maçonnerie qui, en science comme en politique, défend tout ce qu'il y a de neuf et de révolutionnaire, prend parti pour le novateur. Finalement,

ces partisans enthousiastes obtiennent contre le gouvernement, contre le roi, contre le corps médical, contre l'académie, le retour de Mesmer à Paris aux conditions imposées par lui. Ce que le roi refuse à Mesmer, la noblesse et la bourgeoisie le lui offrent. Un groupe de disciples, à la tête desquels se trouve Bergasse, l'avocat connu, fonde une société par actions pour procurer au maître la possibilité d'ouvrir sa propre académie contre l'Académie royale ; cent partisans souscrivent cent louis d'or chacun pour acquitter envers Mesmer la dette de l'humanité ; en revanche, Mesmer s'engage à leur enseigner sa science.

A peine émises, les « actions magnétiques » sont placées. En douze mois 340 000 livres sont souscrites, bien plus que Mesmer n'en avait demandé naguère. En outre, ses élèves se groupent en « Société de l'Harmonie » à Bordeaux, Lyon, Strasbourg, Ostende, et même aux colonies, à Saint-Domingue. Mesmer rentre en France en triomphe, prié, supplié, fêté, souverain non couronné d'un royaume spirituel invisible. Ce qu'un roi lui a refusé, il se l'est créé lui-même : une existence indépendante, la possibilité de poursuivre librement ses recherches. Et si la science officielle, académique, veut lui déclarer la guerre, cette fois Mesmer est prêt.

CHAPITRE VIII

MESMÉROMANIE

Mesmer, qui promet de calmer tous les états nerveux par la méthode magnétique, commence par apporter lui-même à Paris une nouvelle maladie nerveuse : la mesméromanie. Depuis des dizaines d'années, rien, au Faubourg Saint-Germain, dans la bonne société d'alors et de toujours qui s'ennuie au milieu de son luxe, n'a provoqué une pareille passion, un enthousiasme aussi intense. En quelques mois Mesmer et le magnétisme deviennent la grande mode, le dernier cri. Devant sa luxueuse habitation de la place Vendôme stationnent du matin au soir carrosses et cabriolets armoriés ; des laquais portant la livrée des premières familles de France attendent auprès de litières ornées de blasons. Mais comme les salles de consultation sont trop étroites pour cette affluence inattendue et qu'il n'y a, à la disposition des malades riches, que trois grands baquets, on loue sa place plusieurs jours à l'avance, comme aujourd'hui une loge à l'Opéra pour une première. La philanthropie, elle aussi, étant à la mode, Mesmer met d'autres baquets — plus petits, il est vrai — à la disposition des gens moins fortunés, car tous, riches ou pauvres, doivent profiter du remède de « l'harmonie ». Mesmer n'exclut de sa cure que les malades portant des plaies, les épileptiques avérés, les déments et les estropiés, reconnaissant ainsi honnêtement qu'il ne peut obtenir, par le traitement des nerfs, qu'une amélioration de l'état général de l'individu et qu'il lui est impossible de modifier par un miracle la structure de l'organisme.

Dans ces locaux magnétiques, et bientôt ensuite dans son propre palais, à l'Hôtel Bouillon, rue Montmartre, où il a installé sa clinique, se pressent, pendant cinq ans, des patients de toutes les classes, malades réels et imaginaires, amateurs et snobs de toute espèce. Tout Parisien curieux — et quel Parisien bien né ne le serait point ? — doit avoir éprouvé au moins une fois par lui-même le fluide merveilleux. On en parle dans les salons élégants avec le dilettantisme superficiel dont on s'entretient aujourd'hui au *five o'clock* de la psychanalyse ou de la théorie de la relativité. Mesmer est à la mode, c'est pourquoi sa science, que lui-même prend très au sérieux, produit dans le monde un effet théâtral plutôt que scientifique.

Le fait qu'il y a dans la mise en scène de ses cures un élément théâtral voulu, Mesmer ne l'a jamais nié, au contraire : « Mes procédés, avoue-t-il, s'ils n'étaient pas raisonnés, paraîtraient comme des grimaces aussi absurdes que ridicules, auxquelles il serait impossible d'ajouter foi. » En bon connaisseur d'âmes, il sait que tout traitement basé sur la foi exige, pour renforcer son action, un certain cérémonial magique ou religieux : par principe psychologique, il entoure donc sa personne d'une auréole surnaturelle, il augmente son autorité par le mystère. Déjà la salle de consultation, par son arrangement particulier, trouble et émeut le visiteur ; les fenêtres sont voilées de rideaux pour créer un clair-obscur crépusculaire, des tapis et des tapisseries épaisses assourdissent les sons, des glaces reflètent de toutes parts la lumière nuancée, des signes symboliques et étranges excitent la curiosité sans la satisfaire. L'incertitude intensifie l'énervement de l'attente, le mystère augmente la tension, le silence et le secret renforcent le sentiment mystique. C'est pourquoi, dans la pièce magique de Mesmer, tous les sens, vue, ouïe, toucher, sont en même temps stimulés et occupés de la manière la plus raffinée. Au milieu de la grande salle est exposé le « baquet de santé », vaste comme une fontaine. Plongés dans un silence profond, comme à l'église, retenant leur souffle, les malades entourent cet autel magnétique. Nul ne doit bouger, aucune parole ne doit être prononcée pour ne pas troubler la tension qui s'accumule dans l'atmosphère. De temps en temps, sur un signe du maître, se forme la célèbre chaîne (reprise plus tard par les spirites). Chacun touche du bout des doigts les doigts de son voisin, afin que le courant intensifié par la transmission de corps à corps traverse la foule des croyants. Au milieu de ce silence, que seul interrompt parfois un faible soupir, parviennent d'une pièce voisine les accords invisibles d'un clavecin ou les douces voix d'un chœur ; quelquefois Mesmer lui-même joue de son harmonica, pour calmer l'excitation par des rythmes paisibles ou la réveiller par des sons plus aigus. C'est ainsi que, pendant une heure, l'organisme est chargé de force magnétique (ou, comme nous dirions en termes actuels, les nerfs sont préparés à la suggestion par l'excitation du silence et de l'attente). Alors seulement Mesmer apparaît.

Il entre, calme, solennel, d'un pas lent, le port majestueux, irradiant la paix au milieu du trouble général. A peine s'approche-t-il des malades qu'un léger frémissement, comme celui d'une brise naissante, parcourt la chaîne. Mesmer porte une longue robe de soie lilas, rappelant le costume des mages hindous. Toutes ses forces concentrées en lui comme un dompteur qui, un fouet minuscule à la main, maîtrise l'élan du fauve par la seule force de sa volonté, il va gravement d'un malade à l'autre avec sa mince baguette d'acier. Devant l'un d'eux il s'arrête, le questionne à voix basse sur son mal, lui passe sa baguette aimantée sur le corps, dans un certain sens, de haut en bas d'un côté, de bas en haut de l'autre ; en même temps, il plonge un regard aigu et pénétrant dans les yeux pleins d'attente du patient. Chez certains, il se dispense de toute passe magnétique et trace seulement dans l'air, autour du front ou de l'endroit malade, comme des auréoles invisibles ; mais toujours, la prunelle fixe, il concentre son attention sur le patient, dont il fascine le regard. Pendant ce temps, les autres retiennent leur souffle avec respect, l'on n'entend dans la vaste salle que le pas lent du magnétiseur assourdi par les tapis et parfois le soupir d'un malade soulagé ou oppressé. Mais d'ordinaire il se passe peu de temps avant qu'un des patients soit pris de tremblements au contact de Mesmer, que des tressaillements convulsifs agitent ses membres et qu'il se mette à suer, crier, soupirer ou gémir. Dans ce cas, à peine les autres personnes aperçoivent-elles chez lui cette manifestation de la force magnétique qu'elles croient, elles aussi, sentir la fameuse « crise » salutaire. Les attaques de nerfs se propagent aussitôt dans la chaîne rigoureusement fermée ; un deuxième patient, un troisième ont des crises nerveuses, puis c'est la folie collective et l'on se trouve soudain en plein sabbat. Les uns se roulent sur le sol, les yeux révulsés, d'autres poussent de violents éclats de rire, crient, sanglotent, gémissent, d'autres encore dansent comme des démons, d'autres enfin, sous l'influence de la baguette ou sous le regard pénétrant de Mesmer, semblent évanouis ou plongés dans un sommeil léthargique (les gravures de l'époque rendent ces scènes avec une netteté frappante) ; un sourire calme et muet sur les lèvres, ils gisent là, indifférents, dans une rigidité cataleptique, tandis que la musique, dans la pièce voisine, continue à jouer, pour accentuer de plus en plus la tension nerveuse. Car, selon la célèbre « théorie des crises » de Mesmer, toute maladie provenant des nerfs doit être poussée au plus haut degré de son évolution, elle doit en quelque sorte être « exsudée », pour que soit possible la guérison du corps. Ceux dont la crise est par trop violente et qui tempêtent ou se tordent en hurlant sont vite transportés par les serviteurs et les assistants magnétiseurs dans une pièce contiguë aux murs bien rembourrés et ne laissant filtrer aucun bruit, dite « salle des crises », pour y être calmés (ce qui donna lieu, bien entendu, à des centaines d'épigrammes, selon lesquelles les dames nerveuses y étaient calmées de la façon la plus physiologique du monde).

Les scènes les plus étonnantes se produisent quotidiennement dans le cabinet magique de Mesmer : des malades rompent la chaîne autour du baquet et s'élancent en criant qu'ils sont guéris ; d'autres se jettent aux pieds du maître et lui baisent les mains ; d'autres encore le supplient d'augmenter le courant magnétique, de leur faire de nouvelles passes. Peu à peu la foi de ses patients en sa force mystérieuse, en la magie de sa personnalité, se transforme en une sorte de folie religieuse et lui-même se mue en sauveur et en saint. Dès que Mesmer se montre dans la rue, des infirmes accourent au-devant de lui, rien que pour toucher ses vêtements, princesses et duchesses l'implorent de leur faire l'honneur d'une visite ; ceux qui sont venus trop tard, qui n'ont pas eu accès à son baquet, s'achètent de petits baquets pour leur usage personnel, afin de pouvoir se magnétiser eux-mêmes suivant sa méthode. Un jour Paris assiste à cette farce suprême : au beau milieu de la rue de Bondy, des centaines de personnes s'attachent avec des cordes à un arbre magnétisé par Mesmer et attendent la « crise ». Jamais docteur n'obtint succès aussi rapide et aussi enivrant : pendant cinq ans Paris ne parle que des cures magnético-magiques de Mesmer.

Mais il n'y a rien de plus nuisible pour une science naissante que de devenir une mode et un sujet de causerie mondaine. Malgré lui, Mesmer s'empêtre dans un quiproquo dangereux : en médecin honnête, il voulait indiquer à la science un nouveau moyen de guérir, et voici qu'en réalité il apporte à la mode et à

ses éternels suiveurs un sujet plaisant pour occuper
leur oisiveté blasée. On discute pour ou contre Mesmer avec le même manque de sérieux que pour
Gluck ou Piccinni, Rousseau ou Voltaire. En outre,
une époque aussi « cantharidique » pour le XVIIIᵉ voit
aussitôt en toutes choses un côté érotique : les cour-
tisans espèrent surtout trouver dans le magnétisme
un moyen de ranimer leurs forces viriles épuisées ;
les belles dames, répète-t-on, cherchent, comme
l'affirmaient les épigrammes, à calmer leurs nerfs
dans la salle des crises par les moyens les plus naturels. N'importe quel petit écrivailleur lance dans la
bataille sa niaise brochure, enthousiaste ou mépri-
sante. Anecdotes et pamphlets assaisonnent de traits
piquants le conflit médical ; finalement le théâtre, à
son tour, s'empare de la mesméromanie. Le
16 novembre 1784 les comédiens italiens du Roi
jouent une bouffonnerie intitulée *Les Docteurs
modernes*, où Radet, un poétaillon de troisième
ordre, présente le magnétisme comme une farce.
Mais il tombe mal, car les fanatiques de Mesmer ne
permettent point qu'on se moque de leur dieu, même
sur la scène. Les grands seigneurs — trop distingués
pour faire eux-mêmes cet effort — envoient leurs
laquais au théâtre pour siffler la pièce. Et, au cours
de la représentation, un conseiller du roi lance de sa
loge parmi les spectateurs une brochure consacrée à
la défense du magnétisme. Le lendemain lorsque
Radet, l'auteur peu adroit, se présente au salon de la
duchesse de Villeroi, elle le fait mettre à la porte par
ses valets : qu'il sache qu'elle ne reçoit pas un individu qui a osé « jouer les Aristophane pour railler le
nouveau Socrate ». La démence augmente de jour en
jour. Plus sont nombreux les profanes qui s'occupent
du nouveau jeu de société, plus les exagérations riva-
lisent de ridicule et de furie grotesque ; à Charenton,
en présence du prince de Prusse et de tous les magis-
trats en costume officiel, on magnétise un vieux cheval ! Dans les parcs et les châteaux surgissent des
grottes et des bosquets magnétiques, dans les villes

se forment des cercles et des loges secrètes ; partisans et adversaires en viennent aux mains, et même
au duel — bref, la force conjurée par Mesmer
dépasse sa sphère proprement dite, la médecine, et
inonde la France entière d'un flot dangereux, propa-
gateur de snobisme et d'hystérie : la mesméromanie.

CHAPITRE IX

INTERVENTION DE L'ACADÉMIE

Devant une épidémie qui fait des ravages aussi furieux, il n'y a plus moyen de considérer Mesmer comme scientifiquement inexistant. L'existence ou la non-existence du magnétisme animal de sujet de conversation est devenue affaire d'Etat ; il faut enfin que cette querelle acharnée soit tranchée devant le forum de l'Académie. Le Paris intellectuel, la noblesse se sont prononcés presque sans exception en faveur de Mesmer ; la reine Marie-Antoinette, sous l'influence de la princesse de Lamballe, est entièrement de son côté ; toutes ses dames d'honneur idolâtrent le « divin Allemand ». Un seul, à la cour, considère avec une méfiance inébranlable toutes ces histoires magiques : le roi. Pas le moins du monde neurasthénique, les nerfs rembourrés de graisse et de flegme, s'empiffrant à la rabelaisienne, digérant admirablement, Louis XVI n'est guère l'homme qui peut s'intéresser à un traitement psychique ; et lorsque La Fayette, à la veille de son départ pour l'Amérique, se présente chez lui, le monarque débonnaire le raille plaisamment, lui demandant « ce que dirait Washington en apprenant qu'il s'était donné comme apprenti apothicaire chez le sieur Mesmer ». Il a horreur des troubles et des émotions, ce brave homme de Louis XVI, ce bon roi ventru ; un pressentiment instinctif lui fait détester les nouveautés et les révolutions, même dans le domaine intellectuel. En homme d'ordre, positif et réaliste, il finit par vouloir tirer au clair cette interminable dispute sur le magnétisme ; en mars 1784 il signe une ordonnance adressée à l'Académie et à la Faculté, prescrivant d'examiner immédiatement les conséquences tant utiles que nuisibles du magnétisme.

La France a rarement vu comité aussi imposant que celui qu'ont élu à cette occasion les deux sociétés : presque tous ses membres jouissent aujourd'hui encore d'une célébrité mondiale. Au nombre des médecins se trouve un certain Guillotin qui, sept ans plus tard, donnera son nom à ce bel instrument qui guérit en une seconde tous les maux terrestres : la guillotine. Parmi les autres noms rayonnent glorieusement ceux de Benjamin Franklin, l'inventeur du paratonnerre, de l'astronome Bailly, le futur maire de Paris, de Lavoisier, le rénovateur de la chimie, et de Jussieu, le botaniste célèbre. Mais toute leur science ne fait pas deviner à ces esprits, pourtant admirablement clairvoyants, que quelques années plus tard deux d'entre eux, l'astronome Bailly et le chimiste Lavoisier, poseront leur tête sous la machine de leur collègue Guillotin, en compagnie duquel ils étudient confraternellement le mesmérisme.

Trop de hâte ne sied pas à la dignité d'une Académie ; il est préférable d'agir avec sûreté et méthode. Quelques mois se passent donc avant que la docte compagnie rédige le verdict définitif. Honnêtement et loyalement, ce document officiel reconnaît tout d'abord l'action indéniable des cures magnétiques. On y lit, en effet :

« Quelques-uns des patients sont calmes, silencieux et plongés dans l'extase, d'autres toussent, crachent, ressentent une légère douleur, une chaleur locale, ont des sueurs abondantes, d'autres encore sont secoués par les convulsions. Le nombre, la durée et la force des convulsions sont extraordinaires. Dès qu'elles commencent chez l'un, elles se manifestent aussi chez les autres. La commission en a vu qui ont duré trois heures, accompagnées de vomissements troubles et glaireux, et où l'on voit parfois des traces de sang, provoqués par la violence de leurs efforts. Ces convulsions sont caractérisées par des mouvements rapides et involontaires de tous les membres et de tout le corps, par des spasmes dans la gorge, par des crampes dans l'hypocondre et l'épigastre, par la fixité et le trouble du regard, par des cris perçants, des gémissements, des pleurs et des éclats de rire bruyants ; elles sont suivies par de longs moments de lassitude et d'inertie, d'oppression et d'épuisement. Le plus petit bruit inattendu fait tressaillir les malades, et l'on a remarqué que des variations de ton et de mesure dans des mélodies jouées au clavecin les influençaient ; un rythme rapide les excite beaucoup plus et accroît la violence de leurs crises nerveuses. Rien n'est plus étonnant que le spectacle de ces convulsions ; quand on ne l'a pas vu, on ne peut s'en faire une idée et en le voyant on est également surpris et du repos profond d'une partie de ces malades et de l'agitation qui anime les autres, aussi des accidents variés qui se répètent et des sympathies qui s'établissent ; on voit des malades se sourire, se parler avec affection et adoucir mutuellement leurs crises. Tous sont soumis à celui qui les magnétise. Ils ont beau être dans un assoupissement apparent, sa voix, son regard, un signe les en retire. »

Le fait que Mesmer exerce sur ses patients une influence suggestive ou autre se trouve donc officiellement confirmé. Il y a là, les professeurs le constatent, quelque chose d'inexplicable et que, malgré toute leur science, ils ne connaissent pas.

« On ne peut s'empêcher, déclarent-ils encore, de reconnaître à ces effets constants une grande puissance qui agite les malades, les maîtrise et dont celui qui magnétise semble être le dépositaire. »

Par cette dernière formule, la commission a, pour

ainsi dire, presque mis le doigt sur le point délicat ;
elle se rend immédiatement compte que ces phénomènes surprenants sont produits par l'individu, par
l'action personnelle particulière du magnétiseur. Un
pas encore dans la voie de ce rapport inexplicable
entre le magnétiseur et le médium, et un siècle serait
enjambé, le problème placé sous son angle actuel.
Mais ce pas-là, la commission ne le fait pas. Sa tâche,
conformément à l'ordonnance royale, est d'établir s'il
existe ou non un fluide magnético-animal, c'est-
à-dire un nouvel élément physique. Elle ne pose,
avec méthode, que deux questions : *Primo* : l'existence de ce magnétisme animal peut-elle être prouvée ? *Secundo* : est-il utile en tant que remède ? « Car,
argumente-t-elle *more geometrico*, le magnétisme
animal peut exister et ne pas être utile, mais en
aucun cas il ne peut être utile s'il n'existe pas. »

La commission ne s'occupe donc point de la relation mystérieuse qui existe entre le médecin et le
patient, entre le magnétiseur et le médium — c'est-
à-dire du problème essentiel — mais uniquement de
la « présence sensible » du fluide magique et de la
possibilité de le prouver. Peut-on le voir ? Non. Peut-
on le sentir ? Non. Peut-on le peser, le mesurer, le
toucher, le goûter, l'examiner au microscope ? Non.
Par conséquent, la commission constate en premier
lieu cette impossibilité de percevoir le fluide par les
sens extérieurs. « S'il existe en nous et autour de
nous, dit-elle, c'est donc d'une manière absolument
insensible. » Après cette constatation peu difficile, la
commission se met en devoir de rechercher tout au
moins un effet probant de cette substance invisible.
Les expérimentateurs se font donc tout d'abord
magnétiser. Mais la suggestion, comme on sait, n'agit
guère sur les gens sceptiques et bien portants. Aussi
ce qui se passe n'est-il point surprenant. « Nul de
nous, disent-ils, n'a rien ressenti, rien du moins qui
puisse être expliqué comme réaction au magnétisme ; un seul a éprouvé dans l'après-midi une excitation nerveuse, mais aucun n'a été jusqu'à la crise. »

Devenus méfiants, ils examinent l'effet indéniable produit sur d'autres personnes avec d'autant plus de prévention. Ils tendent aux patients une série de pièges ; ils offrent, par exemple, à une femme plusieurs tasses dont une seule est magnétisée : la malade se trompe et choisit une des autres tasses. Preuve semble donc être faite que l'action du magnétisme n'est que truquage et « imagination ». Mais en même temps les académiciens sont obligés de reconnaître que cette même malade a une crise dès que le magnétiseur lui-même lui tend la tasse. La solution est donc toute proche et véritablement elle est claire : logiquement ils devraient à présent déduire que ces phénomènes se produisent grâce à un contact particulier entre le magnétiseur et le médium, et qu'il n'y a là rien de mystique. Mais les académiciens, tout comme Mesmer, lui-même, laissent de côté le problème, qui leur brûle les doigts, de l'influence personnelle par la suggestion ou par la transmission fluidique et se contentent de proclamer solennellement la « nullité du magnétisme ». Là, disent-ils, où l'on ne voit rien, ne sent rien, ne touche rien, il ne peut rien y avoir, et l'action extraordinaire du magnétisme ne repose que sur l'imagination, sur la simple illusion — mot remplaçant assez mal, bien entendu, l'idée de la suggestion dont on ne s'est pas aperçu.

Cette solennelle déclaration de la non-existence du magnétisme annule naturellement la deuxième question, relative à l'utilité générale du traitement magnétique (nous dirions psychique). Car un effet dont l'Académie ne connaît pas la cause ne doit à aucun prix être considéré par le monde comme utile ou salutaire. Aussi les experts affirment-ils — en toute « méconnaissance » de cause — que la méthode du sieur Mesmer est un danger, les crises et les convulsions artificiellement provoquées pouvant devenir chroniques. Et dans une longue phrase qui fait réfléchir, ils prononcent finalement leur verdict :

« Les commissaires ayant reconnu que le fluide du

magnétisme animal ne peut être perçu par aucun de nos sens, qu'il n'a produit aucun effet ni sur eux-mêmes, ni sur les malades qui ont été soumis à son action ; étant donné qu'ils ont établi que les passes et effleurements n'ont que rarement provoqué des changements favorables dans l'organisme, mais toujours des bouleversements dangereux dans l'imagination ; étant donné qu'ils ont prouvé d'autre part que l'imagination sans magnétisme peut aussi provoquer des crises alors que le magnétisme sans imagination ne peut rien, ils ont, à l'unanimité, conclu que rien ne donne la preuve d'un fluide magnético-animal et que par conséquent ce fluide non contrôlable est sans utilité ; que les effets violents notés au cours des traitements publics doivent être attribués en partie à l'effleurement, à l'excitation et à l'automatisme de l'imagination qui nous force malgré nous à reproduire des phénomènes agissant sur nos sens. En même temps ils se croient obligés d'ajouter que ces effleurements répétés tendant à provoquer des crises peuvent être nuisibles, et que le spectacle desdites crises peut devenir dangereux à cause de l'instinct d'imitation que nous a imposé la nature, et que par conséquent tout traitement public ne peut avoir à la longue que des conséquences dangereuses. »

A ce rapport public du 11 août 1784, la Commission joint un rapport secret manuscrit adressé au roi qui, en termes sombres, attire son attention sur le danger que le magnétisme fait courir aux mœurs par ses traitements mixtes et l'excitation des nerfs qu'il provoque. Grâce à ce verdict de l'Académie et au rapport terriblement défavorable, lui aussi, de la Faculté de médecine, le monde des savants en a fini, une fois pour toutes, avec la méthode psychique et le traitement par l'influence personnelle. Tant pis si quelques mois plus tard on découvre et prouve indiscutablement par de nombreuses expériences, claires comme le jour, les phénomènes du somnambulisme, de l'hypnose et de la transmission de la volonté ! Tant pis si le monde intellectuel tout entier en est bouleversé ! Pour la docte Académie qui a formulé son opinion par écrit au XVIIIe siècle, il n'existera pas, jusqu'au XXe siècle, de phénomènes suggestifs et métaphysiques. Lorsque, en 1830, un médecin français lui propose de nouveau de lui fournir la preuve de l'existence de ces phénomènes, elle s'y refuse. Même en 1840, quand Braid, par sa « neurypnologie », a déjà depuis longtemps transformé l'hypnose en instrument de la science, elle reste butée. Dans chaque ville, dans chaque village de France, d'Europe, d'Amérique, depuis 1820, des magnétiseurs amateurs montrent à un public compact les exemples les plus surprenants de suggestion : aucun homme, fût-il à demi cultivé, ne songe plus à les nier. Mais l'Académie, la même qui rejeta le paratonnerre de Franklin et le vaccin de Jenner, qui qualifia d'utopie le bateau à vapeur de Fulton, persiste dans son orgueil insensé, détourne la tête et affirme n'avoir rien vu.

Et cela dure cent ans, jusqu'à ce que Charcot, en 1882, obtienne que l'auguste Académie daigne prendre officiellement connaissance de l'hypnose. Son jugement erroné sur François-Antoine Mesmer a donc retardé de tout un siècle une révélation qui, par un examen plus juste et plus lucide, eût pu déjà enrichir la science en 1784.

CHAPITRE X

LA LUTTE AUTOUR DES RAPPORTS

Une fois de plus — la quantième — la méthode psychique est vaincue par la justice académique. A peine la Faculté a-t-elle publié son verdict condamnatoire qu'un cri d'allégresse éclate dans le camp des adversaires de Mesmer, comme si tout traitement par la voie psychique était à jamais interdit. On vend chez les libraires d'amusantes gravures représentant la « Victoire de la Science » ; entourée d'une auréole éclatante, la Commission y déroule son décret de condamnation et devant cette lumière « sept fois brillante » Mesmer et ses élèves affublés d'une tête et d'une queue d'âne s'enfuient chevauchant un balai. Une autre estampe montre la science lançant ses foudres contre les charlatans qui, trébuchant sur un baquet brisé, culbutent dans les enfers ; une troisième, qui porte comme légende « Nos facultés sont en rapport », représente Mesmer magnétisant un âne. Des dizaine de pamphlets sont publiés, dans les rues on fredonne une chanson nouvelle :

> Le magnétisme est aux abois,
> La Faculté, l'Académie
> L'ont condamné tout d'une voix
> Et même couvert d'infamie.
> Après ce jugement, bien sage et bien légal,

Si quelque esprit original
Persiste encore dans son délire,
Il sera permis de lui dire :
Crois au magnétisme... animal !

Pendant quelques jours on se demande réellement si le coup terrible porté à Mesmer par l'autorité académique ne lui a pas définitivement cassé les reins à Paris comme jadis à Vienne. Mais on est en 1784 ; bien que l'orage de la Révolution soit encore éloigné, l'agitation et la révolte sont dans l'air. Un décret exigé par Sa Majesté très chrétienne, promulgué solennellement par l'Académie royale ? Sous le Roi Soleil, nul n'eût pu braver anathème aussi foudroyant. Mais sous le faible souverain qu'est Louis XVI un cachet royal n'est plus une garantie contre les railleries et les discussions. L'esprit révolutionnaire a pénétré depuis longtemps dans la société et s'oppose volontiers avec ardeur à l'opinion royale. Une foule d'écrits passionnés justifiant Mesmer s'abattent sur Paris et sur toute la France. Avocats, médecins même, négociants, représentants de la haute noblesse publient sous leur propre nom des récits reconnaissants de leur guérison. Au milieu de pauvres et vains poncifs on découvre plus d'une déclaration lucide et hardie. Ainsi, J.-B. Bonneroy, du Collège chirurgical de Lyon, demande énergiquement si ces Messieurs de l'Académie ont un meilleur traitement à proposer. Et il s'écrie :

« Comment lutte-t-on contre les maladies nerveuses, ces maladies aujourd'hui encore complètement ignorées ? On ordonne des bains chauds et froids, des remèdes calmants ou excitants, et aucun de ces misérables palliatifs n'a obtenu jusqu'ici des effets aussi étonnants que la méthode psychothérapeutique de Mesmer. »

Dans les *Doutes d'un Provincial*, un anonyme accuse l'Académie de n'avoir même pas abordé le fond du problème par orgueil et étroitesse d'esprit. « Il ne suffit pas, Messieurs, dit-il, que votre esprit s'élève au-dessus des préjugés du siècle. Il faudrait aussi oublier l'intérêt de votre propre classe pour l'amour du bien-être général. »

Un avocat lance prophétiquement : « Monsieur Mesmer a construit un grand système sur la base de ses découvertes. Ce système est peut-être aussi mauvais que tous les précédents, car il est toujours dangereux de revenir aux causes premières. Mais si, indépendamment de ce système, il a apporté des éclaircissements à quelques idées éparses, si une grande vérité quelconque lui doit son existence, il a un droit inaliénable au respect des hommes. C'est dans ce sens qu'il sera apprécié plus tard sans que toutes les commissions et tous les gouvernements du monde puissent lui enlever son mérite. »

Mais les Académies et les sociétés savantes ne discutent pas, elles décident. Et dès qu'elles ont pris une décision, elles jugent à propos, dans leur orgueil, de n'écouter aucune objection. Toutefois dans le cas qui nous occupe il se passe quelque chose de très pénible et d'inattendu pour l'Académie de Paris ; dans ses propres rangs un homme se dresse pour l'accuser. C'est un membre de la Commission, et non le moindre, Jussieu, le célèbre botaniste. Sur l'ordre du roi il a assisté aux expériences, mais il les a suivies avec plus d'attention et moins de parti pris que les autres : c'est pourquoi, au moment du verdict définitif, il a refusé de signer la bulle d'excommunication. Le point faible des recherches n'a pas échappé au regard perçant du botaniste, accoutumé à observer avec une patience respectueuse les fils et les traces de germes les plus minuscules et les plus insignifiants. Il voit que la Commission s'est battue contre les moulins à vent de la théorie, raison pour laquelle elle n'a rencontré que le vide, au lieu de chercher à déduire des effets indiscutables de la cure mesmériste leurs causes possibles. Sans donner dans les fantaisies de Mesmer, dans sa magnétisation d'arbres, de miroirs, de bassins et d'animaux, Jussieu constate simplement ce qu'il y a là de nouveau, d'essentiel et d'étonnant, à savoir qu'au cours de ce traitement une force quelconque agit sur le malade. Et bien qu'il soit aussi peu que ses collègues en état d'établir la palpabilité, la visibilité de ce fluide, il admet, en toute logique, la possibilité d'un « agent transmissible par un individu sur un autre et pouvant parfois exercer sur ce dernier une influence visible ». Cet empirique honnête ne risque aucune supposition audacieuse quant à la nature de ce fluide, qu'il soit magnétique, psychique, ou électrique. Peut-être, dit-il, est-ce la « force vitale » elle-même, mais en tout cas il y a là indéniablement une force quelconque et le devoir de savants sans parti pris eût été d'étudier cette force et son action, au lieu de nier d'avance — en recourant à un terme vague et nébuleux comme le mot « imagination » — un phénomène se manifestant pour la première fois. Un renfort aussi inattendu venant d'un homme tout à fait impartial est pour Mesmer un appui moral formidable. C'est lui qui à présent prend l'offensive et il en appelle au Parlement : « La Commission, déclare-t-il dans sa plainte, ne s'est adressée au cours de ses recherches qu'à Deslon, au lieu de me questionner, moi, le véritable inventeur de la méthode. » Par conséquent, il réclame un nouvel examen où le parti pris n'entrera pas en jeu. L'Académie garde le silence, heureuse d'en avoir fini avec ce cas pénible, car, selon son opinion, depuis qu'elle a fait imprimer son verdict, l'impulsion donnée par Mesmer à la science est irrévocablement balayée.

Pourtant, l'Académie n'a pas de chance dans cette affaire ! Juste au moment où elle ferme la porte de la médecine au phénomène indésirable et non reconnu de la suggestion, celui-ci ouvre celle de la psychologie. Cette même année 1784, où elle croit avoir par son jugement porté le coup mortel à la méthode suspecte de sorcellerie inventée par Mesmer, est en effet la date de naissance de la psychologie moderne : car c'est précisément en 1784 que Puységur, disciple et assistant de Mesmer, découvre le phénomène du somnambulisme artificiel et projette une lumière nouvelle sur les rapports cachés entre le corps et l'âme.

CHAPITRE XI

LE MESMÉRISME SANS MESMER

La vie s'avère toujours plus extraordinaire que n'importe quel roman. Pour incarner la tragique infortune qui poursuivit inexorablement Mesmer sa vie durant et bien longtemps après sa mort, aucun artiste n'eût pu trouver plus ironique symbole que la réalité : la découverte la plus décisive de ce chercheur infatigable, de ce curieux, ce n'est pas lui qui la découvre ; ce qu'on appelle depuis le mesmérisme n'est ni l'invention ni la doctrine de François-Antoine Mesmer. C'est bien lui qui, le premier, provoque la véritable manifestation sur laquelle est basée la connaissance du dynamisme psychique ; c'est lui, mais, fatalité ! il ne s'en aperçoit pas. Il passe à côté d'elle sans la voir. Et comme, en vertu d'une pratique admise, une découverte n'appartient pas à celui qui la prépare, mais à celui qui la formule et la fixe, la gloire d'avoir prouvé la possibilité d'une action psychique sur l'individu au moyen de l'hypnose et d'avoir éclairé l'immense région intermédiaire entre le conscient et l'inconscient, cette gloire n'appartient pas à Mesmer, mais à son fidèle disciple, le comte Maxime de Puységur. Car en cette fatale année 1784, alors que Mesmer se bat contre les académies et les sociétés savantes pour sa chimère adorée, le fluide magnétique, Puységur publie un « Rapport des cures

opérées à Bayonne par le magnétisme animal,
adressé à M. l'abbé de Poulanzet, conseiller-clerc au
Parlement de Bordeaux » ; et ce rapport méthodique,
sobre, positif, démontre nettement au moyen de faits
indéniables ce que l'Allemand métaphysique a cherché en vain dans le cosmos et son fluide universel
mystique.

Les expériences de Puységur ouvrent la porte du
monde psychique là où l'on ne s'y attendait pas.
Depuis les temps les plus anciens, dans l'Antiquité
comme au Moyen Age, la science avait toujours
considéré avec étonnement le cas du somnambule
comme un fait en dehors de toute règle. Parmi des
centaines de milliers, parmi des millions de natures
normales on ne rencontre en effet que de temps en
temps un de ces étranges noctambules, qui, en plein
sommeil, quittent leur lit les yeux fermés, et, sans
voir, sans toucher, montent des escaliers et des
échelles menant aux toits des maisons, escaladent,
les paupières closes, les pentes, les arêtes, les faîtes
les plus périlleux, puis regagnent leur couche, sans
garder le lendemain le moindre souvenir de leur
aventure nocturne dans l'inconscient. De ce phénomène évident il n'y avait, avant Puységur, aucune
explication valable. On ne pouvait qualifier ces gens
de déments, car à l'état de veille, ils exerçaient leur
métier convenablement et habilement. Impossible,
d'autre part, de les considérer comme normaux, leur
conduite à l'état somnambulique étant en opposition
avec toutes les lois de la nature ; car quand un
homme semblable marche dans l'obscurité les yeux
fermés, quand, sans être éveillé, les paupières closes,
les prunelles entièrement voilées, il tient compte des
moindres aspérités, il emprunte avec cette sûreté qui
est le propre du somnambule les chemins les plus
dangereux, où il se casserait le cou à l'état de veille ;
qui le conduit ? qui l'empêche de tomber ? qui le
retient ? qui éclaire ses sens ? quelle perception anor-
male, quel « sens intérieur », quelle « second sight »
guide à travers tous les dangers, comme un ange ailé,

ce dormeur éveillé ou ce lucide rêveur ? C'est bien ce que se demandent les savants depuis l'Antiquité ; pendant mille ans, pendant deux mille ans, le penseur s'est trouvé là, sans arriver à en comprendre la signification, devant un de ces caprices magiques que la nature fait surgir de temps en temps au milieu de l'ordre des choses établi comme pour rappeler à l'humanité, par cette anomalie insaisissable de ses lois d'ordinaire invariables, le respect de l'irrationnel.

Et voici que soudain, sans qu'on le désire le moins du monde, tout à fait inopportunément, un élève de ce damné de Mesmer — pas même un médecin, mais un simple magnétiseur amateur ! — établit par des expériences irréfutables que cet état de sommeil éveillé n'est pas un lapsus unique dans le plan de travail de la nature ; que ce n'est pas, comme l'enfant à tête de bœuf ou les jumeaux siamois, une anomalie isolée, mais un phénomène organique pouvant se répéter à l'infini et qu'il est possible de provoquer artificiellement cet état somnambulique, cette perte de la volonté, cette activité inconsciente, ce sommeil magnétique (nous dirions hypnotique) presque chez tous les hommes. Le comte de Puységur, homme distingué, riche, philanthrope à la mode d'alors, s'était, dès le début, passionnément enthousiasmé pour la doctrine de Mesmer. Par dilettantisme humanitaire, par curiosité philosophique, il pratique gratuitement les traitements magnétiques selon les prescriptions du maître dans sa propriété de Buzancy. Ses malades ne sont ni des marquises hystériques ni des aristocrates dégénérés, mais des soldats de la cavalerie, des fils de paysans, des éléments sains et rudes, sans le moindre soupçon de neurasthénie et par là même doublement importants pour ses expériences. Un jour un groupe de malades s'étant adressés à lui, le gentilhomme philanthrope, fidèle aux méthodes de Mesmer, s'efforce de provoquer chez ses patients des crises aussi violentes que possible. Mais tout à coup le voilà étonné, effrayé même. Car un jeune berger

du nom de Victor, au lieu de réagir à l'effleurage
magnétique par les tremblements, les convulsions et
les crises attendues s'endort tout bonnement sous ses
mains caressantes. Ce résultat étant contraire à la
règle selon laquelle le magnétiseur doit provoquer
l'énervement et non le sommeil, Puységur essaie de
réveiller le paysan. En vain ! Puységur crie — le gars
ne bouge pas. Il le secoue, mais, chose singulière,
l'homme dort d'un sommeil qui n'est pas normal. Et
tout à coup, lorsqu'une fois de plus il lui ordonne de
se lever, le voilà qui se lève et se met à marcher, mais
les yeux fermés. En dépit des paupières closes il se
conduit tout à fait comme un homme en pleine
conscience à l'état de veille, et cependant il reste toujours endormi. Il est devenu un somnambule en
plein jour. Puységur, frappé, essaie de lui parler, de
le questionner. Et voici que le campagnard, dans son
sommeil, répond à toutes les questions avec clarté et
intelligence, et même en un langage plus choisi que
d'ordinaire. Puységur, intéressé par cet événement
nouveau, recommence l'expérience. Et il réussit,
grâce au traitement par le magnétisme (ou plutôt par
la suggestion), à obtenir ce sommeil éveillé, cette
veille somnambulique, non seulement chez le jeune
berger, mais chez toute une série d'autres personnes.
Encouragé par cette découverte inattendue, Puységur poursuit ses tentatives avec un redoublement
d'ardeur. Il donne des ordres post-hypnotiques, c'est-
à-dire qu'il ordonne au somnambule d'accomplir certaines actions après son réveil. Et les médiums, revenus à l'état normal, s'acquittent réellement, avec une
exactitude parfaite, des missions dont ils ont été
chargés pendant leur sommeil. Puységur, à présent,
n'a plus qu'à décrire ces phénomènes étonnants dans
une brochure, et le Rubicon de la psychologie
moderne est passé, l'hypnose enregistrée pour la première fois.

Bien entendu, le phénomène de l'hypnose n'apparaît pas pour la première fois avec Puységur ; mais
jamais auparavant on ne s'en était rendu compte

exactement. Paracelse mentionne déjà que dans un cloître de Carinthie les moines, en soignant leurs malades, détournaient l'attention de ceux-ci à l'aide d'objets luisants ; on retrouve aussi dans l'Antiquité, depuis Apollonius de Tyana, des traces de procédés hypnotiques ; au-delà des régions humaines, dans le règne animal, on connaissait également depuis long-temps le regard fixe et paralysant du serpent ; et le symbole mythologique de la Méduse, même, signi-fie-t-il autre chose que la volonté paralysée par la suggestion ? Mais cette paralysie de l'attention n'avait jamais encore été employée en tant que méthode, pas même par Mesmer qui l'avait pourtant exercée inconsciemment un nombre incalculable de fois en effleurant et en regardant fixement ses patients. Il s'était bien aperçu à de nombreuses reprises que certains de ses malades, sous l'action de son regard ou de ses passes, commençaient à bâiller, à s'alanguir, qu'ils avaient des battements de pau-pières, que leurs yeux alourdis se fermaient lente-ment ; même Jussieu, témoin occasionnel, écrit dans son rapport qu'il a vu un patient, les yeux fermés, se lever tout à coup, magnétiser les autres patients, revenir à sa place les paupières closes et se rasseoir tranquillement, sans se douter de ce qu'il venait de faire — somnambule en plein jour. Dix fois, cent fois peut-être au cours de ses longues années de pratique, Mesmer a vu se produire cette espèce d'alanguisse-ment, d'engourdissement, de « descente en soi ». Mais lui, qui ne cherchait que la crise, qui ne deman-dait que la convulsion comme remède, passait obs-tinément à côté de ces états crépusculaires étranges. Hypnotisé lui-même, tout en hypnotisant les autres, par son idée de fluide universel, ce malchanceux a toujours le regard tourné du même côté et se perd dans sa théorie au lieu d'agir selon le mot de Goethe, d'une sagesse suprême : « La plus grande des choses serait de comprendre que tout fait est déjà théorie. Ne cherchons pas derrière les phénomènes, ils sont par eux-mêmes un enseignement. » C'est ainsi que

Mesmer laisse échapper « l'idée-reine » de sa vie et
que ce qu'il a semé en hardi précurseur est récolté
par un autre.

On peut à peine embrasser la portée qu'à eue pour
l'avenir la constatation faite par Puységur. Du jour
au lendemain, le champ d'observation s'est élargi
intérieurement, une quatrième dimension, en
quelque sorte, est trouvée. Car en se rendant compte
sur le jeune berger de Buzancy que dans le monde
spirituel de l'homme, entre le noir et le blanc, entre
le sommeil et la veille, entre la raison et l'instinct,
entre le vouloir et la censure, entre le conscient et
l'inconscient il existe encore toute une série d'états
flottants, crépusculaires, imprécis, on établit une
première différenciation dans la sphère que nous
appelons âme. Cette expérience insignifiante par
elle-même démontre irréfutablement que les phénomènes psychiques les plus extraordinaires, faisant
l'effet de météores précipités hors du cadre de la
nature, obéissent à des normes bien définies. Le sommeil, considéré jusqu'alors uniquement comme un
état négatif, comme l'absence de veille, et par conséquent comme un vide noir, révèle dans ses degrés
intermédiaires nouvellement découverts — sommeil
éveillé et sommeil magnétique — les forces secrètes
qui s'entrechoquent dans le cerveau humain au-delà
de la raison consciente ; on voit en même temps que
l'arrêt de la conscience qui censure nos actes fait se
manifester plus visiblement la vie de l'âme —
remarque qui n'est encore que vaguement ébauchée,
mais à laquelle la psychanalyse, cent ans plus tard,
imprimera un élan créateur. Grâce à cette incursion
dans l'inconscient tous les phénomènes psychiques
acquièrent un sens nouveau, des impulsions innombrables se manifestent dans cette direction, vers
cette porte ouverte plutôt grâce à un hasard qu'à
un geste conscient. « C'est ainsi que par le mesmérisme, dit Pierre Janet, on est obligé d'étudier pour
la première fois les phénomènes de la concentration
et de la déconcentration, de la fatigue, de l'attention,

de l'hypnose, des crises nerveuses et de la simulation qui tous réunis représentent la psychologie
moderne. » Pour la première fois l'humanité peut
saisir clairement et trouver logiques bien des choses
qui, jusqu'alors, lui paraissaient magiques et surnaturelles.

Cet élargissement soudain du monde intérieur dû
à l'expérience de Puységur éveille aussitôt l'enthousiasme démesuré de ses contemporains. Il serait difficile de décrire l'effet foudroyant produit dans tous
les milieux cultivés d'Europe par le « mesmérisme »
en tant que première révélation des phénomènes
considérés auparavant comme occultes. Montgolfier
venait justement de conquérir le monde de l'éther,
Lavoisier de découvrir l'ordre chimique des éléments
— et voici qu'on réussissait une première incursion
dans le surnaturel : rien d'étonnant à ce que la génération tout entière s'abandonnât à l'espoir sans
bornes de voir enfin dévoiler totalement le mystère
originel de l'âme. Aussitôt repérées ces rives inconnues, les poètes et les philosophes, éternels géo-
mètres des domaines de l'esprit, s'élancent les premiers à l'assaut de continents nouveaux ; un
pressentiment obscur leur fait deviner tous les trésors ignorés qu'on peut en tirer. Désormais, le
romantisme ne cherche plus le romantique et l'extraordinaire dans les forêts druidiques, les cavernes du
Moyen Age et les laboratoires des sorcières, mais
dans ces sphères sublunaires entre le rêve et l'état de
veille, entre la volonté et la contrainte. Parmi les
poètes allemands, Heinrich von Kleist, le plus puissant, le plus pénétrant de tous, se sent particulièrement séduit par ce « côté nocturne de la nature ».
Naturellement attiré par tout ce qui est abîme, il se
jette dans ces profondeurs et s'abandonne totalement à la joie créatrice d'exprimer poétiquement les
états vertigineux qui basculent entre la veille et le
rêve. Aussitôt avec l'impulsion qui le caractérise, il
pénètre dans les mystères les plus souterrains de la
psychopathologie. Jamais état crépusculaire n'a été

décrit avec plus de génie que dans *la Marquise d'O...*, jamais le somnambulisme ne fut dépeint avec autant de perfection clinique et d'esprit d'analyse que dans *La Petite Catherine de Heilbronn* et *le Prince de Homburg*. Tandis que Goethe, déjà circonspect, ne fait que suivre de loin, avec une curiosité mesurée, les découvertes nouvelles, la jeunesse romantique s'emballe. E. T. A. Hoffmann, Tieck, Brentano, et dans le monde de la philosophie Schelling, Hegel, Fichte, se prononcent passionnément pour cette théorie bouleversante. Schopenhauer trouve dans le mesmérisme l'argument décisif pour prouver la primauté de la volonté sur la raison consciente. En France, dans *Louis Lambert*, le plus personnel de ses livres, Balzac donne une véritable biologie de la « force de volonté » qui crée le monde et déplore que la découverte immense de Mesmer, « si importante et si mal appréciée encore », n'ait pas pénétré partout. De l'autre côté de l'océan, Edgar Allan Poe crée la nouvelle classique de l'hypnose, d'une cristalline clarté. On le voit, dès que la science ouvre la moindre brèche dans le mur noir du mystère universel, la fantaisie des poètes jaillit comme un gaz multicolore et anime la sphère nouvelle de formes et de faits vivants ; toujours, avec l'évolution de la psychologie on assiste à l'éclosion d'une nouvelle littérature psychologique. (De nos jours, Freud en est l'exemple.) Chaque parole, chaque théorie, chaque idée de Mesmer, eût-elle été cent fois fausse (ce dont il est permis de douter), il a quand même, d'un geste plus créateur que tous les chercheurs et savants de son époque, montré le chemin d'une science naissante, dont le besoin se faisait sentir depuis longtemps, en dirigeant les regards de la jeune génération vers le mystère de l'âme.

La porte est enfoncée, la lumière inonde une région jamais encore éclairée par la connaissance. Mais comme toujours dès que s'ouvre une porte sur l'inconnu, on voit se presser à la suite des chercheurs sérieux toute une cohue grouillante de curieux, de

rêveurs, de fous et de charlatans. Car l'illusion à la
fois sacrée et dangereuse de pouvoir d'un seul bond
franchir les limites du terrestre et s'unir au mystère
universel est le propre de l'humanité. Dès que s'élargit d'un pouce l'étendue de ses connaissances, son
exigence confiante espère déjà, grâce à cette seule
révélation, tenir la clef de tout l'univers. A peine le
fait est-il connu qu'un sujet hypnotisé peut, dans son
sommeil artificiel, répondre à certaines questions,
que déjà l'on croit pouvoir le faire répondre à toutes
les questions du monde. Avec une hâte dangereuse,
on fait du somnambule un voyant éveillé, du rêve
une prédiction prophétique. On veut que cet enchantement éveille un nouveau sens, plus profond que les
autres, le « sens intérieur ». « L'esprit de l'instinct
— écrit Schubert — qui conduit l'oiseau par-delà les
mers dans un pays qu'il n'a jamais vu, qui impose à
l'insecte une tâche prophétique pour sa couvée
encore à naître, cet esprit acquiert, dans la voyance
magnétique, un langage intelligible ; il entend nos
questions et y répond. » Les exagérateurs du mesmérisme proclament carrément que dans l'état de crise
les somnambules lisent l'avenir, que leurs sens se
déploient à n'importe quelle distance dans toutes les
directions. Ils peuvent prophétiser, prédire, voir, par
introspection, dans leur propre corps et dans celui
du voisin et établir ainsi le diagnostic infaillible des
maladies. En transes, ils peuvent parler, sans avoir
étudié ces langues, le latin, l'hébreu, le grec, l'araméen, citer des noms qu'ils n'ont jamais entendus,
résoudre en se jouant les problèmes les plus difficiles ; jetés à l'eau les somnambules ne se noient soidisant pas ; leur esprit de divination leur permet de
lire « avec les yeux du cœur » des livres fermés et
scellés posés sur leur corps nu ; ils ont la faculté de
voir simultanément avec une netteté absolue des événements qui se produisent dans différentes parties
de l'univers ; ils peuvent dévoiler dans leurs rêves des
crimes commis des dizaines d'années plus tôt ; bref,
il n'y a point de tour de passe-passe si absurde soit-

il dont on ne reconnaisse capables les médiums. On conduit les somnambules dans des caves où l'on suppose des trésors cachés et on les y enterre jusqu'à la poitrine afin que leur contact fasse découvrir l'or ou l'argent. Ou bien on les place, les yeux bandés, au milieu d'une pharmacie, pour que leur sens « supérieur » devine parmi des centaines de fioles le remède approprié à tel ou tel patient ! On attribue audacieusement aux médiums les choses les plus incroyables ; tous les phénomènes et pratiques occultes qui ont cours aujourd'hui encore dans notre monde conscient, la voyance, la lecture de la pensée, l'évocation des esprits, le spiritisme, les arts télépathiques et téléplastiques, tous proviennent de cet enthousiasme du début pour le côté mystérieux de la nature. Il ne faut pas longtemps pour que soit à la mode un nouveau métier : le somnambule professionnel. Et comme un médium est d'autant plus apprécié que ses révélations sont extraordinaires, jongleurs et simulateurs augmentent froidement, dans des proportions inouïes, leurs « forces magnétiques » par toutes sortes de trucs et de supercheries. Déjà du temps de Mesmer commencent ces fameux entretiens spirites, dans une chambre noire, avec Jules César et les apôtres : on conjure et on « réalise » énergiquement les esprits. Les gens crédules, les religieux à rebours, les radoteurs, les demi-poètes comme Justinus Kerner, les demi-savants comme Ennemoser et Kluge attribuent au somnambulisme artificiel et attendent de lui miracle sur miracle ; il est donc fort compréhensible qu'en face de ces extravagances bruyantes et souvent ineptes la science ait tout d'abord haussé les épaules avec scepticisme et que, agacée, elle se soit finalement détournée. Peu à peu, au cours du XIXᵉ siècle, le mesmérisme est discrédité. Trop de bruit autour d'une pensée ne peut jamais la rendre intelligible.

CHAPITRE XII

RETOUR DANS L'OUBLI

Pauvre Mesmer ! Nul n'est plus épouvanté de l'irruption tapageuse du mesmérisme que le parrain involontaire du mot malchanceux. Là où il cherchait honnêtement à dégager une nouvelle méthode de traitement piaffe et se démène dans une ivresse sans frein une foule d'habiles nécromanciens, d'occultistes et de pseudo-mages ; et du fait que tous ces gens se réclament du mesmérisme, Mesmer se sent responsable des dégâts moraux qu'ils commettent. En vain « le coupable-innocent » se défend-il contre ses suiveurs indésirables et déclare-t-il que « nombre de préjugés qui se sont dressés contre lui sont imputables à l'imprudence et à la frivolité de ceux qui imitent ses méthodes » ! Depuis 1785 le « magnétisme animal » de Mesmer est renversé et écrasé par le mesmérisme, son bâtard brutal. Ce à quoi n'ont pu aboutir ses ennemis coalisés — la science et l'Académie —, ses bruyants et ignorants imitateurs y sont arrivés sans peine : pendant des décennies Mesmer ne sera plus considéré que comme un simple bateleur, un charlatan de place publique.

Vainement Mesmer proteste et lutte durant quelques années contre le malentendu que crée le mesmérisme : l'erreur de milliers d'individus l'emporte sur la raison d'un seul. Tout le monde, à

présent, est contre lui : ses ennemis qui l'accusent
d'être allé trop loin, ses amis parce qu'il ne les suit
pas dans leurs exagérations, enfin et surtout
l'époque, jusqu'à présent si secourable, qui l'abandonne elle aussi. La Révolution française, d'un seul
coup, plonge dans l'oubli le long et patient travail de
Mesmer. Une hypnose collective, plus farouche que
les convulsions autour du baquet, secoue le pays tout
entier. Au lieu des traitements magnétiques de Mesmer, la guillotine entreprend ses cures d'acier
infaillibles. Princes, duchesses et philosophes distingués n'ont plus le temps de s'entretenir spirituellement du fluide ; les séances dans les châteaux sont
supprimées, les châteaux eux-mêmes sont détruits.
Amis et ennemis, le roi et la reine, Bailly et Lavoisier, tombent sous le même acier poli. Le temps est
passé où l'on se passionnait pour la magie médicale
et ses maîtres ; à présent les gens ne pensent plus
qu'à la politique et avant tout à sauver leur tête !
Mesmer voit sa clinique désertée, son baquet abandonné, le million de francs qu'il avait péniblement
gagné se changer en assignats sans valeur ; il ne lui
reste que la vie tout court, et celle-ci même semble
menacée. Bientôt le sort de ses compatriotes Trenck,
Cloots, Kellermann, Adam Lux, lui enseignera combien sont fragiles les liens qui, pendant la Terreur,
rattachent au tronc la tête d'un étranger. Pour un
Allemand, il vaut mieux changer de résidence. Mesmer, alors, ferme sa maison, et en 1792, complètement ruiné et oublié, il fuit Paris et Robespierre.

*
* *

Hic incipit tragœdia. Arraché du jour au lendemain
à la gloire et à la fortune, seul, âgé de cinquante-huit
ans, Mesmer las et déçu quitte le lieu de ses
triomphes ne sachant qu'entreprendre ni où reposer
sa tête. Le monde qui, hier encore, le fêtait comme
un sauveur et le comblait d'honneurs et d'hom-

mages, le monde, tout à coup, ne veut plus, n'a plus besoin de lui. Ne serait-il point raisonnable d'attendre des temps meilleurs dans son calme pays natal, au bord du lac de Constance ? Mais il se souvient soudain qu'il possède encore une maison à Vienne, la belle maison de la Landstrasse dont il a hérité après la mort de sa femme ; et il espère trouver là-bas le repos exigé par son âge et par ses études. Quinze ans, se dit-il, doivent suffire pour lasser la haine la plus violente. Les vieux médecins, ses ennemis de jadis, sont depuis longtemps sous terre. Marie-Thérèse est morte, deux de ses successeurs, Joseph II et Léopold, sont morts aussi : personne ne pense plus à la fatale affaire de la demoiselle Paradis !

Il croit cela, le vieil homme : il croit pouvoir se reposer à Vienne ! Mais la haute et illustre police de la capitale autrichienne a bonne mémoire. A peine arrivé, le 14 septembre 1793, le « médecin mal famé » Mesmer est invité sans délai à se présenter devant les autorités qui le questionnent sur sa « résidence antérieure ». Comme il ne donne que Constance, on demande vite à l'administration de Fribourg des « renseignements utiles » sur ses « idées suspectes » : la haridelle administrative de la vieille Autriche hennit et se met au trot. Malheureusement, le commissaire de Constance donne des renseignements favorables : Mesmer s'y est « conduit d'une façon irréprochable », y a « vécu très solitaire » et on n'a rien remarqué « concernant des idées fausses et dangereuses ». Il faut donc attendre, comme jadis avec l'affaire Paradis, pour pouvoir lui tresser un nœud coulant. En effet, peu de temps après, une nouvelle histoire est montée. Dans la maison de Mesmer, ou plutôt dans le pavillon du jardin, habite une princesse Gonzaga. En homme courtois et bien élevé, le docteur Mesmer fait à sa locataire une visite de politesse. Comme il vient de France, la princesse parle, bien entendu, des Jacobins et le fait dans les termes qu'on emploie aujourd'hui dans cer-

tains milieux quand il est question des révolution-
naires russes. Indignée, elle traite — je cite textuellement d'après le rapport de police rédigé en français
— « ces gueux comme des régicides, des assassins,
des voleurs ». Mesmer, en homme intelligent, bien
qu'ayant lui-même fui la Terreur et perdu toute sa
fortune du fait de la Révolution, trouve cette défini-
tion d'un événement historique mondial quelque peu
simpliste ; pour lui, dit-il, ces gens défendent leur
liberté, personnellement ils ne sont pas des voleurs,
ils imposent simplement les riches en faveur de
l'Etat ; et des impôts, l'empereur d'Autriche lui-
même n'en prélève-t-il pas ? La pauvre princesse
Gonzaga s'évanouit presque. Elle croit voir dans sa
maison un Jacobin en chair et en os ! A peine Mesmer a-t-il refermé la porte derrière lui qu'elle court
au galop porter l'épouvantable nouvelle à son frère,
le comte Ranzoni, et au conseiller à la cour Stupfel ;
aussitôt surgit un indicateur (nous sommes dans la
vieille Autriche), un soi-disant « chevalier » Desalleur, que le rapport de police, il est vrai, n'appelle
qu'« un certain Desalleur » (elle devait en savoir plus
long sur son compte). Ce mouchard voit une occasion magnifique de gagner quelques billets de
banque et rédige une dénonciation sur-le-champ à
l'illustre chancellerie. Là-bas, chez le comte Collo-
redo, même épouvante indicible : comment, un Jacobin dans la bonne ville de Vienne ! Dès que Sa
Majesté François, Empereur de par la grâce de Dieu,
revient de la chasse, on lui transmet avec ménagement la terrible nouvelle qu'un partisan du « déchaînement français » se trouve dans sa résidence ; Sa
Majesté ordonne aussitôt de procéder à une enquête
détaillée. Le 18 novembre, « en évitant tout scandale », on arrête le pauvre Mesmer et on l'enferme
dans une cellule isolée de la préfecture de police.
    Mais une fois de plus on s'aperçoit du danger qu'il
y a à se fier trop vite aux dénonciations. Le rapport
immédiat de la police présenté à l'Empereur s'avère
bien pauvre, car « il ressort des recherches effectuées

que Mesmer n'avoue point ces discours insolents, dangereux pour la sécurité de l'Etat et ne peut être légalement convaincu de les avoir prononcés ». Dans son « très humble exposé » le comte Pergen, ministre de la Police, propose fort piteusement de « remettre Mesmer en liberté avec une sévère réprimande et un avertissement énergique ». Il ne reste à l'Empereur François qu'à donner connaissance de sa « très haute résolution » : « Que l'on remette Mesmer en liberté, et puisque lui-même déclare vouloir quitter bientôt ces lieux pour sa ville natale, que l'on veille à ce qu'il parte au plus tôt et ne s'engage point, pendant la durée de son séjour ici, si bref soit-il, dans des discours suspects. » Mais à la suite de cette décision, l'illustre police ne se sent pas à l'aise. Déjà, le ministre avait annoncé que l'arrestation de Mesmer « soulevait parmi ses partisans, qui étaient nombreux à Vienne, un mouvement non sans importance » ; maintenant on craint que Mesmer ne se plaigne publiquement du traitement infâme qu'on lui a infligé. Aussi la police impériale intervient-elle pour que l'affaire soit étouffée ; elle l'est même si bien que pendant cent vingt ans on n'a rien su de cette nouvelle expulsion de Mesmer. Mais la Faculté peut être contente : l'Autriche est maintenant débarrassée pour toujours du médecin gênant.

Où pourrait-il aller, le vieil homme, à présent ? Il a perdu sa fortune ; à Constance, sa ville natale, la police impériale l'espionne ; en France, la Terreur fait rage ; à Vienne la prison l'attend. La guerre, la guerre incessante et impitoyable de toutes les nations contre tous, telle une marée, submerge toutes les frontières. Ce tumulte forcené du monde répugne au chercheur éprouvé et vieilli, à l'homme ruiné et oublié. Il ne veut que le calme et une bouchée de pain, pour pouvoir poursuivre l'œuvre commencée en se livrant à de nouvelles expériences et pour rendre plus évidente à l'humanité l'idée qui lui est chère. Il se réfugiera donc en Suisse, l'asile éternel de l'Europe intellectuelle. Il s'installe n'importe où, dans un petit canton perdu, à Frauenfeld, et y exerce pauvrement son métier pour subvenir à ses besoins. Pendant vingt ans il mène là une vie obscure sans que personne, dans le minuscule canton, se doute que cet homme calme aux cheveux gris qui soigne les paysans, les fromagers, les faucheurs et les filles de ferme, est ce docteur François-Antoine Mesmer que des rois et des empereurs combattirent ou comblèrent d'hommages, dans les appartements duquel se pressait la noblesse française, contre qui s'élevèrent toutes les Académies et Facultés d'Europe, et sur la doctrine duquel furent écrits et publiés dans toutes les langues des centaines de traités et de brochures, plus, vraisemblablement, que sur n'importe lequel de ses contemporains, que sur Rousseau et Voltaire, même. Aucun de ses anciens disciples et fidèles ne vient le voir ; aucun, probablement, pendant toutes ces années d'obscurité, n'a rien su de lui ni connu son domicile, tellement le solitaire s'est tapi dans l'ombre de cette petite localité montagnarde où il passe dans une activité sans trêve la difficile époque napoléonienne. L'histoire universelle ne fournit guère d'exemples d'un homme précipité aussi subitement des crêtes les plus vertigineuses de la gloire dans un pareil abîme de solitude et d'oubli ; il est bien peu de vies où l'abandon le plus complet touche d'aussi près le triomphe le plus étonnant que dans le destin exceptionnel et pour ainsi dire unique de François Mesmer.

Mais il n'y a pas de meilleure pierre de touche pour connaître le caractère d'un homme que le succès et le malheur. Jamais insolent, jamais orgueilleux au temps de sa gloire incommensurable, l'homme vieillissant, au fond de son oubli, se montre d'une tenue admirable et d'une sagesse stoïque. Sans résistance — volontiers, même, serait-on tenté de dire — il rentre dans l'ombre et ne fait pas le moindre effort pour attirer l'attention sur lui. En 1803, après dix années de retraite, les quelques amis qui lui sont restés fidèles le rappellent vainement dans le Paris apaisé et bientôt impérial, afin qu'il y rouvre sa clinique et groupe autour de lui de nouveaux élèves. Mais Mesmer refuse. Il en a assez des luttes, des querelles et des cancans ; il a lancé son idée dans le monde, qu'elle vogue ou qu'elle sombre. Il répond avec une noble résignation : « Si, malgré mes efforts, je n'ai pas eu le bonheur d'éclairer mes contemporains sur leurs propres intérêts, j'ai toujours la satisfaction intérieure d'avoir rempli mon devoir envers la société. » Rien que pour lui-même, anonyme et caché, il poursuit ses expériences dans le silence sans demander si elles valent quelque chose pour le monde bruyant ou indifférent : un pressentiment prophétique lui dit que seul l'avenir, et non pas son époque, rendra justice à son œuvre et que son idée ne commencera à vivre qu'après sa mort. Pas d'impatience dans ses lettres, pas de regret de la gloire éteinte et de l'argent perdu, rien que la certitude secrète qui est à la base de toute grande patience.

Heureusement, seule la gloire terrestre peut s'éteindre comme une lumière ; une idée vivante — jamais. Une fois semée dans le cœur de l'humanité, elle hiverne dans les conditions les plus défavorables, pour éclore inopinément ; aucune impulsion n'est perdue pour l'esprit éternellement curieux de la science. La Révolution, les guerres napoléoniennes ont dispersé les partisans de Mesmer, chassé ses disciples ; en regardant les choses d'un point de vue superficiel, on pourrait croire que les semailles, foulées par le passage des colonnes militaires, sont à jamais perdues. Mais au milieu du tumulte mondial, secrètement, sans que Mesmer, l'oublié, lui-même s'en doute, les premières données de sa doctrine se propagent parmi quelques personnes silencieuses. Car, chose merveilleuse, c'est précisément la guerre qui développe chez les natures rêveuses le besoin de se réfugier dans le domaine spirituel devant la brutalité et la violence du monde environnant. Archimède, qui continue à tracer des cercles alors que la soldatesque a déjà envahi sa maison, demeure à jamais le plus pur symbole du vrai savant. De même qu'Einstein, de notre temps, en pleine guerre mondiale, étudie au milieu de la bestialité de l'époque son principe idéologique qui bouleverse le monde, de même quelques petits médecins, dans les provinces les plus éloignées, méditent sur les impulsions données par Mesmer et Puységur et continuent à agir dans ce sens, réfugiés dans leur pensée comme au fond d'une cave, cependant que les troupes de Napoléon traversent l'Europe, que la carte géographique change tous les ans de couleur, que les rois sont renversés et créés par dizaines. Tous ces hommes travaillent chacun de son côté en France, en Allemagne, en Angleterre, la plupart ne se connaissant pas, aucun ne sachant quoi que ce soit de ce Mesmer qui, perdu, oublié, ne sait rien d'eux. Modérés dans leurs affirmations, circonspects dans leurs conclusions, ils examinent et vérifient les faits exposés par leur devancier ; et ainsi, en passant par Strasbourg, grâce aux lettres de Lavater, la nouvelle méthode se fraie un chemin, en quelque sorte souterrain. L'intérêt qu'elle déclenche se manifeste surtout en Souabe et à Berlin ; le célèbre Hufeland, médecin à la cour de Prusse et membre de toutes les commissions savantes, intervient en personne auprès du roi. Finalement, un décret de cabinet émanant de Berlin ordonne la nomination d'une commission chargée d'examiner de nouveau le mesmérisme.

Mesmer s'était adressé pour la première fois à l'Académie de Berlin en 1775 ; on se souvient du résultat piteux. Lorsqu'à présent, en 1812, presque quarante ans plus tard, la même académie veut ré-examiner le magnétisme, celui qui le premier posa le problème est à tel point oublié que personne, au mot de mesmérisme, ne songe à François-Antoine Mesmer. La commission se montre extrêmement surprise quand soudain, au cours de la séance, un de ses membres fait la proposition bien naturelle de convoquer à Berlin l'inventeur même du magnétisme, ledit Mesmer, afin qu'il explique et justifie lui-même sa méthode. Comment, se disent-ils, Mesmer vit encore ? Mais pour quelle raison garde-t-il un silence aussi absolu, pourquoi n'apparaît-il pas fier et triomphant, maintenant que l'attend la gloire ? Nul ne s'explique qu'un homme si grand, d'une célébrité si universelle, vive aussi modestement dans le silence et l'oubli. On envoie aussitôt au médecin de Frauenfeld une invitation pressante, le priant d'honorer l'Académie de sa visite. Ce qui l'attend, c'est l'accueil du roi, l'attention de toute l'Allemagne, peut-être même la réhabilitation triomphale après l'injustice sans nom dont il a souffert. Mais Mesmer refuse. Il est, dit-il, trop vieux, trop las ; il ne veut pas rentrer dans la lutte. Le 6 septembre 1812, on délègue donc auprès de lui, en qualité de commissaire royal, le professeur Wolfart, qui est chargé de prier le docteur Mesmer, inventeur du magnétisme, « de lui fournir toutes les informations pouvant servir à l'examen, à la vérification et à l'éclaircissement de ce sujet important, et, par son voyage, d'activer le plus possible les travaux de la Commission. »

Le professeur Wolfart part aussitôt. Et après vingt ans de mystère nous avons enfin des nouvelles du disparu. Wolfart écrit :

« Au cours de ma première rencontre avec l'inventeur du magnétisme, mes espoirs furent dépassés. Je le trouvai plongé dans l'activité bienfaisante qu'il me décrivit lui-même. Vu son grand âge, la clarté, la largeur et la pénétration de son esprit, son zèle vivant et infatigable à se communiquer, son éloquence aussi aisée qu'émouvante rendue tout à fait personnelle par la rapidité des comparaisons, la finesse de ses manières, le charme de son commerce, n'en paraissent que plus admirables. Si l'on ajoute un trésor de connaissances positives dans toutes les branches du savoir que l'on trouve rarement réunies chez un seul homme et une bienveillance, une bonté de cœur qui s'expriment dans tout son être, dans ses paroles, dans ses actes ; si l'on y joint encore une influence active, presque miraculeuse, sur les

malades, au moyen du regard pénétrant ou seulement de la main calmement levée, tout cela accen-
tué sur une silhouette noble et vénérable, on aura
dans ces traits principaux l'image de la personnalité
que j'ai trouvée en Mesmer. »

Sans réserve, Mesmer donne connaissance au visiteur de ses idées et de ses expériences, le fait participer au traitement des malades et lui remet tous ses
écrits, afin que le professeur Wolfart les transmette
à la postérité. Mais, avec un calme vraiment magnifique, il décline toute occasion de se mettre en avant,
d'attirer l'attention sur lui.

« Comme je n'ai plus, dit-il, qu'une faible distance
à parcourir sur le sentier de ma vie, je ne connais pas
d'affaire plus importante que de consacrer le restant
de mes jours uniquement à l'application pratique
d'une méthode dont les expériences et les observations m'ont enseigné l'utilité peu commune, afin que
mes derniers efforts augmentent le nombre des
faits. »

Il nous est donc ainsi donné, de façon inattendue,
une image vespérale de cet homme remarquable qui
traversa toutes les phases de la gloire, de la haine,
de la fortune, de la pauvreté et de l'oubli, pour enfin,
pleinement convaincu de la durée et du sens de son
œuvre, marcher, grand et serein, au-devant de la
mort.

Ses dernières années sont celles d'un sage, d'un
chercheur suprêmement éprouvé et éclairé. Les soucis d'argent ne l'assaillent plus, car le gouvernement
français lui a alloué une rente viagère pour le dédom-
magement de la perte de sa fortune devenue un
paquet d'assignats sans valeur. Il peut donc, libre et
indépendant, retourner dans sa patrie, au bord du
lac de Constance, pour y terminer symboliquement
le cycle de son existence. Il y vit en gentilhomme
campagnard, livré à sa seule passion, qui demeure
jusqu'au bout la même : servir la science par de
constantes recherches. L'œil vif, l'ouïe claire et
l'esprit vivant jusqu'à la dernière heure, il exerce sa

puissance magnétique sur tous ceux qui viennent à
lui avec confiance ; souvent il fait des trajets en voiture de plusieurs lieues pour voir un malade intéres-
sant et le guérir, si possible, par sa méthode. Entre-
temps, il se livre à des expériences de physique, il
modèle et dessine, et jamais il ne manque le concert
hebdomadaire qui a lieu chez le prince Dalbert. Tous
ceux qui l'ont rencontré dans ce milieu musical
vantent la culture extraordinaire et universelle de ce
vieillard toujours droit, toujours paisible et magnifiquement serein, qui parle avec un doux sourire de
sa gloire ancienne et sans haine ni amertume des
plus ardents et des plus violents de ses adversaires.
Lorsque le 5 mars 1814, âgé de quatre-vingts ans, il
sent approcher sa fin, il se fait jouer une dernière fois
par un étudiant une suite de mélodies sur son cher
harmonica, le même sur lequel le jeune Mozart
apprit à jouer dans sa maison de la Landstrasse, le
même dont Gluck, à Paris, tira des harmonies inconnues et nouvelles, cet instrument qui ne le quitta pas
à travers tous ses voyages et pérégrinations et qui
l'accompagne à présent dans la mort. Sa fortune est
tombée en poussière, des nuages ont caché sa gloire :
après tout le bruit, après toutes les vaines discussions et les luttes stériles autour de sa doctrine, il
n'est resté au vieux solitaire que cet harmonica et sa
musique bien-aimée. C'est ainsi que, animé de la foi
inébranlable, il retourne dans l'harmonie, dans le
fluide universel, entre dans la mort, en véritable sage,
un homme que le mépris et la haine avaient représenté comme un imposteur et un charlatan. Et son
testament, qui par une clause touchante demande
qu'on l'enterre sans pompe, tout comme un autre
homme, prouve son désir d'oubli total. Ce dernier
désir est exaucé. Aucune gazette n'annonce au
monde sa disparition. Comme n'importe quel
inconnu, on enterre dans l'étonnant cimetière de
Meersburg, où repose également la poétesse Droste-
Hulshoff, un vieil homme dont la gloire, jadis, emplit
le monde, et dont l'œuvre de précurseur commence

seulement à être comprise de notre temps. Des amis élèvent sur sa tombe un monument symbolique : un bloc de marbre triangulaire avec des signes mystiques, un cadran solaire et une boussole, qui représentent allégoriquement le mouvement dans le temps et l'espace.

Mais le destin de tout être exceptionnel est de provoquer encore et toujours la haine des hommes : des mains impies salissent et brisent la boussole et le cadran solaire, qui se trouvent sur la tombe de Mesmer, symboles incompréhensibles pour les profanateurs, de même que des écrivassiers et de faux savants salissent son nom. Et des années passent avant qu'on remette dignement debout le monument détérioré et renversé, des années et des années encore avant qu'enfin une postérité plus compréhensive se souvienne du nom oublié et du rôle de précurseur du grand médecin.

CHAPITRE XIII

POSTÉRITÉ

Quand une invention est plus géniale que son inventeur, quand une idée captée par l'artiste ou le chercheur n'est plus compréhensible pour lui et qu'à demi développée elle lui échappe, il y a toujours là quelque chose de tragique. C'est ce qui se passe pour Mesmer. Il a empoigné un des problèmes les plus importants des temps modernes sans en venir à bout ; il a lancé une question dans le monde et s'est vainement tourmenté pour obtenir une réponse. Mais bien qu'il ait échoué, il n'en reste pas moins un précurseur, un pionnier, un éclaireur. Car, fait indéniable, toutes les méthodes psychothérapiques d'aujourd'hui et une bonne partie de tous les problèmes psychotechniques procèdent en ligne droite de cet homme, de François-Antoine Mesmer, qui le premier prouva avec évidence la puissance de la suggestion ; il le prouva, il est vrai, par des moyens primitifs et indirects, mais il le fit quand même, en dépit des railleries, des sarcasmes et du mépris d'une science purement mécanique. Et cela suffit pour élever sa vie au rang d'une grande œuvre, pour faire passer son destin dans l'histoire.

Mesmer est le premier médecin rationnel moderne qui ait constaté et sans cesse expérimenté l'action suggestive et salutaire que peuvent avoir sur les maladies nerveuses la présence, les paroles, et la volonté d'un individu ; seulement il ne pouvait pas l'expliquer et ne voyait dans cette mécanique psychique encore secrète que de la magie médiévale. Il lui manque (comme à tous ses contemporains) la connaissance réelle de la suggestion, cette transmission psychique de l'énergie qui s'accomplit (aujourd'hui encore, sur ce point, les opinions divergent) soit par l'action de la volonté, soit par l'irradiation d'un fluide intérieur. Ses élèves se rapprochent déjà du problème, chacun dans une direction différente : il se forme une école « fluidiste » et une autre « animiste » ; Deleuze, le représentant de la théorie fluidiste, reste fidèle au principe mesmériste de l'émanation d'une matière nerveuse physique, d'une substance ; de même que les spirites croient aux phénomènes télécinétiques et maints savants à l'« odéisme », il admet la possibilité d'un dégagement organique de notre moi physique. Par contre, le chevalier Barbarin, animiste, nie toute transmission de substance du magnétiseur au magnétisé et ne voit là que l'action purement psychique de la volonté sur la conscience d'autrui. Il n'a donc même pas besoin de l'hypothèse auxiliaire de Mesmer relative au fluide inexplicable. « Croyez et veuillez », telle est sa formule magique, que s'approprient ensuite habilement la Christian Science, la Mind Cure et Coué. Sa découverte psychologique que la suggestion est un des facteurs les plus décisifs dans tous les rapports psychiques fait de plus en plus de progrès. Ce processus du viol de la volonté, autrement dit de l'hypnose, Braid le définit enfin en 1843 dans sa « Neurypnologie » de façon expérimentale et absolument indiscutable. En 1818, déjà, un magnétiseur allemand du nom de Wienholt s'était aperçu que quand il portait un certain habit aux boutons de verre brillants, son médium s'endormait plus facilement. Mais cet observateur sans grandes connaissances ne se rendit pas compte de l'enchaînement qu'il y avait là, à savoir que l'éclat attirant l'œil provoquait la lassitude du sens extérieur et augmentait ainsi le relâchement intérieur de la conscience. Braid, le premier, use pratiquement de la technique qui consiste à fatiguer le regard du médium par de petites boules de cristal scintillantes avant de commencer les passes magnétiques : par ce moyen, il introduit l'hypnose dénuée de tout mystère, en tant que cure et procédé, dans la science si longtemps demeurée méfiante. Pour la première fois des professeurs français — Charcot à la Salpêtrière, Bernheim à la Faculté de Nancy — se risquent à expérimenter devant leurs auditoires — à vrai dire sur des malades mentaux pour commencer — cet hypnotisme tant décrié et calomnié. Et le 13 février 1882 cette même Faculté qui l'avait proscrit pendant un siècle réhabilite Mesmer (sans faire mention, disons-le, par le moindre mot, du savant injustement condamné) en reconnaissant la suggestion, anciennement appelée mesmérisme, comme moyen de traitement scientifique. Maintenant que le grand barrage est rompu, la psychothérapie, si longtemps endiguée, court de succès en succès. Un jeune neurologue, Sigmund Freud, suit les cours de Charcot à la Salpêtrière et apprend à y connaître l'hypnose qui lui sert de pont mais qu'il brûlera bientôt derrière lui en entrant dans le domaine de la psychanalyse — bénéficiaire, donc, lui aussi, au troisième degré, de la semence que Mesmer semblait avoir jetée dans un sol aride. Le mesmérisme a eu la même influence créatrice sur les mouvements mystiques et religieux de la Mind Cure et de l'autosuggestion. Jamais Mary Baker-Eddy n'eût pu fonder la Christian Science sans la connaissance du « Veuillez et croyez », sans la thérapeutique persuasive de Quimby, inspiré, de son côté, par Poyen, disciple de Mesmer. Impossible de s'imaginer le spiritisme sans la « chaîne » de Mesmer, sans la notion de la transe et de la voyance qui s'y rattachent, impossible aussi l'existence de la Blavatsky et sa secte théosophique. Toutes les sciences occultes, toutes les expériences télépathiques et télécinétiques, les voyants, les visionnaires viennent en droite ligne du laboratoire « magnétique » de Mesmer. Une science nouvelle est née de la conviction tant dénigrée de cet homme que l'action suggestive rend possible le développement des forces psychiques de l'individu dans des proportions qu'on ne peut pas atteindre par le traitement médical classique — de cet homme, à présent oublié, dont le pressentiment fut juste et l'effort loyal, dont seule fut erronée l'interprétation qu'il donna des résultats si importants de son activité !

Mais peut-être — nous sommes devenus prudents à une époque où une découverte vient si facilement en supplanter une autre, où les théories d'hier s'effeuillent du jour au lendemain et où des doctrines vieilles de plusieurs siècles se renouvellent tout à coup — peut-être ceux-là mêmes se trompent qui, aujourd'hui encore, traitent arrogamment de chimère l'idée la plus discutée de Mesmer d'un fluide transmissible d'individu à individu ? Peut-être le monde en fera-t-il prochainement et soudain une vérité ? Nous qui savons l'éther traversé de vibrations et d'ondes invisibles et qui croyons volontiers que dans le cosmos résident d'innombrables forces encore inconnues et inutilisées, nous n'avons vraiment pas l'audace de rejeter de prime abord la conception que de notre corps et de nos nerfs se dégage un fluide, qualifié de « magnétique » par Mesmer, ni de soutenir que les rapports d'individu à individu ne sont pas régis par un principe actif semblable au « magnétisme animal ». Car pourquoi le corps humain, dont la proximité rend à une perle éteinte son éclat et son brillant, n'irradierait-il pas des vibrations de chaleur ou de lumière, apaisant ou excitant les nerfs d'autrui ? Pourquoi n'y aurait-il pas entre les âmes et les corps des attractions et des répulsions secrètes, des courants et des contre-courants ? N'y a-t-il pas des sympathies et des antipathies d'individu à individu ? Qui oserait aujourd'hui, dans ce domaine, prononcer un oui hardi ou un non insolent ? Peut-être la physique, travaillant avec des appareils toujours plus perfectionnés, prouvera-t-elle demain que ce que nous considérons aujourd'hui encore comme une onde purement psychique représente effectivement une substance, une onde de chaleur visible, un élément chimique ou électrique, une énergie pondérable et mesurable, et que nous devons prendre au sérieux ce que nos aïeux jugeaient comme une folie. Il est possible aussi que l'idée de Mesmer sur l'irradiation créatrice de l'âme ait son retour. Car, au fond, qu'est-ce que la science, sinon la réalisation incessante des vieux rêves de l'humanité ? Toute découverte nouvelle ne fait qu'exprimer et confirmer les pressentiments de quelqu'un ; de tout temps, la pensée précéda l'action. Mais l'histoire, trop pressée pour être juste, ne sert jamais que le succès. Elle ne célèbre que l'œuvre glorieusement terminée et non la tentative audacieuse, en butte à l'ingratitude et à la méchanceté. Elle ne glorifie que celui qui achève, jamais celui qui commence ; elle expose le vainqueur à la lumière et rejette les lutteurs dans l'obscurité : il en est ainsi pour Mesmer, pionnier d'une psychologie nouvelle, qui subit le sort ingrat et éternel des hommes venus trop tôt. Car toujours se réalise — autrefois dans le sang, à présent spirituellement — la loi la plus ancienne et la plus barbare de l'humanité, le commandement inexorable qui veut que les premiers-nés soient sacrifiés.

MARY BAKER-EDDY

Oh ! la merveille de ma vie ! Qu'en penserait-on, si l'on en connaissait seulement la millième partie ? Mais cela n'est pas possible maintenant. Il faudra des siècles pour en arriver là.

Mary BAKER-EDDY
(*Lettre à Mrs. Stetson*, 1893.)

CHAPITRE PREMIER

LA VIE ET LA DOCTRINE

L'homme vit son instant le plus mystérieux quand il prend conscience de sa personnalité, l'humanité — quand elle accouche de ses religions. Les moments où une idée, issue d'un cerveau, s'empare violemment de centaines, de milliers et de centaines de milliers d'êtres, où, pareille à ces étincelles nées du hasard qui allument les incendies dans la steppe, elle fait soudain flamber la terre jusqu'au ciel, ces moments s'avèrent toujours comme les plus réellement mystiques, comme les plus splendides de l'histoire de l'esprit. Mais généralement on n'arrive plus ensuite à retrouver la source, enfouie dans l'oubli, des courants religieux nés de cette façon. De même que l'individu ne se souvient que rarement de la minute des actes décisifs de sa vie, il est très rare que l'humanité se rappelle le point de départ de ses croyances.

Pour tous ceux qu'intéresse la psychologie des masses et de l'individu, c'est donc une vraie chance de pouvoir enfin, une fois, observer de tout près, point par point, la naissance, le développement et l'expansion d'un puissant mouvement religieux. Car la Christian Science est née à la lisière de notre siècle, dans la sphère des rues pavées d'asphalte et des lumières électriques, au grand jour d'une époque

qui ne supporte plus de mystère ni de vie privée, dont
le diffuseur journalistique enregistre implacablement le moindre geste. Ici nous pouvons suivre jour
après jour, au moyen de contrats, de procès, de carnets de chèques, de comptes en banques, d'hypo-
thèques et de photographies, la courbe de croissance
d'une croyance nouvelle et soumettre au contrôle du
laboratoire psychologique le miracle ou le phénomène d'une suggestion spirituelle collective. Ce qui
rend encore plus prodigieuse l'expansion de la Christian Science, c'est la disproportion entre la cause et
l'effet ; car dans le cas de Mary Baker-Eddy nous
voyons l'action la plus formidable, une action mondiale, partir d'une idée philosophique enfantine ;
c'est vraiment un grain de sable qui cause une avalanche. Lorsque d'autres grands mouvements religieux de nos jours, l'anarchisme chrétien de Tolstoï,
la non-résistance de Gandhi empoignent et exaltent
des millions d'âmes, nous pouvons quand même
comprendre leur puissance et leur répercussion ; et
ce qui est accessible à la raison ne produit jamais,
en définitive, l'impression d'un miracle. Chez ces
grands de l'esprit la force est née de la force, le grand
effet d'un grand élan. Tolstoï, ce cerveau magnifique,
ce génie créateur, n'a apporté, au fond, que sa parole
vivante, il n'a fait que donner corps à l'idée de révolte
contre l'Etat qui errait, vague et sans forme, dans le
peuple russe ; Gandhi, en somme, n'a formulé que
l'antique passivité de sa race et de sa religion à
laquelle il a donné une nouvelle direction ; tous deux
ont construit sur la base de convictions infiniment
anciennes, tous deux ont été portés par le courant de
l'époque. On pourrait dire de Tolstoï et de Gandhi
qu'ils n'expriment pas une pensée, mais que c'est la
pensée, le génie inné de leur race qui s'exprime en
eux.

Le fait que leur doctrine, une fois formulée, a
empoigné des millions d'individus, n'est donc pas un
miracle, mais tout l'opposé : un effet rigoureusement
conforme aux lois de la logique. Mais elle, Mary

Baker-Eddy, qui est-elle ? Une femme quelconque, bien quelconque, ni belle ni séduisante, pas trop intelligente, pas trop sincère, sans grande instruction ; un individu anonyme et isolé, sans situation, sans fortune, sans amis, sans relations. Elle ne s'appuie sur aucun groupe, sur aucune secte, elle n'a en main qu'une plume et dans son cerveau très médiocre qu'une pensée, une seule. Tout, dès le premier instant, est contre elle : la science, la religion, les écoles, les universités, et, plus encore, la raison naturelle, le « common sense » ; aucun pays, à première vue, ne paraît fournir à une idée aussi abstraite un terrain moins favorable que sa patrie, l'Amérique, la plus réaliste, la plus froide et la moins mystique de toutes les nations. A tous ces obstacles, elle n'a à opposer que sa foi en sa propre foi, qui est d'une ténacité presque bête. Seule sa monomanie de posséder rend vrai l'invraisemblable. Son succès est absolument antilogique. Mais l'illogisme n'est-il pas précisément le symptôme le plus évident du miracle ?

Une pensée unique, d'ailleurs fort douteuse, anime cette Américaine au front de fer ; elle n'a qu'un point de vue, un seul. Mais elle le garde, les pieds fermement rivés au sol, inébranlable, sourde à toutes les objections, et avec ce minuscule levier elle soulève le monde. En vingt ans, elle fait sortir d'un chaos métaphysique une nouvelle méthode médicale, une science reconnue et appliquée par des millions de disciples, avec universités, journaux, maîtres et manuels ; elle crée des églises au dôme de marbre, un sanhédrin de prêtres et de prédicateurs, et amasse pour elle-même une fortune de trois millions de dollars. En plus de tout cela, précisément par ses exagérations, elle donne une impulsion à toute la psychologie contemporaine et s'assure une page dans l'histoire de la science psychique. Cette vieille femme à demi instruite, à demi intelligente, maladive et d'une certaine duplicité de caractère, a dépassé tous les guides et les savants de notre époque par l'inten-

sité de son action, la rapidité de son succès et la
quantité de ses partisans ; jamais, de nos jours, un
individu moyen n'a suscité autant d'inquiétude spirituelle et religieuse que cette fille de fermier américain, « the most daring and masculine and master-
ful woman, that had appeared in earth in centuries »,
comme l'a qualifiée, dans un accès de colère, son
compatriote Mark Twain.

La vie fantastique de Mary Baker-Eddy a été
décrite deux fois, de manière absolument opposée.
Il existe une biographie officielle, approuvée par
l'Eglise de la Christian Science et consacrée par son
clergé ; un écrit du « pastor emeritus », c'est-à-dire
de Mary Baker-Eddy elle-même, recommande cette
histoire de sa vie à sa paroisse croyante, par trop
croyante ; cette biographie de Miss Sibyl Wilbur
devrait donc être, pense-t-on, tout à fait sincère ; en
réalité elle est l'archétype de l'apologie. Ecrite, dit
l'auteur, « dans le genre de l'Evangile selon Marc »
pour l'édification et l'encouragement des convaincus,
elle nous montre la fondatrice de la Christian
Science avec une auréole et sous un jour couleur de
rose (c'est pourquoi, au cours de cette étude, je ne la
cite toujours que sous le nom de « biographie
rose »). Pleine de grâce divine, modèle de perfection,
douée de sagesse surnaturelle, messagère du ciel sur
la terre, Mary Baker-Eddy apparaît immaculée à nos
regards indignes. Tout ce qu'elle fait est bien fait,
toutes les vertus prônées dans le paroissien lui sont
attribuées, son caractère irradie les sept couleurs de
l'arc-en-ciel : bonté, féminité, foi chrétienne, amour
maternel, charité envers autrui, modestie et douceur ; tous ses adversaires, par contre, sont des
hommes bas, obtus, envieux, des calomniateurs et
des aveugles. Bref, un ange n'est pas plus pur. Aussi
n'est-il pas étonnant que Sibyl Wilbur, la pieuse disciple, lève un regard attendri et mouillé de larmes
vers ce saint visage, où tout trait terrestre (et par
conséquent caractéristique) a été soigneusement
retouché. Par contre, l'autre biographe, Miss Mil-

mine, cogne à coups de documents sur ce miroir
doré ; elle se sert aussi fidèlement du noir que
Miss Wilbur du rose. Dans sa biographie, la grande
créatrice n'est plus qu'un simple plagiaire qui a volé
toute sa théorie à un devancier sans méfiance, une
menteuse pathologique, une hystérique furieuse, une
commerçante avisée, une mégère achevée. Avec un
zèle de reporter digne d'admiration on a accumulé
là tous les témoignages qui soulignent rudement ce
qu'il y a d'absurde et de ridicule dans sa doctrine,
d'hypocrite, de fourbe, de retors et de grossièrement
calculateur dans sa personne. Bien entendu, la communauté de la Christian Science met autant de véhémence à condamner cet ouvrage qu'à célébrer la biographie rose. Par une sorte de transaction secrète
remarquable, presque tous les exemplaires ont disparu du commerce (de même, d'ailleurs, qu'ont été
immédiatement retirés des vitrines de presque tous
les libraires les exemplaires d'une troisième biographie parue récemment sous la signature de Frank
A. Dakins).

Ainsi l'Evangile et le pamphlet, le rose et le noir,
se dressent catégoriquement l'un contre l'autre.
Mais, chose bizarre pour l'observateur impartial de
ce cas psychologique, l'effet des deux livres est étonnamment renversé. L'œuvre de Miss Milmine, qui
veut à tout prix ridiculiser Mary Baker-Eddy, la rend
psychologiquement intéressante, tandis que celle de
Sibyl Wilbur, avec son adoration plate et démesurée,
couvre d'irrémédiable ridicule cette femme infiniment curieuse. Car l'attrait de son âme compliquée
réside précisément et exclusivement dans l'assem-
blage de dispositions contraires, dans un inimitable
mélange de naïveté et de cupidité, dans un accouplement étrange de calcul et d'hystérie. De même que
le charbon et le salpêtre, éléments hétérogènes,
mélangés dans des proportions exactes, produisent
la poudre et dégagent une énergie explosive énorme,
de même cette fusion unique de mysticisme et
d'esprit commercial, de psychologie et d'hystérie

donne naissance à une volonté latente formidable.
Malgré Ford et Lincoln, malgré Washington et Edi-
son, l'Amérique n'a peut-être pas engendré de type
qui incarne avec autant d'évidence l'idéalisme et le
sens pratique américains. Certes, un type caricatu-
ral et rappelant Don Quichotte. Mais, de même que
Don Quichotte avec sa candeur bouffonne et ses
rêves extravagants a malgré tout donné au monde
une image plus plastique de l'idéalisme des hidalgos
que n'importe quel roman de chevalerie de son
époque prétendant au sérieux, de même cette femme
héroïquement stupide qui, elle aussi, combat pour
l'absurde, nous fait bien mieux comprendre le
romantisme américain que l'idéalisme officiel et
classique d'un William James. Tout Don Quichotte
de l'absolu, nous le savons depuis longtemps, a un
grain de folie, mais toujours trotte derrière lui, sur
son brave bourricot, l'éternel Sancho Pança, le banal
bon sens. Comme le chevalier de la Manche
découvre dans le pays ensoleillé de Castille l'armet
de Mambrin et l'île Barataria, cette femme du Massachusetts, au crâne dur, au cerveau obtus, découvre
une nouvelle fois le royaume d'utopie entre les
gratte-ciel et les fabriques, au milieu du monde brutal des chiffres de la Bourse, des banques, des trusts
et des spéculations. Et celui qui apporte au monde
une illusion nouvelle enrichit l'humanité.

CHAPITRE II

QUARANTE ANNÉES PERDUES

Une petite maison d'un seul étage, en bois blanc, à Bow, près de Concord : les Baker l'ont bâtie de leurs propres mains. Ce sont des fermiers moyens, ni riches ni pauvres, d'origine anglo-saxonne, installés au New Hampshire depuis plus de cent ans. Le père, Mark Baker, est un lourd paysan, très sévère, très pieux, très têtu, au crâne dur comme le poing ; « you could no more move him than you could move old Kearsarge », déclarent les voisins. C'est-à-dire : on aurait autant de peine à le faire changer qu'à déplacer le vieux mont Kearsarge, qui se dresse au-dessus du pays. Cet entêtement, cette volonté passionnée et inébranlable, le père les a laissés en héritage à son septième enfant, Mary Baker (née le 16 juillet 1821), mais il ne lui a pas légué en même temps sa santé vigoureuse, son équilibre solide. C'est une fillette pâlotte, délicate, nerveuse, sensible et même hypersensible. Quand elle entend quelqu'un crier, elle frémit ; toute parole dure l'émeut démesurément : il lui est impossible de fréquenter l'école primaire du district, car elle ne peut pas supporter le bruit et le vacarme des autres enfants. Pour ménager la petite souffreteuse, on lui permet de rester à la maison et d'apprendre tout juste ce qu'il lui plaît : ce n'est pas grand-chose, comme on s'en doute, dans

une ferme américaine isolée, à des lieues de la ville
et du village. La petite Mary ne se distingue pas particulièrement par sa beauté, bien que ses prunelles
larges et rondes, étrangement agitées, aient alors des
lueurs d'acier et qu'une bouche ferme et tendue
donne une allure énergique à son mince visage. Se
distinguer, c'est pourtant ce qu'elle veut ; c'est à cela
qu'aspire avant tout cette enfant bizarre, obstinée et
irritable. Partout et toujours elle veut se distinguer,
paraître différente des autres : ce trait dominant de
son caractère se dessine très tôt. Dès le début elle
tient à être appréciée comme un être supérieur,
remarquable, et dans ce but la petite paysanne ne
trouve rien de mieux que de jouer les précieuses. Elle
se donne un « superior air », se crée une démarche
particulière, emploie au cours de la conversation
toute sorte de termes étrangers absurdes qu'elle
pêche secrètement dans le dictionnaire et qu'elle
lance sans hésiter à tort et à travers ; par son habille-
ment, son maintien et sa conduite elle marque la distance entre elle et l'entourage trop « ordinaire ».
Mais les farmers américains n'ont guère le moyen ni
le loisir de s'apercevoir de ces artifices chez une
fillette : personne n'admire et n'apprécie la petite
Mary. Rien d'étonnant que ce désir de supériorité
refoulé (et c'est, on le verra, un des plus puissants du
siècle) ait recours à des moyens plus grossiers pour
s'extérioriser. Tout instinct de domination qui ne
peut se manifester au-dehors se retourne en dedans,
où il agit tout d'abord sur les nerfs qu'il tord et
déchire. Or la petite Mary, déjà avant la puberté, est
fréquemment sujette à toutes sortes de troubles nerveux : convulsions, contractures, crises extraordinaires. Comme elle s'aperçoit vite que pendant ces
accès elle est l'objet d'une tendresse et d'une attention particulières, ses nerfs — consciemment ou
inconsciemment, la frontière est si mouvante — provoquent de plus en plus ces « fits » hystériques. Elle
a ou elle feint (encore une fois, a-t-on jamais pu distinguer strictement entre les manifestations réelles

de l'hystérie et ses mises en scène ?) de violents accès
de peur et des hallucinations. Un jour elle pousse
tout à coup des cris perçants et tombe à la renverse
comme une morte. Les parents croient déjà que leur
étrange enfant a des attaques d'épilepsie, mais le
médecin secoue la tête d'un air de doute. Il ne prend
pas la chose trop au sérieux. « Hysteria mingled with
bad temper », tel est son diagnostic tant soit peu ironique. Et comme ces crises se répètent souvent sans
jamais devenir dangereuses, comme elles se produisent de façon extrêmement suspecte, au moment
précis où Mary veut affirmer sa volonté ou résister
aux exigences d'autrui, même le père, bien qu'ignorant en médecine, commence à se méfier. Un beau
matin, après une scène mouvementée elle tombe
raide sur le sol une fois de plus, il la laisse étendue
et s'en va tranquillement à son travail sans se soucier d'elle ; en rentrant le soir, il la retrouve, sans que
personne l'ait aidée à se relever, calmement assise
dans sa chambre lisant un livre.

Quoi qu'il en soit, grâce à ces crises nerveuses (ou
plutôt grâce à ce laisser-aller de ses nerfs) elle obtient
une chose, dont précisément elle rêvait en son for
intérieur : ses parents ne la traitent pas comme leurs
autres enfants. Elle n'est pas obligée de laver, de cui-
siner, de coudre, de traire les vaches comme ses
sœurs, ni de travailler aux champs comme ses
frères ; de bonne heure elle peut se dérober à la
besogne féminine quotidienne, banale, « ordinaire ».
Et ce que la jeune fille de quinze ans réussit à imposer à ses parents, la femme l'impose partout et à tous.
Jamais, même dans les années les plus mauvaises de
son existence, quand elle connaît les plus amères des
privations et la plus effrayante des misères, Mary
Baker ne s'astreint à la besogne journalière des
ménagères. Dès le début sa volonté la plus intime, la
plus secrète, consciente de son but, réussit à conquérir un mode de vie supérieur et « exceptionnel ». De
toutes les maladies, l'hystérie est sans aucun doute
la plus intelligente, la plus étroitement alliée à l'ins-

tinct profond de la personnalité ; par ses attaques et
ses résistances elle révèle toujours le désir le plus
caché de l'être : c'est pourquoi aucune puissance terrestre n'imposera jamais à Mary Baker ce qu'intérieurement elle ne veut pas. Tandis que ses sœurs
peinent aux champs et à l'étable, cette petite Bovary
américaine lit des livres et se fait soigner et dorlo-
ter. Elle se tient tranquille tant qu'on ne contrecarre
pas ses désirs ; mais dès qu'on essaie de la
contraindre à quoi que ce soit, qui ne lui agrée pas,
elle fait jouer ses « fits », ses « tantrums » et donne
libre cours à ses nerfs. Déjà sous le toit paternel,
cette nature impérieuse, égoïste, qui ne veut ni se
plier ni s'adapter à rien, est loin d'être d'une compagnie agréable. Conformément aux lois de son être,
cette volonté tyrannique provoquera continuellement et en tout lieu des tensions, des conflits et des
crises, car Mary Baker ne supporte aucune opposition : il lui faut une soumission complète à son moi
excessif auquel l'univers suffit à peine.

Elle est et elle reste une compagne inquiétante et
dangereuse, cette Mary Baker avec sa pseudo-dou-
ceur, sa pseudo-tranquillité. C'est pourquoi ses
braves parents célèbrent comme une double fête la
Noël de l'année 1843, jour où Washington Glover, dit
« Wash », jeune commerçant sympathique leur
prend la jeune fille âgée de vingt-deux ans pour la
conduire à l'église. Après le mariage, les nouveaux
époux se rendent dans les Etats du Sud, où Glover a
ses affaires. Pendant ce bref intermède qu'est l'union
passionnée de Mary avec l'énergique et joyeux Wash,
on n'entend plus parler d'hystérie et d'hallucinations.
Ses lettres ne respirent que le bonheur absolu et la
santé ; comme cela arrive pour d'innombrables
femmes qui se trouvent dans son cas, il a suffi d'une
union charnelle avec un jeune homme vigoureux
pour remettre complètement d'aplomb ses nerfs en
révolution. Mais la vie saine, pour elle, ne dure pas
longtemps, tout juste un an et demi ; en 1844, au
bout de neuf jours de maladie, la fièvre jaune

emporte Wash Glover. Ce décès laisse Mary Baker-Glover dans une situation terrible. Le peu d'argent qu'elle a apporté en mariage est perdu ; sur le point d'accoucher, elle est là, désespérée, devant le cercueil de son mari, à Wilmington, sans savoir où aller. Par bonheur, des francs-maçons, camarades de son mari, arrivent avec beaucoup de peine à réunir quelques dizaines de dollars, de sorte qu'on peut tout au moins expédier la veuve jusqu'à New York. Là son frère vient la chercher et bientôt après, dans la maison de ses parents, elle met au monde un fils.

La vie s'est toujours acharnée contre Mary Baker. A l'âge de vingt-trois ans, les flots la rejettent pour la première fois à l'endroit d'où elle est partie ; après chaque tentative d'indépendance elle échouera dans sa famille. Jusqu'à sa cinquantième année, Mary Baker ne mange que du pain mendié ou offert par charité ; jusqu'à sa cinquantième année elle dort dans le lit d'autrui, s'assoit à la table des autres. C'est justement cette femme avec sa forte volonté, sans, au fond, savoir ce qu'elle veut, avec sa folle fierté, sans la moindre justification ni raison, avec son secret sentiment de supériorité, c'est justement elle qui, toujours, a besoin d'autrui et se trouve à la charge d'individus qui lui sont indifférents et qu'elle juge inférieurs. C'est d'abord le père qui héberge la jeune veuve, ensuite sa sœur Abigail ; chez celle-ci elle reste neuf années entières et s'y montre sous le jour d'un hôte de plus en plus pénible et encombrant. Car depuis que Wash Glover est mort, Mary est de nouveau en proie à ses nerfs, et, bien que pique-assiette, elle tyrannise par son irritabilité toute la maison. Personne n'ose la contredire pour ne pas provoquer ses « fits », les portes doivent être soigneusement fermées, tous doivent marcher sur la pointe des pieds, pour ménager la « malade ». Tantôt, le regard fixe comme une somnambule, elle erre à travers les chambres ; tantôt elle reste au lit des journées entières, en état d'immobilité complète, affirmant qu'elle ne peut ni marcher ni se tenir debout et que

tout mouvement lui fait mal. Quant à son propre
enfant, elle le donne au plus vite en nourrice ; cette
âme dure ne veut pas se soucier d'autrui, fût-ce son
sang et sa chair ; son Moi inquiet ne connaît pas
d'autre occupation que lui-même. Toute la famille
doit l'entourer d'attentions, satisfaire immédiatement ses désirs fugitifs : comme le héros de *The Nig-
ger of the Narcissus*, le roman connu de Conrad, elle
opprime tout le monde rien que par son existence
passive et résignée, par le fait de rester silencieusement allongée dans sa chambre et de sembler dire :
ménagez-moi, je vous en prie. Finalement elle
invente une manie spéciale. Elle découvre que ses
nerfs ne se calment que quand on la balance dans un
hamac. Bien entendu, pour avoir la paix, on acquiert
ce rocking-chair nouveau genre et les gamins de Tilton sont embauchés à raison de quelques sous de
l'heure pour balancer Mary Baker-Glover. Raconté
ainsi, cela paraît plaisant, mais, en réalité, c'est terriblement grave. Plus elle se plaint, plus son état
empire, car l'inassouvissement de l'âme provoque
chez Mary Baker, au cours de ces neuf années, des
phénomènes physiques de plus en plus inquiétants.
Sa faiblesse, sa lassitude, prennent des formes tout
à fait pathologiques : finalement elle n'arrive plus à
descendre seule l'escalier, ses muscles refusent de la
porter et le médecin commence à croire qu'il s'agit
d'une paralysie médullaire. En tout cas en 1850 Mary
Baker-Glover est une créature absolument inapte à
la vie, une malade chronique, une infirme.

Dans quelle mesure les phénomènes indéniables
de paralysie de la jeune veuve sont-ils le résultat
d'une maladie réelle, physique, dans quelle mesure
sont-ils le produit de sa volonté et de son imagination ? Il faudrait une grande témérité pour oser se
prononcer, car l'hystérie, cette comédienne, la plus
géniale du monde pathologique, peut créer l'apparence de la maladie par des symptômes aussi vrai-
semblables que la maladie elle-même. Elle joue avec
le mal, et ce jeu, parfois, contre son désir, se trans-

forme en réalité ; l'hystérique qui ne voulait au début que tromper les autres en leur faisant croire à une maladie se trouve à la fin forcé d'y croire lui-même. Il faut donc renoncer à voir clair, à cinquante ans de distance, dans un cas aussi embrouillé, et à se rendre compte si les états cataleptiques de Mary Baker représentaient une paralysie réelle ou seulement la fuite d'une nerveuse dans la maladie. Le fait qu'elle sait, lorsqu'elle le veut, maîtriser tout à coup son mal, nous la rend quand même suspecte. Un épisode semble propre à nous inspirer toute sorte de doutes : une fois de plus, elle est étendue dans son lit, rigide et incapable de se mouvoir ; soudain elle entend son futur mari (le deuxième) appeler au secours d'en bas. Il s'est pris de querelle et son adversaire paraît le menacer sérieusement. D'un bond la paralytique saute du lit et la voici qui descend en courant l'escalier pour lui porter secours. De tels incidents (celui-là n'est pas le seul) nous font supposer que Mary Baker aurait pu depuis longtemps par la volonté venir à bout des symptômes les plus communs de sa paralysie ; mais probablement ne le veut-elle pas, ou c'est son subconscient qui ne le veut pas. Son instinct égocentrique, enfoui profondément au-dessous de la sphère consciente, doit savoir qu'on exigerait immédiatement d'elle, la parasite, si elle était bien portante, des travaux de ménage, une collaboration active. Mais toujours elle se refuse à travailler avec les autres, pour les autres, à côté des autres, et, pour sauvegarder son indépendance, elle se hérisse dans sa maladie et dresse des piquants chargés d'électricité : sans doute l'hystérie, ainsi qu'elle le fait souvent, agit ici comme moyen de défense du sens le plus profond de la destinée. Et nul n'arrive à briser ce rempart de nerfs autour de son Moi le plus secret ; cette femme à la volonté de fer aime mieux ruiner son corps que de se plier au désir d'autrui.

Mais en 1853 cet être étonnant donne une preuve prodigieuse de la force de suggestion exceptionnelle contenue dans son corps fragile et épuisé. Alors

qu'elle a trente-deux ans et qu'elle en est à la neu-
vième année de son veuvage, surgit à Tilton un
dentiste ambulant, Daniel Patterson, « docteur »
diplômé par lui-même, bel homme barbu et médecin des dames par excellence. Par son élégance
outrée d'habitant de la métropole — il porte toujours
un veston noir et un haut-de-forme de satin soigneusement lustré — ce Brummel de la steppe conquiert
sans difficulté les cœurs très peu gâtés des dames de
Tilton. Mais — ô surprise ! — il ne se soucie ni des
exubérantes, ni des belles, ni des riches : seule réussit à le séduire la femme alitée, pâle, souffrante, nerveuse, la paralytique. Car lorsque Mary Baker veut
devenir n'importe quoi, même séduisante, elle l'est
aussitôt ; sa douceur douloureuse et souriante exerce
sur l'homme solide et vigoureux un charme qui
le gagne irrésistiblement. Le 21 juin 1853, il lui
demande sa main.

Vit-on jamais demander en mariage une femme
dans un tel état ? La fiancée de Daniel Patterson a
une santé minée à tel point qu'elle n'a pas la force
de faire les quelques pas qui la séparent de l'église.
Résolument, l'épouseur robuste prend dans ses bras
la malade étendue sur son divan et descend l'escalier avec son fardeau. En bas, elle est hissée dans une
voiture, et c'est en qualité de Mistress Patterson, toujours portée par son mari, qu'elle revient dans sa
chambre. Mais ce fardeau dont il s'est chargé à la
légère pèse lourdement, pendant de longues années,
sur sa vie. Le docteur Patterson n'a pas besoin de
beaucoup de temps pour découvrir à quelle nature
incommode, à quelle épouse difficile il s'est uni : à
chaque déplacement, il faut hisser l'éternelle malade
dans une voiture et toujours l'inévitable balançoire
doit l'accompagner ; elle est tellement inapte au
ménage que Patterson, en dépit de ses maigres revenus, se voit forcé de prendre une gouvernante. Pendant ce temps, l'héroïne de ses propres rêves « se
plonge dans les livres », comme le dit admirati-
vement la biographie rose, c'est-à-dire qu'elle reste

étendue, en proie à la lassitude et à la neurasthénie, sur son lit ou son ottomane à lire des romans ; au lieu de reprendre chez elle son fils du premier mariage, qui est en train de dépérir moralement quelque part dans l'Ouest chez des salariés ignares, elle fait de l'occultisme, parcourt les journaux ou griffonne de temps en temps pour des gazettes de province des vers et de petits articles sentimentaux. Car les années de la nouvelle union conjugale n'ont encore rien éveillé en elle de particulier. Plongée dans une léthargie impuissante, sa vanité confuse espère et rêve sans cesse de quelque chose de grand, d'extraordinaire. Inoccupée, inactive et pourtant mystérieusement certaine de sa vocation, une des forces les plus géniales du siècle attend ainsi pendant des années le mot d'ordre qui lui permettra de jouer le rôle auquel elle est prédestinée. Durant près de dix ans encore, il ne lui échoit que le même rôle mono-tone, celui de la malade incurable, pitoyable, condamnée par tous les médecins et amis, celui de la femme « incomprise ». Le brave Patterson s'aper-çoit de ce qu'ont remarqué maintes gens avant lui et tous après lui, à savoir qu'il n'est guère agréable, à la longue, de vivre avec cette despote, cette femme dominée par un besoin maladif d'admiration. Le foyer et le mariage l'attirent de moins en moins. Il commence par prolonger démesurément ses voyages : enfin, en 1863, la guerre civile lui fournit l'occasion bienvenue d'échapper à l'état matrimo-nial. Il s'engage comme médecin dans l'armée du Nord, mais à la première bataille il est fait prison-nier et détenu jusqu'à la fin de la guerre. Mary Baker-Patterson reste aussi seule et dénuée de moyens que vingt ans auparavant à la mort de Glover. Une fois de plus l'épave revient à l'ancien rivage, une fois de plus elle échoue chez sa sœur. Maintenant, dans sa quarantième année, il semble que son destin soit définitivement réglé, qu'elle doive finir ses jours dans la misère et l'étroitesse de la vie de province.

Car Mary Baker a quarante ans et ne sait pas

encore pourquoi ni pour qui elle vit. Son premier
mari est en terre, le deuxième est prisonnier à mille
lieues, son propre enfant vit quelque part chez des
étrangers, et elle-même mange encore le pain de
l'aumône à la table d'autrui. Personne ne l'aime et
elle n'aime personne, elle est l'être le plus inutile
entre l'Atlantique et le Pacifique. En vain cherche-
t-elle une occupation. Elle enseigne un peu dans les
écoles, mais ses nerfs ne supportent aucune activité
régulière ; elle continue à écrire de petits articles
pour des feuilles de chou provinciales ; mais son instinct sait parfaitement que ces gribouillages ne
délivrent pas le vrai, l'essentiel de son être. Cependant que, tout au fond d'elle-même, emmurées, invisibles, s'agitent des forces incroyables, démoniaques,
cette femme énigmatique, toujours de mauvaise
humeur, traîne sans but dans la maison de sa sœur.
Et plus elle se rend compte de l'absurdité de son existence, plus elle s'aperçoit que sa vie est finie, plus sa
vitalité refoulée et détournée fermente et tourmente
son corps. Les crises de nerfs deviennent de plus en
plus violentes, les convulsions et les contractures de
plus en plus douloureuses et les signes de paralysie
sont plus nombreux que jamais. Même dans ses bons
jours, elle n'arrive plus à faire une demi-lieue à pied
sans fatigue. Toujours plus pâle, toujours plus faible,
toujours plus lasse et plus inerte, elle est là étendue
dans son lit, bloc de chair humaine sans ressort,
malade chronique, à la charge de tout le monde et
par-dessus tout d'elle-même. Les médecins ont
renoncé à lutter contre ses nerfs ; en vain a-t-elle fait
appel aux méthodes de traitement les plus bizarres :
mesmérisme et spiritualisme, cures et mixtures de
toute espèce ; finalement, sa sœur, jouant sa dernière
carte, l'envoie dans un établissement hydrothérapique du New Hampshire. Mais le traitement ne fait
qu'aggraver son état au lieu de l'améliorer. Au bout
de deux séances elle n'est plus capable de faire un
pas ; épouvantée, elle s'avoue définitivement perdue ;
aucun homme, aucun médecin ne peut la sauver ! Il

faudrait un miracle, un authentique miracle pour rendre la vie à cette paralytique, à cette ruine physique et morale.

Et c'est ce miracle qu'attend et qu'espère désormais avec toute l'ardeur du désespoir, avec tout le fanatisme de son âme, Mary Baker dans la quarante et unième année de sa vie jusqu'alors inutile.

CHAPITRE III

QUIMBY

Depuis quelque temps déjà, on entend vaguement parler dans le New Hampshire de miracles et d'un véritable faiseur de miracles : un médecin du nom de Phineas Pankhurst Quimby accomplit, dit-on, des cures merveilleuses et incomparables, grâce à une méthode nouvelle et mystérieuse. Ce guérisseur n'emploie ni massages, ni drogues, ni magnétisme, ni électricité, et cependant il réussit en se jouant là où ont échoué les autres médecins et leurs moyens. Ces rumeurs ne tardent pas à se transformer en affirmations, ces affirmations en certitudes. Bientôt, les patients affluent de toutes parts à Portland, chez le docteur magicien.

Ce légendaire docteur Quimby, disons-le avant tout, n'est pas le moins du monde un docteur ayant fait des études, possédant des diplômes, mais simplement un ancien horloger de Belfast, fils d'un pauvre forgeron. Travailleur appliqué, intelligent et capable, Dieu sait combien il a déjà fabriqué de montres, lorsque, en 1838, vient à passer à Belfast un docteur Poyen, conférencier en tournée, qui se livre publiquement — ce qui ne s'est jamais vu — à des expériences d'hypnotisme. Ce médecin français, disciple de Mesmer, a mis en branle, par ses démonstrations, l'Amérique entière. (Nous voyons l'immortel reflet de cette curiosité du « côté nocturne de la nature » dans les émouvantes nouvelles d'Edgar Allan Poe) Car le sol américain, apparemment aride et stérile, offre au contraire, précisément parce qu'il est en friche, un terrain d'ensemencement excellent pour tout ce qui est surnaturel. Ici l'on ne voit pas, comme dans la sceptique Europe du temps de Mesmer, les académies savantes et les sociétés royales écarter avec mépris, comme simple « imagination », les phénomènes de suggestion hypnotique les plus évidents ; l'optimisme naïf des Américains, à qui, *a priori*, rien ne paraît impossible, est vivement attiré par ces idées. Les conférences du mesmériste français déclenchent une vague de spiritualisme (et bientôt de spiritisme) formidable; dans toutes les villes, dans tous les villages, on assiste à ses démonstrations et on les discute passionnément. Le petit horloger Quimby en est complètement fasciné. Il ne manque pas une seule conférence, il ne se lasse pas de voir cet ensorcellement par l'hypnose ; tourmenté par la soif d'en savoir plus, il suit le docteur Poyen de ville en ville, jusqu'à ce que ce dernier distingue parmi ses auditeurs cet homme sympathique, aux larges épaules, aux yeux américains, durs et intelligents. Il le questionne et constate immédiatement chez lui un don hypnotique actif. Aussi se sert-il de lui à plusieurs reprises pour endormir des médiums, et Quimby, frappé, reconnaît lui-même à cette occasion sa propre puissance de transmission de volonté, ignorée jusque-là. Résolument, l'artisan énergique abandonne l'horlogerie et décide d'exploiter ses aptitudes nouvelles. Il découvre un médium idéal, un jeune Allemand de quinze ans, Luce Burgmayr ; tous deux s'associent ; Quimby opérera comme magnétiseur, Burgmayr se soumettra docilement à sa volonté. Et désormais le nouveau docteur, accompagné de son Burgmayr, traverse le pays comme un diseur de bonne aventure avec son singe ou son perroquet et exerce dans les hameaux, les villages et les villes une sorte de traitement médical singulier — la thérapeutique hypnotique.

Ce nouveau traitement de l'horloger Quimby repose à son début sur l'illusion, depuis longtemps réfutée, du mesmérisme de la première heure, qui croyait le somnambule capable d'introspection, de pénétration de son propre moi. Immédiatement après la découverte de l'hypnotisme on avait cru que tout hypnotisé était à même de répondre, à la façon d'un voyant, à n'importe quelle question sur le passé ou l'avenir, sur les choses visibles ou invisibles ; par conséquent, pourquoi ne pourrait-il pas percevoir la maladie dissimulée chez autrui et donner des indications sur le remède auquel il convient de recourir. Au lieu du diagnostic clinique qui précède tout traitement, Quimby, convaincu de sa puissance sur le médium, fait intervenir le diagnostic du voyant. Sa méthode, en somme, est très simple. Il endort en présence du public son Luce Burgmayr ; dès que celui-ci se trouve en transe, on lui amène le malade, et, dans son somnambulisme lucide, les yeux fermés, Burgmayr définit la maladie et indique le remède. Ce genre de diagnostic peut nous faire sourire et nous paraître moins sûr que les analyses du sang et la radiographie ; il n'en est pas moins vrai que de nombreux malades sont extraordinairement influencés en entendant la voix d'un somnambule venant, pour ainsi dire, de l'au-delà, leur révéler le mal dont ils sont atteints et leur dire le moyen de le combattre. Partout les patients accourent en masse, et la Limited Company Quimby and Burgmayr fait d'excellentes affaires.

Maintenant, après avoir trouvé un si fameux truc, le brave « docteur » n'aurait qu'à continuer à exercer son métier de moitié avec son vaillant médium. Mais ce Quimby, bien qu'inculte et sans aucune responsabilité scientifique, n'est pas du tout un charlatan. C'est un homme honnête, un chercheur sincère, dont la curiosité est de plus en plus aiguisée par ces choses surnaturelles. Empocher des dollars au

moyen de pratiques grossières ne satisfait point
l'ancien horloger : l'habile mécanicien qui est en lui
n'est pas content aussi longtemps qu'il n'a pas découvert le ressort caché de ces guérisons inouïes. Enfin
le hasard l'aide. Une fois de plus, son Burgmayr en
transe a prescrit un médicament à un malade, mais
le patient est un pauvre diable qui n'a pas de quoi le
payer ; Quimby lui glisse une drogue meilleur marché que celle ordonnée par Burgmayr. Et voici que
l'effet est le même. Pour la première fois s'éveille en
Quimby le soupçon créateur, qui lui souffle que la
guérison n'est accomplie ni par la transe, ni par les
prescriptions de l'hypnotisé, ni par les pilules et les
potions, mais uniquement par la foi du malade en
ces potions et pilules ; il découvre que cette cure
magique est uniquement l'œuvre de la suggestion ou
de l'autosuggestion ; en un mot, il fait la même expérience que Mesmer avec l'aimant. Tout comme lui, il
essaie d'exclure l'élément intermédiaire ; de même
que Mesmer renonce à l'aimant, il abandonne l'hypnose. Il annule son contrat avec le médium Burgmayr, rejette tout le procédé du sommeil artificiel et
de la clairvoyance et base désormais son traitement
uniquement sur la suggestion consciente. Sa
méthode dite « Mind Cure » (transformée plus tard
par Mary Baker en Christian Science et présentée
par elle comme sa propre découverte inspirée de
Dieu) est au fond très simple. Quimby, grâce à ses
expériences d'hypnotisme, est arrivé à cette constatation que bon nombre de maladies reposent sur
l'imagination et que la meilleure façon d'écarter le
mal est de détruire la croyance du malade en sa
maladie. La nature doit se secourir elle-même, et le
guérisseur d'âmes n'est là que pour l'y aider. C'est
pourquoi désormais Quimby ne soigne plus ses
malades selon la méthode usuelle, qui combat le mal
par des remèdes médicaux ; il écarte de l'âme l'idée
de la maladie, en persuadant simplement le patient
qu'il n'est pas malade. Dans la circulaire imprimée
de Quimby il est dit textuellement : « Etant donné

que ma pratique est différente de toutes les autres pratiques médicales, j'appuie sur ce fait que je ne donne pas de drogues ni ne prescris aucun traitement externe. Je m'assois simplement auprès du malade et lui explique ce que je pense de sa maladie ; cette explication par elle-même représente la cure. Si je réussis à modifier l'idée erronée, je modifie également le fluide dans son corps et je rétablis la vérité. Ma cure est la vérité. » Cet homme naïf et cependant réfléchi se rend parfaitement compte qu'en adoptant cette méthode il a dépassé les limites de la science et est entré dans le domaine de l'influence religieuse. « Vous me demandez, écrit-il, si mon traitement appartient à une science admise. A cela, je vous réponds : non ! Il appartient à une sagesse qui plane au-dessus des hommes et qui a été enseignée il y a dix-huit cents ans. Depuis elle n'a plus trouvé place dans le cœur des hommes, mais elle existe dans le monde sans qu'ils le sachent. » Cette allusion à Jésus, le premier « healer », le premier guérisseur d'âmes, Quimby l'a donc formulée avant la Christian Science, avec la différence (que n'aperçoivent pas les adversaires de Mary Baker) que Quimby ne s'est occupé que de traitement individuel basé sur la puissance de suggestion et sur l'influence sympathique de sa personnalité ; Mary Baker, elle, infiniment plus hardie et plus absurde, fait de la négation de la maladie et de la toute-puissance de la foi sur la souffrance un système qui entreprend d'expliquer et d'améliorer le monde entier.

Le nouveau traitement de Phineas Quimby, bien que ses effets soient parfois magiques, n'a rien de sorcier. Cet homme, dont la grande bonté inspire la confiance, s'installe en face du malade, prend solidement ses genoux entre les siens, lui frotte le front avec ses doigts humectés d'eau (derniers restes *des méthodes de* suggestion magnético-hypnotique pour obtenir la concentration), puis se fait décrire la maladie et persuade ensuite énergiquement le malade de son inexistence. Il n'examine pas les

symptômes scientifiquement, mais se contente tout
bonnement de les nier pour les écarter ; il n'éloigne
pas la douleur du corps par des remèdes, mais de
l'esprit par la suggestion. On trouvera peut-être un
peu primitive, un peu facile cette cure par l'affirmation de l'inexistence du mal. Il est fort commode,
dira-t-on, de nier la maladie au lieu de la traiter ;
mais en réalité il n'y a qu'un pas entre la méthode
de l'horloger de 1860 et celle, hautement reconnue
par la science, du pharmacien Coué de 1920. Et ce
Quimby inconnu a tout autant de succès que son
successeur célèbre : des milliers de patients désireux
de se soumettre à la « Mind Cure » accourent chez
l'ex-magnétiseur ; finalement il est même obligé
d'inventer les cures à distance, dites « absent treat-
ments », par lettres et par circulaires, car son cabinet de consultations ne suffit plus tellement les
malades sont nombreux ; la réputation du grand
guérisseur commence à se répandre dans tout le
pays.

Il y a déjà plusieurs années que la nouvelle de cette
merveilleuse « Science of Health » de l'ancien horloger Quimby est parvenue au couple Patterson dans
sa petite ville du New Hampshire. Le 14 octobre
1861, presque à la veille de son départ pour les Etats
du Sud, le « docteur » Patterson écrit au thaumaturge pour lui demander de venir à Concord. « Ma
femme, lui dit-il, est depuis des années impotente à
la suite d'une paralysie médullaire ; elle ne peut
s'asseoir que d'un côté, et nous voudrions soumettre
ce cas à votre puissance miraculeuse. » Mais le faiseur de miracles a une trop vaste clientèle pour se
permettre un voyage pareil : il refuse poliment.
Néanmoins, Mary Baker se cramponne désespérément à cette dernière planche de salut. Un an plus
tard — Patterson est déjà prisonnier de l'armée du
Sud — la malade lui adresse un S. O. S. encore plus
ardent, plus fanatique, le priant de « venir la sauver ». Celle qui, plus tard, biffa le nom de Quimby de
tous ses écrits, lui dit textuellement : « J'ai besoin

avant tout de vous voir personnellement ! J'ai une entière confiance en votre philosophie, telle qu'elle est expliquée dans vos circulaires. Pouvez-vous, voulez-vous venir me voir ? C'est la mort qui m'attend, si vous ne pouvez pas me secourir. Ma maladie est chronique, je ne puis plus me retourner, personne ne peut me déplacer. Je suis la proie de souffrances atroces, je vous en prie, aidez-moi ! Excusez toutes les fautes que contient cette lettre, je vous écris au lit, et sans façons. » De nouveau Quimby ne peut venir, et elle lui écrit, accablée, pour la troisième fois, de l'établissement hydrothérapique où elle se trouve, lui demandant si, à son avis, elle peut tenter le voyage. « Supposons que j'aie assez de confiance pour aller jusqu'à vous, croyez-vous que cela puisse se faire sans que les suites de ce voyage ne me soient funestes ? Je suis si décidée que j'espère pouvoir vous atteindre vivante. Mais dans ce cas votre aide serait-elle suffisante pour me rétablir ? » A cet appel émouvant, Quimby lui répond de tenter le voyage sans hésitation.

A présent, il lui manque encore une chose : l'argent pour le voyage. Abigail, cette sœur d'ordinaire si secourable, n'a pas la moindre confiance en ce charlatan qui guérit sans cure ni médecine, simplement « by mind », c'est-à-dire par l'esprit. Elle déclare énergiquement qu'elle ne donnera pas un centime pour une filouterie aussi flagrante. Mais quand Mary Baker, cette tête de fer, veut quelque chose, elle brise et détruit toute résistance. Elle emprunte un par un la poignée de dollars nécessaires à des amis, des connaissances, des étrangers. Enfin l'argent du voyage, l'argent de la délivrance est prêt ; à la fin d'octobre 1862, elle peut prendre un ticket et partir pour Portland. De ce voyage, on ne sait rien, sinon qu'elle arriva dans la ville étrangère complètement brisée et épuisée. Il serait très logique et tout à fait naturel qu'elle allât se reposer un peu avant la consultation. Mais cette âme farouche ne s'accorde pas de repos ; toujours cette grande fanatique dis-

pose d'une énergie immense dès qu'elle veut réellement quelque chose. En sortant de la gare, harassée,
exténuée, couverte de poussière, elle se traîne immédiatement à l'International Hotel, où le docteur
Quimby a installé son cabinet. Ses forces la conduisent jusqu'au premier étage. Elle ne peut pas aller
plus loin. Les domestiques, aidés des personnes qui
se trouvent là par hasard, soutiennent et portent plus
haut, de marche en marche, cette femme pauvrement vêtue, décharnée, et palpitante d'angoisse. On
ouvre vivement la porte de la salle de consultation,
on y pousse le corps impuissant ; à bout de forces,
la pauvre infirme, véritable loque humaine, s'écroule
dans un fauteuil. Son regard anxieux se tourne, suppliant, vers l'homme bienveillant aux cheveux gris,
qui s'assoit près d'elle, caresse ses tempes, ses mains,
et se met à la consoler doucement.

Et une semaine plus tard — ô miracle ! — cette
même Mary Baker, cette impotente condamnée avec
un haussement d'épaules par tous les médecins, est
complètement guérie. Ses muscles, ses nerfs, ses
membres, lui obéissent, souples et frais. Elle peut à
nouveau marcher, courir, elle grimpe d'un pas léger
les cent dix marches de la tour de Portland, elle interroge, elle parle, elle jubile, elle rayonne. Elle est
rajeunie, presque belle, frémissante du désir de se
dépenser et emplie d'une énergie nouvelle — une
énergie sans exemple même dans sa patrie, l'Amérique. Une énergie qui bientôt dominera et subju-
guera des millions d'hommes.

CHAPITRE IV

LA PSYCHOLOGIE DU MIRACLE

Comment un miracle pareil, qui défie toute règle médicale, tout bon sens, a-t-il pu se produire ? En premier lieu, sans doute, grâce à une prédisposition particulière de l'âme chez Mary Baker. De même que la foudre n'éclate pas subitement mais exige au préalable une atmosphère chargée, une tension polarisée, de même le miracle, pour avoir lieu, réclame toujours une certaine préparation, un état d'âme nerveux et religieux : jamais il ne se produit de miracle pour celui qui ne l'a pas longtemps et passionnément attendu. On le sait, et on l'a appris : « Le miracle est l'enfant chéri de la foi » ; mais cette sorte d'enfantement spirituel exige une polarité semblable à celle de l'homme et de la femme. Si la foi est la mère du miracle, le désespoir en est certainement le père : seule peut lui donner corps la confiance aveugle unie à une situation complètement sans issue. Justement en ce jour d'octobre 1862, Mary Baker est tombée dans les bas-fonds du désespoir : Phineas Quimby est son dernier enjeu, les quelques dollars qu'elle a en poche représentent son dernier argent. Si ce traitement ne réussit pas, il n'y a plus aucun espoir pour elle, et elle le sait. Personne ne lui prêtera de l'argent pour de nouvelles expériences ; définitivement infirme, elle dépérira dans son lit, dédaignée de tous,

à la charge de sa famille, odieuse à elle-même. Si
celui-là ne la sauve pas, personne ne la sauvera. Ce
qui l'anime maintenant, c'est la confiance démoniaque du désespoir ; la force de toutes les forces :
d'un seul effort, elle arrache à son corps ruiné cette
puissance élémentaire de l'âme que Mesmer appelait
la volonté de guérir. Pour tout dire, elle guérit parce
que son instinct reconnaît là la dernière possibilité
terrestre de guérir : le miracle arrive parce qu'il doit
arriver.

Autre chose : cette expérience met nettement en
évidence, pour la première fois, l'intime disposition
de l'âme de Mary Baker. Depuis son enfance, cette
fille de fermier, tout comme sa sœur ibsénienne,
attend « l'avènement du merveilleux ». Elle a toujours rêvé qu'il se produirait en elle et par elle
quelque chose d'extraordinaire, que toutes ses
années perdues n'étaient qu'un avant-plaisir, une joie
voluptueuse annonciatrice de ce moment magique.
Dès sa quinzième année elle s'est abandonnée à l'illusion qu'un destin particulier lui était réservé. La voici
devant l'épreuve. Si elle revient clopin-clopant, sa
sœur se moquera d'elle, on exigera qu'elle rende
l'argent emprunté et sa vie sera à jamais finie. Mais
si elle guérit, il se sera produit en elle un miracle,
« le » miracle, et (rêve d'enfance !) on l'admirera.
Tous voudront la voir et lui parler, enfin, enfin le
monde s'intéressera à elle, et non pas, comme ce fut
le cas jusqu'à présent, par pitié, mais plein d'admiration, parce qu'elle aura triomphé de sa maladie
d'une façon magique et surnaturelle. Parmi les milliers et les milliers de patients américains qui s'adres-
sèrent durant vingt années au guérisseur Quimby,
aucun, peut-être, n'était aussi préparé pour une cure
psychique que Mary Baker.

On voit donc concourir ici un honnête désir de
guérir de la part du médecin et une volonté ardente,
titanique, d'être guérie, de la part de la malade. C'est
pourquoi, au fond, dès la première rencontre, la guérison est accomplie. La façon même dont cet homme

placide, grave, bienveillant, la regarde de ses yeux
gris et apaisants la calme déjà. Quel calme ainsi lui
procure la main fraîche qui lui caresse magnétiquement le front, et quelle détente, surtout, de pouvoir
lui parler de sa maladie, de le voir s'intéresser à son
« cas ». Ce dont a soif cette malade « incomprise »,
c'est de sollicitude. Des années durant, elle a été
habituée à voir tous ceux de son entourage dissimuler avec peine leurs bâillements d'ennui, quand elle
leur parlait de ses infirmités ; maintenant, pour la
première fois, elle est en face d'un homme qui prend
son mal au sérieux ; sa vanité est flattée par le fait
qu'on veut la guérir, elle, au moyen d'un principe spirituel, venant de l'âme ; enfin un être humain
cherche dans sa personnalité mésestimée des forces
psychiques et mentales. Confiante, elle écoute les
explications de Quimby, elle boit ses paroles, elle
questionne et on la questionne. Et son intérêt passionné pour cette méthode de guérison nouvelle lui
fait oublier sa maladie. Son corps oublie d'être paralysé ou d'engendrer la paralysie, ses crispations
cessent, le sang coule plus rouge dans ses veines, la
fièvre de son excitation pénètre dans ses organes
épuisés et accroît leur vitalité. Mais le brave Quimby,
lui aussi, a lieu de s'étonner. Habitué à ce que ses
patients, pour la plupart des ouvriers et des journa-
liers lourdauds, s'abandonnent, confiants, à sa suggestion, la bouche et l'âme ouvertes, et, une fois sou-
lagés, tendent leurs quelques dollars sans plus
penser à lui ni à sa méthode, il se voit soudain en face
d'une personne exceptionnelle, d'une femme de
lettres, d'une « autoress », qui aspire avec ferveur ses
paroles par tous ses pores ; d'une malade, enfin, qui
n'est pas bornée, mais passionnément curieuse, qui
veut non seulement guérir au plus vite, mais comprendre pourquoi et comment elle guérit. Le brave
et ambitieux horloger se sent flatté, lui qui, depuis
des années, lutte sérieusement, honnêtement, solitai-
rement, pour sa « science », lui qui jusqu'ici n'a
encore trouvé personne sur terre avec qui parler de

ses idées confuses et singulières. Voici qu'un bon
vent lui amène cette femme qui s'intéresse immédiatement aux idées psychiques avec toute l'ardeur de
sa vitalité reconquise : elle se fait raconter et expliquer par lui toute sa méthode, tout son traitement,
elle le prie de lui montrer ses notes, ses observations,
ses manuscrits, où il a griffonné plutôt maladroite-
ment ses vagues théories. Mais, pour elle, ces bouts
de papier deviennent des révélations : elle les copie
tous (ce détail est très important) feuille après
feuille, surtout cet écrit intitulé : « Questions et
réponses » qui constitue l'essence de la méthode et
de l'expérience de Quimby ; elle interroge, elle discute, elle tire du bon Quimby tout ce qu'il a à dire.
Avec la violence qui lui est particulière elle pénètre
dans ses idées et dans ses théories et y puise un
enthousiasme farouche et fanatique. C'est précisément cet enthousiasme de Mary Baker pour le traitement inventé par Quimby qui lui apporte la guérison. Cette nature égocentrique, qui ne s'était jamais
consacrée à rien ni à personne, dont l'érotisme avait
été désaxé par son sens hypertrophié du moi, dont
l'instinct maternel avait été étouffé par son égoïsme
surexcité, éprouve pour la première fois une passion
véritable, un engouement de l'âme. Et toujours une
passion élémentaire est la meilleure des soupapes
pour les névroses. Car c'est uniquement parce que
Mary Baker n'a pas su jusqu'ici diriger ses nerfs dans
des voies claires et droites que ses nerfs l'ont si mal
dirigée. Maintenant, pour la première fois, elle sent
son ardeur vitale contenue et dispersée se concentrer
si totalement en elle qu'elle n'a plus le temps de penser à autre chose ; et dès qu'elle n'a plus le temps
d'être malade, sa maladie disparaît. Elle décharge
librement sa vitalité refoulée dans une activité créatrice : Mary Baker, dans sa quarante et unième
année, a enfin découvert sa mission. A partir d'octobre 1862 cette vie faussée et désaxée a une direction et un sens.

    Un pieux délire s'empare de ce nouveau Lazare

ressuscité, de cette femme ramenée à la vie : l'existence lui paraît splendide depuis qu'elle a un sens. Ce sens, désormais, sera de parler à tous d'elle-même et de la nouvelle doctrine. Revenue chez sa sœur, elle est tout autre devant son ancien monde : elle est devenue intéressante, on s'occupe d'elle. Tout le monde la regarde avec étonnement, le village entier ne parle que de sa guérison miraculeuse. « Pour tous ceux qui me voient et qui m'ont connue jadis, je suis un monument vivant de votre force », écrit-elle triomphalement au maître. « Je mange, je bois, je suis gaie et je me sens comme une prisonnière évadée de sa geôle. » Mais il ne suffit plus à cette âme sans mesure d'être regardée curieusement par ses sœurs, ses tantes, ses parents, ses voisins — non, tout le pays, le monde entier doit apprendre la nouvelle, toute l'humanité doit connaître le merveilleux guérisseur de Portland ! Elle ne peut plus penser à autre chose ni parler d'autre chose. Dans la rue, elle obsède les gens connus et inconnus de ses récits passionnés, elle fait des conférences publiques sur les « cure principles » du nouveau sauveur, elle publie dans le *Portland Courier*, la feuille de chou provinciale, une description enthousiaste de sa « résurrection ». Tous les traitements, écrit-elle, magnétisme, hydrothérapie, électricité, avaient échoué, tous les médecins l'avaient condamnée, parce qu'ils ne connaissaient pas encore le vrai, le réel, le génial principe de guérison. « Ceux qui me soignaient croyaient qu'il y avait des maladies indépendantes du « mind », de l'esprit. Je ne pouvais être plus sage que mes maîtres. Maintenant seulement je peux comprendre, dans son ensemble, le principe qui régit l'œuvre du docteur Quimby, et ma décision se poursuit dans la mesure où je saisis cette vérité. Sans qu'il s'en doute, le patient est guéri par la vérité que le guérisseur fait pénétrer en lui, et le corps, dès qu'il est pénétré de lumière, ne peut plus être malade ! » Dans son enthousiasme délirant, dans son exagération fanatique, elle n'hésite pas à comparer le nouveau sau-

veur Quimby au Christ : « Le Christ guérissait les
malades, mais ce n'était point par des drogues et des
médicaments. Et puisque Quimby parle et guérit
comme jamais un homme n'a parlé ni n'a guéri avant
lui depuis Jésus, n'est-il pas la Vérité ? N'est-ce pas
Jésus lui-même qui vit en lui ? Quimby a soulevé la
pierre du tombeau de l'erreur afin que renaisse la
santé ; mais nous savons que la lumière luit dans les
ténèbres et que les ténèbres ne le savent pas ! »

Le *Portland Advertiser*, la feuille concurrente,
trouve ces comparaisons, appliquées à un ancien
horloger, quelque peu blasphématoires et se met
immédiatement à railler cet esprit fanatique. Déjà les
gens commencent à hausser secrètement les épaules
devant les extravagances de l'apologiste. Mais l'ironie et les sarcasmes, le doute et l'incrédulité, toutes
les résistances de la saine raison n'ont plus désormais de pouvoir sur l'âme grisée de Mary Baker.
Quimby et la guérison par l'esprit seront pendant des
années sa seule pensée, son seul sujet de conversation. Aucune digue de la raison ne pourra plus retenir ce torrent. La pierre roule et va entraîner une avalanche.

CHAPITRE V

PAUL PARMI LES PAÏENS

L'homme de l'idée fixe est toujours l'homme le plus fort. Tout ce qu'il tient emmagasiné en lui de vigueur, d'énergie, d'intelligence, de tension nerveuse, il l'emploie dans un même sens et obtient ainsi une force à laquelle le monde résiste rarement. Dans l'histoire de l'esprit, Mary Baker est le prototype de ces monomanes : à partir de 1862 elle n'a plus qu'une pensée, ou plutôt elle est possédée par cette pensée. Elle ne regarde ni à droite ni à gauche, elle avance, avance tout droit dans une seule et unique direction. Et elle ne s'arrêtera pas avant que cette idée de la guérison par l'esprit n'ait conquis sa patrie et tout l'univers.

Il est vrai qu'au début, dans la première griserie, elle ne sait pas encore nettement ce qu'elle veut. Elle n'a pas de système, pas de doctrine (elle ne les constituera que plus tard) ; elle n'est guidée que par sa reconnaissance fanatique envers Quimby et par la conviction qu'elle seule est appelée à proclamer sur terre l'apostolat du guérisseur. Mais son intention, sa volonté, suffisent pour changer de fond en comble, physiquement et moralement, cette épileptique, cette éternelle alitée. Sa démarche s'affermit, ses nerfs se tendent avec souplesse ; de la pauvre neurasthénique surgit, irrésistible, l'instinct réprimé, et avec lui une foule de véritables talents. En une nuit, le bas-bleu sentimental s'est mué en une femme de lettres habile et énergique, la martyre épuisée en une oratrice fougueuse, la malade geignante en une ardente propagandiste de la santé. Et plus elle acquiert d'autorité et d'influence, plus elle en veut, cette affamée, qui à cinquante et à soixante ans est plus vivante, plus active et plus solide qu'à vingt ans.

Cette transformation étonnante ne paraît pas enchanter outre mesure le docteur Patterson, le mari enfin revenu de captivité. Déjà avant il ne se sentait guère heureux auprès d'une épouse capricieuse, nerveuse, hystérique, toujours couchée et exigeant sans cesse qu'on s'occupât d'elle ; cependant il s'y était fait et supportait la chose patiemment. Mais à présent devant cette femme valide et prétentieuse, devant ce prophète et cet évangéliste fanatique, il recule craintivement. Mieux vaut payer deux cents dollars par an de pension et renoncer à la vie commune ; après quelques explications orageuses, il divorce et disparaît à jamais de la vie conjugale. La biographie rose, bien entendu, jette un voile sur cet épisode gênant, elle explique cette séparation en psalmodiant sur un ton moralisateur : « Ce n'était point une tâche facile que de diriger dans la bonne voie son beau mari si fruste, dont la nature pot-au-feu aspirait aux bagatelles et aux futilités de la vie sentimentale, et sur lequel la grâce et la lumière avaient bien peu d'effet. » Il est curieux de constater que la sœur, si longtemps secourable, ne s'aperçoit pas, elle non plus, de cette « grâce » et de cette « lumière » de « Mother Mary ». Elle non plus ne peut pas supporter les façons impérieuses et dominatrices de la malade soudain rétablie ; on en vient à des scènes violentes, qui obligent finalement Mary Baker à chercher un refuge ailleurs. A partir de ce jour, les deux sœurs ne se rencontrèrent jamais plus et l'intolérante femme rompait ainsi le dernier lien avec sa famille.

Voilà donc de nouveau Mary Baker seule au monde, à l'âge de cinquante ans, sans argent, sans métier, sans occupation : rien d'étonnant si sa misère devient bientôt terrible. Souvent elle n'est pas en état de payer le dollar et demi par semaine que coûte la chambre qu'elle occupe dans une sordide maison meublée ; pendant des années elle ne peut s'acheter ni robe, ni chapeau, ni gants. Pour se permettre la dépense la plus minime, elle est obligée d'économiser sou par sou. Avant de faire l'ascension la plus magnifique qu'ait connue une femme au XIXᵉ siècle, cette inflexible lutteuse pour l'absurde doit pendant des années encore endurer les plus grandes misères, subir les pires humiliations.

Il ne reste plus à Mary Baker, pour éviter la faim, qu'à vivre en pique-assiette, puisque toujours elle refuse avec une obstination hautaine tout travail ménager, « bana ». Jamais, durant ces années de pauvreté, elle n'a travaillé autrement qu'intellectuellement ni vécu pour autre chose que pour son idée. La preuve la plus admirable de son génie psychologique et de l'irrésistible puissance de suggestion de sa nature est le fait que sur son « sentier semé d'épines » (c'est ainsi que l'Evangile officiel dénomme ses années de vagabondage) elle rencontre toujours des hôtes bénévoles et pleins de vénération qui invitent la sans-asile à venir chez eux. Ce sont presque uniquement des gens pauvres, pauvres en argent et pauvres en esprit, qui, par un amour touchant pour les choses « supérieures », considèrent comme un honneur la fréquentation de cette étonnante prophétesse et la payent par le boire et le manger. On retrouve partout, disséminée dans le monde entier, dans chaque ville, chaque village, chaque hameau de notre globe terrestre, la même espèce (très sympathique) de gens au sentiment religieux confus, qu'émeut profondément et qu'occupe au milieu ou à côté de leurs travaux quotidiens le mystère de l'existence ; des gens croyants, mais pas assez forts pour se créer eux-mêmes une foi. Ces natures, presque toujours touchantes, pures, mais un peu faibles, qui réclament inconsciemment quelqu'un

pour les conduire et les guider, ont éternellement
constitué le meilleur terrain pour toutes les sectes et
doctrines néo-religieuses. Occultistes, anthropo-
sophes, spirites, scientistes, tolstoïens ou interprétateurs de la Bible, tous sont liés entre eux par le même
désir métaphysique, la même nostalgie obscure d'un
« sens élevé » de la vie ; tous deviennent les disciples
reconnaissants et dociles de ceux, créateurs ou charlatans, qui intensifient en eux la force mystique religieuse. On rencontre de ces gens dans les campagnes
comme dans les mansardes des grandes villes, dans
les hameaux alpins enfouis sous la neige comme
dans les villages russes, et le peuple américain apparemment réaliste est particulièrement riche en cellules religieuses de ce genre ; car la sévère foi protestante, se renouvelant infatigablement, ne cesse d'y
faire éclore de nouvelles sectes. Aujourd'hui encore
on y voit, serrés dans les villes gigantesques ou disséminés dans les plaines sans fin, des milliers et des
centaines de milliers d'êtres pour qui la Bible est
demeurée le livre unique et principal et son interprétation le sens véritable de la vie.

C'est auprès de ces natures mystiques et religieuses que Mary Baker trouve toujours un refuge au
cours de ses années de misère. Tantôt c'est un cordonnier qui, le soir, fatigué par son travail machinal
et paralysant l'esprit, veut apprendre quelque chose
de « supérieur » et traduire à l'aide de quelqu'un les
paroles de la Bible ; tantôt c'est une petite vieille
ratatinée que fait frissonner l'approche de la mort et
pour qui entendre parler d'immortalité est une
consolation. Pour ces êtres ingénus, obligés de vivre
dans une ambiance grossière, la rencontre avec Mary
Baker est un événement. Le soir, à table, devant un
maigre repas, quand elle leur parle de guérisons merveilleuses, ils l'écoutent avec une respectueuse
incompréhension. Et c'est avec vénération que
l'accompagnent leurs regards quand elle disparaît
dans sa mansarde pour travailler toute la nuit, à la
lueur vacillante de la lampe à pétrole, à sa « Bible »

mystérieusement annoncée. Peut-on refuser à cette messagère du Verbe, qui n'a nulle part de domicile dans le monde terrestre, un lit sous les toits, une table pour écrire, une assiettée de soupe pour l'empêcher de mourir de faim ? Comme les moines mendiants du Moyen Age, comme les pieux pèlerins russes, Mary Baker va de maison en maison ; mais jamais cette femme démoniaque, cette auto-possédée, ne se sent déshonorée ou obligée par l'hospitalité d'autrui ; jamais elle ne croit recevoir une aumône. Durant ces années de dépendance, personne ne lui a vu courber la tête ni perdre un instant le sentiment de sa dignité.

Mais nulle part elle ne demeure longtemps. Chez les pauvres ou les riches, dans les mansardes ou plus tard dans son palais de marbre, dans la misère ou la richesse, dans sa famille, chez les amis ou les étrangers, partout, au bout d'un bref délai, s'accomplit la loi tragique de son destin : la surtension de sa volonté fait éclater toute communauté. Son attitude autoritaire, son caractère tyrannique amènent inévitablement des discordes. Le conflit avec le monde est son sort, la guerre avec tous les hommes la conséquence inéluctable de sa nature dictatoriale ; le démon qui est en elle la chasse de porte en porte, de ville en ville, toujours plus loin ! Au cours de son odyssée à travers toutes les mers de la misère, elle trouve un abri, pour quelque temps, à Lynn, chez un certain Hiram Craft, savetier de premier ordre pendant le jour, raisonneur et métaphysicien le soir, à la façon de Hans Sachs et de Jakob Böhme. Elle a déjà réussi à le gagner à sa doctrine de guérison divine au point qu'il veut abandonner ses ressemelages et que paraît dans le journal de la localité une annonce faisant connaître que lui, docteur Hiram Craft, est à même de guérir toutes les maladies selon une méthode nouvelle et s'engage à rembourser leur argent à tous ceux qu'il n'aura pas rétablis. Mais la respectable épouse du futur docteur, qui doit continuer à nettoyer le fourneau, à faire la cuisine et la vaisselle, à coudre et à cirer les chaussures, cependant que l'intruse refuse orgueilleusement toute aide, en arrive à soupçonner que cette vieille femme décharnée veut, avec ses maudites fariboles, lui prendre son mari. Aussi, un jour, frappe-t-elle soudain sur la table en disant : « Elle ou moi ! » Et voilà de nouveau Mary Baker dans la rue, sans asile.

Ce qui se passe alors est plus que du roman. Mary Baker ne connaît personne qui veuille la recueillir. Elle n'a pas d'argent pour aller à l'hôtel, elle est brouillée avec sa famille, elle n'a jamais su se faire de vrais amis. Poussée par l'audace du désespoir, elle se dirige tout droit sur la villa d'une vieille dame, Sarah Wentworth, connue dans toute la ville comme maniaque et spirite passionnée. Elle frappe à la porte, Sarah Wentworth ouvre elle-même et lui demande ce qu'elle veut. Mary Baker répond que l'esprit lui a commandé de venir là, parce que c'est « a nice harmonious house ». Une vraie spirite peut-elle repousser un être envoyé par l'Esprit ? Sarah Wentworth dit donc simplement : « Glory to God ! Come right in ! » Et elle accepte l'inconnue chez elle pour une nuit. Mais Mary Baker ne reste pas seulement une nuit, elle reste des jours et des semaines, elle subjugue la vieille dame par l'éloquence flamboyante de ses discours, par la flamme ardente de son tempérament. En vain l'époux cherche-t-il à éloigner l'étrangère ; il n'arrive pas à vaincre (qui le pourrait ?) la volonté de Mary Baker ; finalement, de longs mois plus tard, son fils vient à son secours. Rentré à Amesbury, il trouve la maison de ses parents transformée en asile d'aliénés et son père accablé de désespoir. Le sang lui monte à la tête et, sans y aller par quatre chemins, il ordonne brutalement à Mary Baker de déguerpir. Elle commence par résister, car elle se sent depuis longtemps la maîtresse de la maison. Mais le jeune Wentworth est un gars énergique qui n'a rien d'un spirite ; sans se soucier de ses protestations furieuses, il entasse ses effets dans sa malle, charge celle-ci sur ses épaules

et la porte dans la rue. Voici de nouveau Mary Baker
seule et sans abri, au milieu de la nuit, sous une pluie
battante. Trempée jusqu'aux os, elle arrive chez une
autre spirite, une couturière, Miss Sarah Bagley ; elle
y trouve un refuge pour peu de temps, puis elle
repart encore, comme toujours. Dans aucune des
familles où on l'héberge, elle ne peut s'installer de
façon durable ; partout il se trouve bientôt un époux
ou un fils qui chasse l'hôte despotique. Cet affreux
martyre, ces pérégrinations de maison en maison, de
porte en porte, durent quatre longues années.

Ce que Mary Baker, pendant ces quatre années, a
souffert d'humiliations, son autobiographie ainsi
que l'ouvrage officieux le passent sous silence : folle
erreur ! Car c'est précisément l'attitude supérieure de
Mary Baker dans le plus profond dénuement qui lui
prête une grandeur humaine. Rien ne prouve mieux
la fermeté de son caractère, son énergie opiniâtre et
forcenée, que cette fureur sacrée qui la rend insensible aux prétentions grossières des hommes et à
leurs coups. Son être intime est à tel point pénétré
et rempli par sa propre idée qu'elle n'a de place ni
de pensée pour rien d'autre. Bien que traquée de
toutes parts, torturée par des soucis d'argent, elle
n'interrompt pas un seul jour l'étude fanatique et la
mise au point de son sujet. Elle traîne de rue en rue,
dans sa valise vulgaire et ridicule, les feuilles déjà
jaunies et froissées de son précieux manuscrit ; jour
et nuit elle écrit, modifie, corrige chaque page, avec
cette hallucination au travail que tout artiste, tout
créateur intellectuel ne peut qu'admirer sans réserve.
Cent fois elle a lu et commenté ces textes à des cordonniers, des serruriers, de vieilles femmes, toujours
dans l'espoir que sa pensée était enfin devenue intelligible, sa doctrine compréhensible. Mais elle ne
trouve personne qui la comprenne vraiment.

Petit à petit cette grossesse pénible devient un supplice. L'idée, elle le sent, est mûre et veut sortir, et
pourtant, en dépit de son énervement et de ses crises
enragées, elle ne peut la mettre elle-même au monde.

Car la connaissance mystérieuse de sa nature intime lui a révélé que l'art de guérir lui était refusé. Pour être un guérisseur, un « healer », un « practitioner », il faut du calme, de la méditation, de la patience, et cette force de concentration salutaire et réconfortante qu'elle-même a éprouvée de façon exemplaire chez son maître Quimby. Elle ne peut apporter l'apaisement, elle qui est un être inquiet par excellence. Elle peut exalter, enflammer les esprits, mais non calmer la fièvre ni soulager la douleur réelle. Il lui faut trouver quelqu'un, un intermédiaire, un auxiliaire, un principe viril, qui transforme sa doctrine en résultat. Depuis des années, elle cherche activement cet homme à qui elle pourra insuffler sa foi brûlante, afin que lui, froidement et calmement, exécute ses prescriptions. Mais en vain. Cet imbécile d'Hiram Craft, ce cordonnier lourdaud, dont elle avait péniblement forcé le crâne obtus, a préféré rester auprès de son idiote de femme ; les autres à qui elle a voulu communiquer sa force, Sarah Bagley et Mrs. Crosby, étaient des cœurs paresseux, sans le moindre élan sacré de conviction et par conséquent incapables de persuader autrui. Dans toutes ces maisons d'ouvriers et de petits-bourgeois, elle n'a pu trouver celui qu'elle cherchait. Elle s'adressera donc au grand public. Le 4 juillet 1868, elle fait insérer dans la revue spirite *Baner of ligth*, entre d'obscurs chiromanciens, voyants, sectaires, astrologues et tireuses de cartes, sa première annonce, offrant d'enseigner à n'importe qui, contre paiement, le grand mystère du traitement psychique. Reproduisons ici textuellement cet appel historique, première fanfare d'une guerre qui n'est pas encore terminée aujourd'hui :

ANY PERSON *desiring to learn how to teach the sick, can receive from the undersigned instruction, that will enable them to commence healing on* a principle of science *with a success far beyond any of the present modes. No medicine, electricity, physiology or hygiene required for unparalleled success in the most difficult cases. No pay is required unless the skill is obtained.*

Address Mrs. MARY B. GLOVER
Amesbury, Mass. Box 61.

Mais il ne semble pas qu'on lui ait répondu. Douze mois, vingt-quatre mois d'une vie inutile s'écoulent encore. Enfin, dans sa cinquantième année, elle réussit à dénicher quelqu'un. Certes, il est déplorablement jeune, ce saint Jean l'Evangéliste ; il a à peine vingt et un ans, il est ouvrier cartonnier et s'appelle Richard Kennedy. Elle aurait plutôt voulu, pour ce qu'elle veut faire, un homme plus robuste, plus âgé, plus imposant. Mais cette femme a déjà gaspillé les trois quarts de sa vie, il ne lui reste plus assez de temps pour attendre et choisir. Et puisque les adultes ne l'écoutent pas, puisqu'ils sont tous trop prudents, trop méfiants, trop calculateurs, puisqu'ils raillent ses projets audacieux, elle met sa dernière carte sur cet enfant. Elle l'a connu il y a deux ans chez Mrs. Wentworth ; ce garçon modeste a attiré son attention parce qu'il était le seul à l'écouter religieusement quand elle parlait de sa doctrine (et elle ne peut parler de rien d'autre, jour après jour, nuit après nuit). Peut-être ce petit bonhomme insignifiant n'a-t-il pas mieux compris que les autres ce que disait d'une voix vive et ardente cette femme étrange et fanatique sur le « mind » et la « materia ». Quoi qu'il en soit, lui, au moins, l'a écoutée avec respect, et elle s'est sentie heureuse. Il est le premier qui croie réellement en elle et en sa doctrine.

Ce jeune homme a vingt et un ans et elle cinquante. Elle lui fait la proposition, qui n'est pas sans l'étonner, d'ouvrir une clinique où les gens seront traités d'après la méthode infaillible qu'elle a inventée. Bien entendu, le petit cartonnier ne dit pas non. Il n'y a aucun risque pour lui à quitter sa blouse d'ouvrier et à se transformer sans études acadé-

miques en médecin universel ; au contraire, il se sent
fort honoré. Avant d'aller à la conquête du monde,
ce couple singulier signe en toute hâte un contrat
commercial en règle : Mary Baker s'engage à enseigner sa « science » à Richard Kennedy, et lui, en
échange, promet de subvenir à son entretien et de lui
céder la moitié des revenus de son officine. Un papier
timbré représente donc de ce fait le premier document historique de la Christian Science. A partir de
ce moment, les principes métaphysique et matériel,
le Christ et le Dollar, restent indissolublement liés
dans l'histoire de cette religion américaine.

Puis les deux associés font leur malle — une petite
malle qui contient tout leur avoir — et réunissent à
grand-peine l'argent avec lequel il faudra faire face
aux dépenses du premier mois. On ne sait pas au
juste le chiffre de ce capital initial ; peut-être vingt
dollars, peut-être trente ou cinquante, en tout cas, il
n'était pas élevé. Avec cette faible somme, ils
émigrent à Lynn, la petite ville voisine, elle, une
femme aux cheveux gris, lui, un adolescent à la barbe
naissante. Une des plus extraordinaires aventures de
l'esprit, un des plus vastes mouvements des temps
modernes a commencé.

CHAPITRE VI

PORTRAIT

Maintenant qu'après avoir passé d'interminables années dans l'ombre des fermes et des mansardes, Mary Baker apparaît enfin à la lumière, jetons un regard rapide sur sa personne. Un grand corps décharné, aux contours anguleux, rappelant par sa ligne sévère et masculine cette autre femme volontaire, la plus volontaire de notre siècle, Cosima Wagner. Des mouvements fougueux ; une allure trépidante, des mains nerveusement agitées, et, dans la discussion, une nuque impérieusement tendue, comme si cette femme portait casque et épée. Rien de féminin chez cet être dur comme l'acier américain, si ce n'est les cheveux châtains, épais, séparés au-dessus du front lisse en deux sombres torrents qui rejaillissent en ondes chaudes sur les épaules : à part cela, aucune douceur, aucune finesse. Son vêtement vient encore souligner ce qu'il y a en elle de masculin et de monacal. Boutonné avec une sévérité puritaine jusqu'au menton, orné d'une sorte de guimpe pastorale, ce froc factice dissimule toutes les formes féminines sous des noirs implacables ou des gris indifférents. Comme seule parure, s'opposant également à tout ce qui est sensuel, une grande croix d'or menaçante. Il est difficile de s'imaginer une femme à l'attitude aussi austère fondant en douceur amou-

reuse ou s'abandonnant à la tendresse maternelle ;
on ne voit pas ses yeux extraordinairement ronds,
d'un gris profond, refléter la gaieté, la nonchalance
ou le rêve. Tout, dans cet être d'un orgueil royal et
en même temps d'une sévérité de duègne, signifie
impétuosité, volonté, décision, énergie accumulée,
concentrée. Même devant la photographie, on sent
encore peser sur soi l'énorme force de suggestion du
regard dominateur de cette Américaine.

Mary Baker paraît (ou se force à paraître) aussi
imposante, aussi sûre d'elle-même, chaque fois
qu'elle se trouve en face de l'objectif du photographe,
qu'elle parle en public, qu'elle se sent observée. Ce
qu'elle fut vraiment, en tête à tête avec elle-même
dans sa chambre, nous ne pouvons que le deviner
par des indiscrétions de ses intimes. Car sous ce
masque d'acier, sous ce front poli et luisant, vibrent
ardemment des nerfs terriblement tendus et surexcités : cette prédicatrice irrésistible, qui, dans des
salles immenses, sait infuser à des milliers de
malades et de désespérés la foi en la santé et une vitalité nouvelle, est elle-même, derrière sa porte verrouillée, une convulsionnaire et une neurasthénique
en proie à toutes sortes de phobies. Une volonté de
fer commande à un système nerveux faible comme
une toile d'araignée. Le plus léger choc met en danger cet organisme hypersensible. La moindre
influence hypnotique paralyse son énergie, la dose la
plus infime de morphine suffit à l'endormir, et des
démons terribles se livrent combat en cette héroïne
et cette sainte : la nuit, ceux qui habitent avec elle
sont parfois réveillés en sursaut par des appels au
secours perçants et doivent calmer la femme délirante en recourant à une foule de remèdes mystérieux. Sans cesse elle est en proie à de curieux accès
de nerfs. Elle erre, alors, hagarde, à travers les pièces
et décharge en cris farouches et en convulsions ses
tortures mystiques, que personne ne comprend, et
elle moins encore que tous les autres. Trait typique
chez elle et chez beaucoup d'autres guérisseurs

d'âmes : la magicienne qui a obtenu des milliers de guérisons n'a jamais pu se guérir elle-même totalement.

Mais ce qu'il y a de pathologique dans sa nature ne se révèle que derrière des portes closes, dans l'intimité la plus secrète. Seuls ses compagnons les plus fidèles savent ce que lui coûtent pendant des dizaines d'années ses apparences de fermeté et d'inflexibilité. Car au moment où elle doit se montrer en public, ses forces éparses se rassemblent d'un seul coup ; dès qu'il s'agit de son instinct originel, de son désir illimité de s'imposer, une énergie flamboyante jaillit soudain de son cerveau dans ses muscles et ses nerfs, comme le courant électrique dans le filament de la lampe, et inonde tout son être d'une fascinante lumière. Quand elle sait qu'elle doit dominer les individus, elle se domine elle-même et devient dominante : l'effet imposant de son extérieur, de même que son intelligence, son éloquence, sa littérature, sa philosophie, n'est pas un don naturel, mais un produit de sa volonté, un triomphe de son énergie créatrice. Lorsqu'elle veut arriver à quelque chose, elle bouleverse les lois de la nature dans son corps, se dresse impérieusement contre la « chronology », la norme du temps d'ordinaire inexorable. A cinquante ans elle en paraît trente, à cinquante-six elle conquiert un troisième mari, et même à l'âge d'une arrière-grand-mère nul, à l'exception de son secrétaire privé, ne la voit décrépite. Jamais son orgueil ne se laissera prendre en défaut ; le monde ne doit la voir que dans le décor de sa force totale.

Un jour elle est étendue dans son lit, pauvre vieille âgée de quatre-vingts ans, édentée, sans force, les joues creusées par l'insomnie, les nerfs vibrants d'angoisse, le corps martyrisé par les convulsions, lorsqu'on lui annonce l'arrivée de pèlerins venus de tous les coins de l'Amérique pour lui rendre hommage. Immédiatement l'orgueil vient secouer son malheureux corps. Et sur ses ordres on revêt — telle une poupée — l'octogénaire tremblotante d'habits somptueux, on lui farde les joues, on la met debout sur ses jambes rhumatisantes et on la pousse pas à pas, prudemment, comme si elle risquait de se casser, jusqu'au balcon. A peine est-elle là, au-dessus de la foule fervente, qui se découvre avec vénération, que sa nuque se redresse fièrement, que les paroles, ailées et ardentes, jaillissent de ses lèvres fanées ; que les mains cramponnées, il y a un instant, aux barreaux de fer, pour chercher un appui, s'élancent comme des oiseaux en pleine liberté ; que le corps caduc se tend au souffle de son propre verbe ; qu'une force impétueuse envahit l'oratrice campée comme une souveraine. En bas les pèlerins lèvent des yeux brillants et tremblent devant ce déchaînement élémentaire de flamboyante éloquence. Et dans tout le pays ils parleront de la fraîcheur juvénile, de la force, qu'ils ont vue personnellement, de cette femme prouvant qu'elle a vaincu la maladie et la mort. Cependant la foule ne s'est pas encore éloignée que déjà derrière la porte du balcon on traîne péniblement vers son lit une pauvre vieille complètement usée. Ainsi, par son ardeur spirituelle, Mary Baker trompe non seulement ses contemporains, mais la nature elle-même, sur son âge, ses maladies et ses infirmités ; à l'heure décisive elle réalise toujours extérieurement ce qu'en son for intérieur elle voudrait être la vérité. Ce n'est donc point un hasard que la foi proclamant la volonté humaine plus forte que la maladie et la mort soit issue d'une âme aussi ferme dans un corps aussi fragile ; ce n'est point non plus un hasard que cet apostolat de la toute-puissance de la volonté soit venu du pays, qui, il y a un siècle, défrichait encore ses forêts et transformait ses déserts en villes géantes. Et si l'on voulait rendre par une image cette énergie de fer américaine se raillant totalement du mot « impossible », je ne connaîtrais pas de symbole plus frappant que la nuque hautainement tendue et les yeux magnifiquement décidés, qui défient l'invisible, de cette femme, la moins féminine de toutes les femmes.

CHAPITRE VII

LA PREMIÈRE PHASE

La lutte grotesque et héroïque de la Christian Science contre la science officielle commence sous forme d'idylle, de vaudeville petit-bourgeois.

A Lynn, petite ville banale de cordonniers où jadis Mary Baker a tenté de faire du brave savetier Hiram Craft un docteur de la thérapeutique nouvelle, habite une gentille institutrice, Miss Susie Magoun. Elle a pris en location, pour son école privée, une maison dont le premier étage doit servir de salle de classe ; elle cherche à sous-louer le deuxième. Un soir de l'année 1870, se présente un jeune homme qui a l'air d'un gamin. Comment pourrait-il en être autrement ? Richard Kennedy, le visiteur, n'a que vingt et un ans ! Il s'incline modestement et demande à l'institutrice d'une voix un peu rauque si elle veut louer les cinq pièces libres à un médecin. « Volontiers, répond Miss Magoun, sans doute cherchez-vous un cabinet de consultations pour monsieur votre père ? » Le jeune homme devient cramoisi : « Non, explique-t-il, le docteur, c'est moi-même et les cinq pièces me sont nécessaires pour mon travail, d'autant plus que je suis accompagné d'une dame d'un certain âge qui "écrit un livre". » Miss Magoun considère tout d'abord le jouvenceau, un peu étonnée. Mais Lynn est en Amérique, et l'Amérique ne

connaît pas notre préjugé académique et bureaucra-
tique à l'égard de la jeunesse. Là-bas on regarde un
homme dans les yeux ; et comme le regard de ce
jeune garçon est clair et franc, et qu'il a une allure
propre et décente, finalement l'institutrice consent.
Les nouveaux locataires emménagent dès le lendemain. Ils n'ont pas beaucoup de bagages, pas beaucoup de meubles à monter : deux lits qu'ils n'ont pas
payés très cher, une table, quelques chaises, à part
cela, rien que des choses de première nécessité. Ils
ne doivent pas être bien riches ; la preuve, qui saute
aux yeux, c'est que le jeune médecin est tout d'abord
obligé de travailler comme manuel, de coller lui-
même la tapisserie, de nettoyer et de balayer les
pièces. Ensuite, date historique — juillet 1870 — le
jouvenceau de vingt et un ans accroche un écriteau
à un arbre devant la maison : « Dr Kennedy ». Le
premier cabinet de consultations de la Christian
Science est ouvert.

Accrocher un écriteau à un arbre et s'octroyer carrément le titre de docteur n'avait alors rien d'extraordinaire dans un pays qui tolérait encore libérale-
ment ces auto-promotions. Ce qui est étonnant, c'est
la suite de cette énergique façon d'agir : dès la première semaine, quelques patients se présentent chez
le « docteur » fraîchement installé. Chose plus étonnante encore : ils ne paraissent pas mécontents de
son art, car la deuxième semaine la clientèle arrive
plus nombreuse et la troisième elle augmente
encore. A la fin du mois de juillet se produit le premier miracle de la Christian Science : le docteur
Kennedy peut avec ses revenus payer son terme à
temps. Miracle sur miracle : la courbe du succès
monte toujours plus vivement de semaine en
semaine ! En août, les patients font déjà queue
dans l'antichambre, en septembre la classe de
Miss Magoun est transformée provisoirement en
salle d'attente. La Kennedy and Baker Company avec
sa méthode de guérison a pris comme au lasso toute
la clientèle des médecins de Lynn. Des dizaines de

patients accourent journellement pour essayer la
« cure » nouvelle. A nous qui connaissons déjà le
traitement de Quimby, celui de Kennedy ne paraît
pas très neuf, car il répète jusque dans les moindres
détails la méthode de suggestion du brave horloger
de Portland. Tout comme l'autre, le docteur-cartonnier Kennedy s'assoit en face de ses patients, leur
passe sur les tempes ses doigts humides et débite
toute la litanie métaphysique que lui a serinée sa
maîtresse : « L'homme est divin, et Dieu ne veut pas
le mal, donc, tout le mal, la souffrance et la maladie
ne peuvent vraiment exister. Ce ne sont là que des
représentations mentales, des erreurs dont il faut se
libérer. » Usant de l'obstination manique et tenace
que Mary Baker lui a insufflée, il énonce et répète
sans fin ses formules aux malades avec autant de
conviction que s'il possédait un pouvoir illimité sur
leurs souffrances. Et l'assurance de cet homme sympathique, au regard clair, dont la simplicité inspire
confiance, exerce en réalité sur la plupart de ses
clients une influence libératrice. Les gens du peuple,
les cordonniers, les petits employés et fonctionnaires
qui viennent chez lui se sentent débarrassés de leurs
souffrances au bout de quelques heures ; toute une
foule de malades abandonnés depuis longtemps par
la médecine, une tuberculeuse, un paralytique
— pourquoi nier ou déformer les faits — doivent à
cette « cure métaphysique » un soulagement
momentané ; certains assurent même être très entièrement guéris. Bientôt, dans les quatre-vingts ou
cent rues de Lynn, on ne parle plus que de Kennedy,
du nouveau docteur, un fameux bonhomme qui ne
vous tourmente pas avec des instruments, qui ne
vous donne pas de drogues et de mixtures toujours
hors de prix et qui, lorsqu'il ne vous fait pas de bien,
ne vous fait tout au moins pas de mal. Un malade
conseille à un autre de tenter, ne fût-ce qu'une fois,
la méthode « mentale » toute neuve. Le résultat est
bientôt là, indiscutable. En quelques semaines, la
science nouvelle a remporté à Lynn une victoire

brillante, on considère et on célèbre le docteur Kennedy comme un type tout à fait extraordinaire.

Jusqu'ici on ne nomme et on ne vante que lui. Personne, à Lynn, ne se doute que dans la coulisse se tient une femme déjà âgée, mais encore solide, d'où part, en vérité, ce courant de volonté, que seule son énergie concentrée fait mouvoir comme un pantin le jeune praticien, que chacune de ses paroles lui vient d'elle, que chacun de ses gestes est calculé et prescrit par elle. Car pendant les premières semaines Mary Baker reste absolument invisible. Elle vit comme un hibou, muette et grise, toute la journée dans sa chambre, ne cessant de travailler à son livre mystérieux, à sa « Bible ». Jamais elle n'entre dans le cabinet de consultations de son « Golem », rarement elle échange un mot avec les habitants de la maison ; seule une ombre étroite et silencieuse se glisse parfois entre deux portes, comme un fantôme, à l'étonnement des malades. Mais chez Mary Baker le désir de s'imposer est trop puissant pour lui permettre de demeurer longtemps à l'arrière-plan : elle ne peut, ne veut rien partager avec les autres ; surtout pas le succès. La femme raillée, ridiculisée, bafouée depuis des années, voit, avec surprise et émotion, se confirmer par des exemples vivants la valeur pratique de sa méthode ; elle est transportée d'extase devant ces résultats inespérés ; la pierre qu'elle a ramassée par hasard sur sa route tragique était vraiment une « pierre philosophale », douée du pouvoir magique d'attirer les âmes et de soulager les souffrances. Elle doit alors avoir senti monter en elle un peu de l'enthousiasme étourdissant, de la joie farouche de l'ingénieur, qui a construit en théorie une machine dans son bureau et qui, des années plus tard, la voit fonctionner avec précision et efficacité ; un peu de la félicité du dramaturge, qui voit soudain son œuvre écrite représentée par des hommes et agissant sur des hommes. A cet instant déjà, un pressentiment des possibilités incalculables contenues dans ce début doit avoir illuminé son âme ravie. Quoi qu'il en soit, à partir de ce premier gage de succès, Mary Baker ne supporte plus l'obscurité. Doit-elle vraiment confier ce grand mystère à un seul, à un Kennedy ? Sa découverte doit-elle se limiter à Lynn ? Non, la nouvelle révélation du mystère de la foi par lequel le Christ, jadis, a ressuscité Lazare et guéri les lépreux, sa méthode divine doit être annoncée comme un Evangile à toute l'humanité ! Mary Baker, extatique, reconnaît sa mission nouvelle et véritable : enseigner et évangéliser ! Et immédiatement elle décide d'enrôler des apôtres, des disciples qui porteront d'un bout à l'autre du monde sa doctrine de « l'inexistence de la maladie », comme saint Paul, jadis, le message du Christ.

Sans doute, ce premier élan de Mary Baker-Glover était honnête et pur ; mais bien que sincère jusqu'au fond de son être comme seul pouvait l'être un prophète de Samarie et de Jérusalem, l'Américaine qu'elle est reste immuablement américaine, fille d'un siècle d'affaires. Heureuse et impatiente de pouvoir enfin communiquer au monde le « mystère » libérateur, son esprit pratique ne songe même pas une demi-minute à transmettre gratuitement à l'humanité cette sagesse et ce bonheur ; au contraire, elle prend aussitôt des précautions légales et se fait octroyer un brevet pour l'exploitation de sa « découverte » bouleversante de l'immatérialité du monde, tout comme s'il s'agissait d'une fusée d'obus ou d'un frein hydraulique. La métaphysique de Mary Baker pèche curieusement dès le commencement : notre corps, nos sens ne sont pour elle qu'apparence ; mais les billets de banque, elle les accepte volontiers comme réalités. Dès la première heure, elle voit dans son inspiration supraterrestre un moyen excellent de frapper, en proclamant l'« irréalité du mal », une monnaie tout à fait réelle. Tout d'abord, elle fait imprimer des cartes, pour ainsi dire commerciales :

Mrs. M. GLOVER
Teacher of
Moral Science

« Moral Science », car à ce moment-là, en 1870, elle n'a pas encore trouvé le terme définitif et sauveur de « Christian Science ». Elle n'ose pas encore faire reculer son horizon jusqu'au domaine religieux et céleste ; elle croit encore honnêtement et sincèrement enseigner un nouveau système efficace de guérison naturelle, la méthode de Quimby perfectionnée. Elle n'a que l'intention de préparer des médecins de son système « mental », des « practitioners » capables, et cela en donnant un cours de six semaines. Comme honoraires pour son « initiation », pour l'enseignement de sa méthode, elle fixe d'abord une somme forfaitaire, cent dollars (qui s'élèveront plus tard à trois cents) plus — clause prudente et habile — l'engagement pour l'initié de lui verser 10% des revenus que lui procurera la pratique de son art. On le voit, dès la première heure du premier succès s'éveille chez cette femme, jusqu'alors inadaptée à la vie, en même temps qu'une alerte énergie, un appétit d'argent intense et à jamais insatiable.

Les élèves ne se font pas attendre longtemps. Quelques-uns des patients guéris par Kennedy, plusieurs cordonniers, employés de magasin et paysans, quelques femmes oisives, sont tentés par cette affaire. Pourquoi ne risquerions-nous pas cent dollars, pensent ces braves gens, pour apprendre chez Mrs. Mary Baker-Glover, qui nous rend la chose si facile, l'art de la médecine en six semaines, alors que les autres, ces docteurs naïfs, traînent pendant cinq ans dans les universités et se tourmentent Dieu sait comment ? Ce genre de médecine ne doit pas être bien difficile, si cet ouvrier cartonnier de vingt et un ans l'a appris — un freluquet qui empoche maintenant plus de mille dollars par mois. D'ailleurs, cette bonne Sibylle n'exige aucune instruction préalable, ni latin ni autres farces : pourquoi ne pas choisir cette université, la plus commode de toutes ? Un candidat plus prudent, avant de risquer ses cent dollars, et pour parer à toutes les éventualités, s'informe auprès du professeur si l'étudiant ou « healer » ne doit quand même pas avoir une certaine connaissance de l'anatomie. Mary Baker répond fièrement et hardiment : « Non, pas du tout, ce serait plutôt un obstacle, car l'anatomie appartient à la connaissance (science terrestre), tandis que la "Science" mentale appartient à Dieu » ; sa mission à elle est précisément de détruire la connaissance (knowledge) par la « Science ». Cela suffit à tranquilliser même le plus hésitant ; bientôt une douzaine de ces cordonniers aux fronts étroits et aux larges épaules s'assoient sur les bancs de l'école métaphysique. En vérité, Mary Baker ne leur rend pas la « Science » difficile : elle leur donne d'abord douze leçons, puis leur fait copier et apprendre par cœur un manuscrit intitulé « Questions et Réponses », qui, au fond — elle le niera désespérément plus tard ! — n'est toujours que l'ancienne copie du questionnaire du père Quimby. Après la dernière leçon elle octroie aux braves savetiers ou calicots le titre de « docteur » : la promotion est accomplie, un nouveau particulier peut attacher un écriteau à un arbre et se mettre bravement à guérir.

On peut raconter les faits aussi objectivement que l'on veut, ces cours et ces promotions ne sentent pas moins la farce et le ridicule. Mais là nous touchons à un point essentiel dans la nature de cette femme étonnante : le sens du ridicule lui manque totalement. Elle a une telle confiance en soi, elle est à un tel point enfermée et ancrée dans ses convictions, que jamais, au grand jamais, un argument de la raison ne peut atteindre ses nerfs et son cerveau. Sa « logique » étroite est plus forte que la logique courante. Ce qu'elle dit est vrai, ce que disent les autres est mensonge. Ce qu'elle fait est irréprochable, ce qu'en pensent les autres lui est indifférent ; ravie d'elle-même, elle traverse irrésistiblement comme un tank blindé tous les fils barbelés de la réalité. C'est bien cette inaccessibilité à la raison qui engendre son pouvoir passionné, frénétique et incomparable d'enseigner l'absurde. Et en même temps qu'augmente son succès se développent son orgueil et son despotisme. Depuis que Mary Baker a réussi à guérir des malades selon sa méthode, depuis que du haut de sa chaire elle a vu les regards rayonnants, émus, soumis, de ses élèves dévoués, le sang afflue avec tant de force aux tempes et au cœur de cette femme que de sa vie elle n'entendra plus une seule objection.

Cette fierté de soi nouvellement acquise transforme sa nature en quelques semaines jusqu'au plus profond d'elle-même. Cette femme qui était hésitante devient impérieuse ; après avoir traîné pendant des années dans la cale de la vie, comme un objet inutile, elle se dresse maintenant debout sur la passerelle, le gouvernail en main. Elle qui pendant si longtemps a été condamnée à l'impuissance éprouve la griserie la plus dangereuse, celle du pouvoir sur les hommes. Enfin la glace dans laquelle elle était prise a fondu, enfin la pauvreté a desserré ses griffes meurtrières : pour la première fois depuis cinquante ans, elle ne vit pas de l'argent d'autrui, mais de celui qu'elle a gagné elle-même. Enfin elle peut se débarrasser de ses guenilles rapiécées, usées, suintant la misère, et draper sa haute silhouette, à présent imposante, dans une robe de soie noire. Le sentiment de sa valeur a électrisé celle qui pendant si longtemps avait été tenue de vivre à l'écart. La femme qui fut vieille à vingt ans devient jeune à cinquante.

Mais, vengeance mystérieuse, cette transfusion si soudaine d'un sang jeune et vigoureux, ce déploiement et ce rajeunissement violents ont aussi leur danger. Car bien que prophétesse, annonciatrice et initiatrice, Mary Baker est restée femme intérieurement ou plutôt elle l'est devenue. Une chose imprévue se produit. Ce jeune Kennedy, ce garçon insignifiant, son élève, a fait triompher sa méthode avec une rapidité surprenante. En tant que « healer », il a réalisé tout ce que le professeur pouvait attendre de son disciple : il a même dépassé de beaucoup toutes les espérances ; pendant deux ans, leur association a marché d'une façon excellente et un compte en banque prouve l'habileté, l'honnêteté, le zèle infatigable du « practitioner ». Mais fait singulier, au lieu d'être satisfaite du succès personnel de Kennedy, elle commence instinctivement à se dresser contre lui. Un sentiment dont la sévère puritaine n'a sûrement jamais osé se rendre compte fait qu'elle s'irrite de plus en plus en présence de Kennedy ; peu à peu son attitude affective envers lui se transforme en hostilité secrète (défense déguisée, dirions-nous en psychologie). Elle n'a pourtant rien à lui reprocher. Ce bon jeune homme reste toujours vis-à-vis d'elle poli, dévoué, soumis et reconnaissant ; il a comblé tous ses espoirs — du moins tous ceux qu'elle a mis consciemment en ce jeune homme charmant et sympathique. Mais il semble que son subconscient, que l'instinct charnel et physiologique de la femme vieillissante, échappant au contrôle de sa volonté consciente, attend encore autre chose de lui. Certes, il est envers elle aimable et gentil, mais c'est tout ; il est d'ailleurs ainsi envers toutes les femmes. Quelque chose (jamais son puritanisme n'avouera ce que c'est) s'exaspère secrètement contre lui, dans l'âme de la femme de cinquante ans, qui a inscrit au-dessus de sa porte ces paroles de la Bible : « Thou shall have no other Gods before me. »

Ce qu'elle attend de son disciple et qui ne vient pas est clair : la femme qui est en elle réclame la même admiration que l'initiatrice, sans oser le lui faire soupçonner ni le soupçonner elle-même avec franchise. Mais les sentiments masqués et refoulés se déchargent presque toujours en symptômes, quels qu'ils soient. Et puisque Kennedy, qui ne brille pas par l'intelligence, ne devine toujours rien ou ne veut rien deviner, la tension dissimulée éclate soudain sous forme de haine — une haine brutale et farouche — sentiment complémentaire de l'érotisme. Un soir qu'ils jouent gentiment aux cartes avec Susie

Magoun, qui s'est mariée entre-temps, et que Kennedy gagne, Mary Baker explose. (Même aux cartes, la femme orgueilleuse ne supporte pas qu'un autre ait le dessus.) Elle a une attaque de nerfs ; elle jette les cartes sur la table, accuse Kennedy d'avoir triché et le traite devant témoins de filou et d'escroc.

Le brave Kennedy qui, lui, n'est pas du tout hystérique, agit comme eût agi tout honnête homme. Il monte sur-le-champ dans l'appartement commun, prend le fameux contrat dans le tiroir, le déchire, jette les morceaux au feu et déclare l'association dissoute à jamais. Là-dessus, Mary Baker a une crise d'hystérie et s'évanouit aussitôt. Mais le « docteur » Kennedy, à qui, comme le dit avec des sanglots désespérés la « biographie rose », « elle avait enseigné les notions physiquement insaisissables et impénétrables de la vérité plus profondément et d'une façon plus détaillée qu'à aucun autre disciple », ce brave Kennedy semble avoir appris entre-temps un peu de médecine pratique. Il ne prend pas l'évanouissement au tragique et quitte tranquillement l'hystérique étendue à terre. Le lendemain, il fait froidement ses comptes, dépose devant elle sur la table six mille dollars, sa part des revenus de la Compagnie pendant deux années, prend son chapeau et va ouvrir un cabinet à son nom.

Cette brusque séparation représente peut-être le moment le plus décisif de la vie de Mary Baker. Ce n'est ni son premier ni son dernier conflit avec quelqu'un qui partage sa vie, car ces ruptures violentes, forcément provoquées par son intolérance despotique, se reproduisent sans cesse au cours de toute son existence. Irrémédiablement esclave de son autoritarisme, elle s'est brouillée avec tous ses proches : son mari, son fils, son beau-fils, sa sœur, ses amis. Mais, cette fois, elle était blessée au plus profond et au plus obscur de son être, dans sa féminité. On ne se rend compte qu'après coup de l'intensité du sentiment putipharien de cette femme sur le retour pour son disciple ; on ne s'en aperçoit que par sa

haine mortelle, qui hurle, déferle, se tord en folles
convulsions, s'exaspère jusqu'à la démence, et que,
petit à petit, en véritable hystérique, elle développe
jusqu'à l'abstrait et porte au zénith de son univers. A
la pensée que ce Kennedy, ce zéro qu'elle a tiré de sa
cartonnerie, peut continuer à vivre tranquillement
sans elle, qu'il poursuit sans son aide, dans une rue
voisine, avec le plus grand succès, la méthode serinée
par elle, à cette pensée son orgueil se déchaîne en
folie furieuse. Abîmée dans un désespoir diabolique,
les mâchoires serrées, elle ne fait que se demander
sans cesse quel moyen elle emploiera pour anéantir
l'infidèle et reprendre à son ex-associé la « Science »
qu'elle lui a enseignée. Pour le démasquer, il faut
qu'elle prouve à ses partisans par un moyen quelconque que ce traître à son cœur est en même temps
un traître à la vérité, que sa méthode est fausse,
qu'elle est une « mental malpractice ». Mais, logiquement, il n'est guère possible de condamner comme
« malpractice » la méthode de Kennedy, car ce brave
jeune homme n'a jamais eu l'ombre d'une idée à lui ;
il ne s'écarte pas d'un pouce de ses instructions et
accomplit geste pour geste les pratiques qu'elle lui a
inculquées. Le traiter de charlatan serait compro-
mettre sa propre méthode. Mais quand Mary Baker
veut quelque chose, elle est butée. Afin de pouvoir
dénoncer comme « malpractitioner » ce Kennedy
pour qui elle professe une haine pathologique, elle
modifie de fond en comble, sur un point des plus
importants, sa propre méthode ; du jour au lendemain elle condamne ce que jusqu'ici elle avait prescrit à tous ses élèves comme une introduction indispensable au traitement : l'effleurement des tempes
avec les doigts humides, la pression des genoux, toute
la préparation hypnotique à la suggestion religieuse.
Selon cette bulle papale soudain édictée, celui qui
désormais touche un patient commet non pas une
faute, mais un crime contre la « Science ». Et comme
Kennedy, qui ne se doute de rien, pratique toujours
bravement la vieille méthode, on lance un interdit

contre lui. Mary Baker le stigmatise publiquement
comme un criminel contre la « Science », comme un
« Néron intellectuel », comme un « mesmériste ».
Mais cet acte de vengeance personnelle ne lui suffit
pas. Dans sa fureur enfiévrée et exaspérée contre
l'apostat, elle impute soudainement au paisible mesmériste un caractère démoniaque : cette femme
déchaînée attribue au brave Kennedy — en plein
XIXᵉ siècle — une influence satanique. Elle l'accuse
de paralyser par son mesmérisme sa propre puissance curative, de rendre malades et d'intoxiquer les
gens par les courants télépathiques mystérieux de sa
magie noire. En vérité, on ne croirait pas le fait possible en 1878, mais cette despote hystérique rassemble ses élèves, les oblige à se prendre par la main
et à former un cercle, pour détourner les funestes
rayons mesméristes de ce « Néron ». C'est de la
démence, dira-t-on, c'est faux ou invraisemblable.
Mais, par bonheur, la deuxième édition de son œuvre
contient, noir sur blanc, ce chapitre de haine personnelle intitulé « Demonology » (supprimé plus tard
comme gênant) où elle dénonce le « malicious animal magnetism » en cinquante pages de superstitions si absurdes qu'on n'en avait point composé de
semblables depuis le « Marteau des maléfices » et les
écrits pseudo-cabalistiques.

On le voit : dès qu'il s'agit d'imposer son moi, dans
le domaine sentimental comme dans celui de la foi,
cette femme est extraordinaire. Dès qu'elle veut avoir
raison — et elle le veut partout et toujours — elle perd
toute mesure, tout sens de la justice. Elle intente à
l'apostat procès sur procès ; tantôt elle l'accuse de lui
avoir retenu des honoraires, tantôt elle le calomnie
devant les étudiants, et, finalement, avec ses hallucinations, elle excite tellement contre lui son propre fils,
un paysan balourd, qu'il se rend chez Kennedy et
menace d'un revolver le guérisseur effrayé, s'il continue à exercer contre sa mère sa « maligne influence
mesmériste ». Les plaintes de Mary Baker sont de plus
en plus extravagantes : tantôt Kennedy a dirigé sur

elle des rayons mortels qui paralysent ses forces, tantôt il a empoisonné Asa Eddy avec de l'« arsenic mesmériste », tantôt il a rendu son appartement inhabitable avec ses sorcelleries magnétiques. Et ces absurdités coulent sans arrêt de ses lèvres contractées, comme une écume épileptique. Quoi qu'il en soit, l'infidélité de son premier disciple, de son favori, a bouleversé pour de longues années la zone affective la plus secrète de cette femme climatérique ; jusqu'à sa mort, la manie de la persécution la hantera périodiquement, elle s'imaginera que Kennedy la tourmente, la paralyse et la menace par voie magnétique et télépathique. Ainsi, en dépit d'une activité intellectuelle surprenante, d'un travail d'organisation qui, du point de vue commercial et tactique, est positivement génial, sa nature conserve perpétuellement une sorte de tension et de surexcitation pathologique plus ou moins apparente. Mais une œuvre comme la sienne, entièrement basée sur l'antilogique, ne pourrait être issue d'un équilibre total de l'âme et de l'esprit. Ici, comme chez Jean-Jacques Rousseau et chez d'innombrables créateurs, la maladie d'un individu engendre une panacée.

Mais ces heurts tragiques n'entravent ni ne détruisent jamais sa force combative ; au contraire, et le mot de Nietzsche lui est applicable : « Ce qui ne me tue pas, me rend plus fort. » La haine et la résistance ne font que développer chez cette femme la puissance de volonté. Et c'est précisément cette crise provoquée par sa rupture avec Kennedy qui donne naissance à sa propre doctrine. Car en interdisant brusquement les attouchements magnétiques, elle rompt, d'un geste créateur, avec tous ses prédécesseurs mesméristes ; à présent seulement la Christian Science est la pure « guérison par l'esprit ». Seuls le Verbe et la foi accomplissent maintenant leurs miracles. Le dernier pont qui la rattachait à la logique, le dernier lien avec les systèmes antérieurs, est brisé. A présent seulement, de son pas décidé de monomane, Mary Baker entre sans retenue dans l'inconnu, dans l'absurde.

CHAPITRE VIII

LA DOCTRINE DE MARY BAKER-EDDY

Enfin, en 1875, l'effort souterrain, qui dure depuis des ans, de cette femme trop longtemps restée dans l'ombre et l'anonymat, devient visible. Car c'est en cette année que Mary Baker-Eddy (alors encore Mary Baker-Glover) publie son livre « immortel » qui réunit en un seul système la science de trois facultés : théologie, philosophie et médecine — ce livre intitulé *Science and Health* qui aujourd'hui encore est considéré par des centaines de milliers, par des millions d'hommes comme le plus important après la Bible.

On ne peut pas se contenter, ainsi que cela arrive souvent, de rejeter comme une chose extravagante, avec un sourire méprisant ou charitable, cette œuvre sous plus d'un rapport unique et incomparable. Un écrit qui a une influence sur des millions d'êtres importe pour le moins au point de vue psychologique ; déjà la formation technique de cette nouvelle bible prouve une énergie spirituelle extraordinaire, une foi héroïque comme on en rencontre rarement de nos jours. Souvenons-nous que depuis 1867 une femme chassée de chambre en chambre, de table en table, traîne un manuscrit dans son maigre bagage. Au fond de sa valise usée, il n'y a même pas une robe de rechange ; elle a pour toute fortune une montre et une chaîne en or ; à part cela, rien que ces feuillets depuis longtemps salis et froissés à force d'être relus et remaniés sans cesse. Au début ce célèbre manuscrit n'était, pour ainsi dire, qu'une copie fidèle des « Questions et Réponses » de Quimby, qu'elle avait augmentées et pourvues d'une introduction. Mais peu à peu l'introduction dépasse le texte d'emprunt, son apport s'accroît et devient plus personnel à chaque refonte ; car ce n'est pas une fois, mais deux, trois, quatre et cinq fois, que, possédée par son idée, elle transforme et retransforme complètement ce fantastique manuel de psychiatrie. Jamais elle n'en vient à bout. Même dix, vingt, trente ans après son apparition, elle le modifie et le corrige encore ; jamais elle ne se libérera de ce livre, ni ce livre d'elle. En 1867, quand elle commence son travail, cette dilettante possède à peine l'orthographe, encore moins la langue et pas du tout les questions formidables qu'elle ose aborder : comme une somnambule, les yeux fermés, plongée dans un rêve mystérieux, elle vacille vers les sommets les plus élevés, les crêtes les plus vertigineuses des problèmes philosophiques. Elle ne soupçonne pas alors où la mènent sa voie et son œuvre, et moins encore les difficultés qui l'attendent. Personne ne l'encourage, personne ne la prévient. Nulle part elle ne connaît d'homme cultivé ni de spécialiste qu'elle pourrait consulter. Comment espérer trouver où que ce soit dans le monde un éditeur pour ce fatras ! Mais avec ce magnifique entêtement que l'on ne rencontre que chez les amateurs et jamais chez les professionnels elle continue à écrire encore et toujours, dans l'ivresse confuse de son orgueil prophétique. Et ce qui, au début, ne devait être qu'un ornement du manuscrit de Quimby devient peu à peu un brouillard ténébreux d'où se détache finalement l'astre frémissant d'une pensée.

En 1874, le manuscrit est prêt pour la publication. Les succès inattendus de Mary Baker auprès des élèves et des patients lui ont donné du courage.

Maintenant ce nouveau message, cette doctrine bénie, doit être connue de tous, répandue dans le vaste monde. Mais, bien entendu, aucun éditeur ne songe à risquer son argent dans la publication de ce mélange hybride de médecine et de mysticisme religieux. Il s'agit donc de couvrir les frais d'impression de sa poche. Il est vrai que Mary Baker — on s'en rendra compte par la suite — ne met jamais la main à sa propre poche, même quand elle est pleine et archipleine. Heureusement elle connaît déjà son pouvoir d'imposer sa volonté aux autres, déjà elle a appris à convertir en obéissance aveugle et en esprit de sacrifice la foi fanatique que les hommes ont en elle et en son œuvre. Immédiatement deux étudiants se déclarent prêts à lui avancer les trois mille dollars nécessaires. Grâce à cette aide rapide paraît pour la première fois en 1875, à la Christian Science Publishing Company, à Boston, sous le titre *Science and Health*, cette œuvre des œuvres, ce livre qui représente — selon l'avis de ses adeptes — le deuxième Evangile de la chrétienté.

Cette première édition, un volume relié en toile verte de quatre cent cinquante-six pages imprimées en caractères serrés et dont l'auteur se nomme encore à l'époque Mary Baker-Glover, compte aujourd'hui parmi les « rarissimi » du commerce des livres ; dans toute l'Europe, il n'existe probablement qu'un seul exemplaire, celui que l'*authoress* a offert à la Faculté de Philosophie de Heidelberg, qui représente pour tout Américain le tribunal suprême *in rebus philosophicis*. Mais justement cette édition introuvable, la première, la seule qui soit rédigée rien que par elle, sans aucun secours étranger, me paraît avoir une valeur unique pour la connaissance psychologique de son caractère, car aucune des cinq cents éditions ultérieures n'atteint, même de loin, au charme primitif et barbare de l'originale. Dans les éditions suivantes, des conseillers instruits ont supprimé certaines des atteintes à la raison les plus forcenées, les gaffes historiques et philosophiques les

plus grossières ; en outre, un ancien pasteur du nom
de Wiggins a entrepris la dure tâche de mettre un
peu d'ordre dans la jungle de la langue. Peu à peu
on a réussi à atténuer les absurdités les plus criantes,
en premier lieu les violentes attaques contre les
médecins. Mais ce que le livre a gagné depuis en raison, il l'a perdu en ardeur et en caractère personnel ;
petit à petit, au fur et à mesure des éditions, la pan-
thère qui se ruait furieusement contre la science est
devenue une chatte sauvage, puis une chatte appri-
voisée, qui s'entend gentiment avec ses compagnons
domestiques de la société moderne, la morale d'Etat,
la culture, la foi religieuse ; comme toute religion et
tout Evangile, la Christian Science a fini, dans
l'attrait d'une pêche d'âmes fructueuse, par s'édulco-
rer, se corrompre et s'embourgeoiser.

Justement dans sa forme première et originale
Science and Health fait partie de ces livres remarquables de théologie privée, de ces œuvres météo-
riques, tout à fait incohérentes qui, semblant prove-
nir d'autres mondes, éclatent soudain dans le temps.
A la fois absurde et génial avec sa farouche « volonté
d'enfoncer les murs avec la tête », complètement
ridicule dans son illogisme puéril et cependant étonnant par la puissance maniaque d'une action toujours dirigée dans le même sens, ce code a quelque
chose de médiéval, quelque chose du fanatisme religieux des théologiens mystiques comme Agrippa von
Nettesheim et Jakob Böhme. Le charlatanisme et la
création se succèdent en cabrioles sauvages, les
influences les plus contradictoires s'entrechoquent,
le mysticisme astral de Swedenborg se croise avec la
science populaire banale des brochures à dix pence,
des coupures de journaux new-yorkais voisinent
avec des phrases de la Bible, des images éblouissantes avec les affirmations les plus grotesques et les
plus enfantines ; mais, on ne saurait le nier, cet
enchevêtrement est toujours ardent, il frémit, bout,
brûle de passion spirituelle, il soulève une écume
étonnante et si l'on fixe longtemps ce chaudron

constamment en ébullition, les yeux vous brûlent, on perd la raison, on se voit dans la cuisine des sorcières de Faust et l'on croit, comme lui, entendre parler « cent mille fous ». Ce chaos pétillant se meut sans cesse autour d'un même point ; encore et toujours Mary Baker-Eddy vous martèle le cerveau avec sa seule et unique pensée, jusqu'à ce que l'on capitule, étourdi plutôt que convaincu ; simplement comme action énergétique, comme effort d'une femme absolument ignorante, inculte, illogique, rien n'est plus grandiose que la façon dont cette possédée, avec le fouet de sa fièvre, actionne comme une toupie son idée absurde, et, autour de cette idée, fait mouvoir le soleil, la lune, les étoiles et tout l'univers.

Mais qu'est-ce, au fond, cette idée nouvelle, inouïe, cette science « divine », que Mary Baker, la première, « a rendue accessible à notre pauvre raison humaine » ? Qu'est-ce en somme, cette découverte qui bouleverse le monde et que la biographie rose place sans hésiter au même niveau que les thèses d'Archimède et de Newton ? Une seule pensée, mais oui, une seule, se résumant le mieux par la formule « Unity of God and unreality of evil ». La Christian Science déclare qu'il n'y a que Dieu, et puisque Dieu est le bien, il ne peut y avoir de mal. Par conséquent, toute douleur et toute maladie sont absolument impossibles et leur existence apparente n'est qu'un mensonge des sens, une « error » de l'humanité. « God is the only life and this life is truth and love and that divine truth casts out supposed errors and heals the sick. » (Dieu est la seule vie, et cette vie est amour et vérité, et cette vérité divine écarte toute erreur et guérit les malades.) Maladies, vieillesse, infirmités, ne peuvent affliger l'homme qu'autant qu'il accorde aveuglément crédit à la stupide illusion de la maladie et de la vieillesse, qu'il se fait une représentation mentale de ces maux. Mais en réalité (la voilà, la grande révélation de la Christian Science !) Dieu n'a jamais rendu un homme malade : « God never made a man sick. » La maladie n'est donc qu'une chimère et c'est cette chimère dangereuse et contagieuse et non la maladie, chose impossible, que veut combattre la nouvelle et la vraie science médicale.

Par cette négation ahurissante, Mary Baker s'est détachée d'un seul coup de tous ses prédécesseurs, tant dans la philosophie que dans la médecine, voire dans la théologie (car Dieu lui-même, dans la Bible, ne frappe-t-il pas Job de la peste et de la lèpre ?). Ses devanciers immédiats, Mesmer et Quimby, ceux qui lui frayèrent la voie — et qui proclamèrent si hardiment les possibilités de guérison par la suggestion — reconnaissaient quand même la maladie comme un fait, comme une chose indéniable. Pour eux, la maladie existait, elle était là, et leur tâche consistait à l'écarter, à vaincre la douleur et parfois le mal lui-même. Fût-ce par l'hypnotisme magnétique, fût-ce par la suggestion mentale, ils s'efforçaient honnêtement d'aider le malade à traverser la crise en exerçant leur influence psychique, ils avaient toujours conscience qu'ils se trouvaient en face d'une douleur réelle, d'un corps humainement souffrant. Mary Baker, elle, enjambe ce point de vue d'un pas de géant pour entrer dans l'absurde ; elle abandonne complètement le terrain et le domaine de la raison et bouscule énergiquement la manière de voir de ses prédécesseurs en présentant tout simplement les choses sens dessus dessous. « Il est impossible, dit-elle, que l'esprit agisse sur le corps. » (« Matter cannot reply to spirit »), car — culbute de la logique ! — il n'y a pas de corps. Nous n'appartenons pas à la matière, mais nous sommes une substance divine (« Man is not matter, he is the composed idea of God »). Nous n'avons pas de corps, nous croyons seulement en avoir un, et notre existence terrestre n'est rien qu'un rêve, un « dream of life in matter ». On ne peut donc pas guérir médicalement les maladies puisqu'elles n'existent pas ! C'est pourquoi, selon l'Evangile de Mary Baker, toute science terrestre, tout « knowledge », médecine, physique, pharmacologie, n'est qu'erreur et absurdité inutile. Nous pouvons tranquillement dynamiter nos hôpitaux et universités, tout à fait superflus : à quoi bon faire tant de dépenses coûteuses pour combattre une illusion, une autosuggestion ! Seule la Christian Science peut aider l'homme en lui expliquant son « error », en lui prouvant que la maladie, la vieillesse et la mort n'existent pas. Dès que le malade a compris ce « truth », cette vérité nouvelle, dès qu'il en est pénétré, la douleur, l'abcès, l'inflammation, l'infirmité ont déjà disparu d'eux-mêmes. (« When the sick are made to realise the lie of personal sense, the body is healed. »)

Notre pauvre raison terrestre, malheureusement éduquée d'une façon trop scientifique, reste d'abord déconcertée, non sans raison, d'ailleurs, devant cette « holy discovery », cette sainte découverte incommensurablement profonde de Mary Baker-Eddy. Car n'avons-nous pas vu depuis trois mille ans tous les sages, tous les philosophes d'Orient et d'Occident, tous les théologiens de toutes les religions, passionnément et infatigablement occupés à réfléchir sur ce problème des problèmes : le rapport entre l'âme et le corps ? N'avons-nous pas vu les plus grands esprits fournir un incalculable effort d'énergie spirituelle pour n'éclaircir que faiblement, avec des variations infinies, ce mystère originel ? Et voici qu'en 1875 cette philosophe expéditive, faisant un saut périlleux par-dessus la raison, résout la question du lien psychophysique en établissant péremptoirement : « Soul is not in the body », l'âme n'a aucun rapport avec le corps. L'œuf de Colomb est trouvé, le problème originel et final de toute philosophie résolu — jubilemus ! — et cela, d'une façon extraordinairement simple : par la suppression de la réalité. Une cure mentale radicale est accomplie ; elle écarte toutes les souffrances du corps en déclarant carrément que celui-ci n'existe pas — système aussi excellent et infaillible que si, pour le débarrasser du mal de dents, on coupait la tête au malade.

« Il n'y a pas de maladie. » Proclamer une affirmation aussi follement audacieuse n'est point difficile. Mais comment prouver pareille absurdité ? Très simplement, dit Mary Baker-Eddy, écoutez avec un peu de confiance et vous verrez que c'est extrêmement facile : Dieu a créé l'homme à son image, et Dieu, vous le savez, est le principe du bien. Par conséquent, l'homme ne peut être que divin, et puisque tout ce qui est divin est bien, comment la maladie, les infirmités, la vieillesse et la mort pourraient-elles trouver un refuge dans cette image de Dieu ? L'homme peut tout au plus s'imaginer, se représenter au moyen de ses sens trompeurs que son corps est malade, que son organisme faiblit et vieillit ; mais comme il ne peut le faire que par l'intermédiaire de ses sens, qui ne perçoivent pas directement le divin, son opinion n'est qu'une erreur, et seule cette fausse croyance cause ses douleurs (« suffering is self imposed a belief and not truth »). Dieu lui-même n'est jamais malade, comment son image, miroir vivant de la bonté divine, pourrait-elle l'être ? Oui, les hommes se ravissent eux-mêmes leur santé parce qu'ils ne croient pas à leur essence divine. Etre malade n'est donc pas simplement une « error », une fausse pensée, c'est même, au fond, un « crime », une sorte de blasphème, car on doute ainsi de Dieu, on attribue à Celui qui est toute bonté la possibilité d'être méchant, alors que Dieu ne peut jamais faire le mal. (« God cannot be the father of error. ») Et la roue folle de sa logique continue à rouler et bondir : l'âme est *mind*, et le *mind* est *God*, et *God* est *spirit* et *spirit* est encore vérité, et la vérité est de nouveau *God*, et *God* est encore le bien, et puisqu'il n'y a que le bien, le mal n'existe pas, ni le péché ni la mort. On le voit, la technique démonstrative de Mary Baker ne repose que sur la rotation : elle place toujours une notion abstraite à côté d'une autre et fait tourner en rond les mots et leur sens avec une rapidité et une insistance de fakir. Elle fait pivoter ce quiproquo à travers les cinq cents pages de *Science and Health*

avec tant de virevoltes et de répétitions, d'une façon
si vertigineuse, qu'à la fin la tête vous tourne et
qu'étourdi vous renoncez à toute résistance.

On pourrait peut-être croire que j'exagère, que par
malveillance j'attribue à son système un illogisme
que l'on ne trouve pas du tout dans sa structure intérieure. Comme preuve de ce que j'avance, je citerai
donc textuellement la phrase la plus célèbre, dite
« thèse immortelle » de Mary Baker-Eddy, pour le
« détournement » de laquelle elle a un jour publiquement porté plainte au tribunal contre un élève. Cette
phrase « immortelle » dit : « Il n'y a pas de vie, pas
de vérité, pas d'intelligence et pas de substance dans
la matière. Tout est esprit (*mind*) infini, et sa révélation infinie, car Dieu est tout en tout. L'esprit est la
vérité immortelle, la matière est une erreur mortelle.
L'esprit est le vrai et l'éternel, la matière est l'irréel
et le temporel. L'esprit est Dieu, et l'homme est son
image et son symbole, par conséquent l'homme n'est
pas matériel, il est spirituel. » Comprend-on cela ?
Non ? Tant mieux. Car c'est précisément ce « credo
quia absurdum » que Mary Baker exige de nous, de
l'humanité. Elle veut justement que nous laissions de
côté notre maudite et orgueilleuse raison terrestre.
Toute notre « knowledge » insolente et stupide, toute
notre fameuse science, a-t-elle fait avancer le monde
d'un seul pas ? Non, toute la médecine depuis Asclé-
piade, Hippocrate et Galien n'a rien donné. « Physiology has not improved mankind. » Au diable donc,
la diagnose et la thérapeutique dont le secours équivaut à zéro ! La science médicale ne peut pas expliquer les phénomènes psychiques, ni même les phénomènes physiques ! C'est pourquoi, selon l'avis de
Mary Baker, les médecins, ces « manufacturers of
disease », ces fabricants de maladies, comme elle les
appelle avec dédain, sont non seulement des gens
inutiles, sans valeur, mais encore des malfaiteurs de
l'humanité. Car (explication très compliquée) en prétendant traiter des maladies là où, en vérité, « in
truth », il n'y en a pas, ces êtres malfaisants éter-

nisent l'« error » contagieuse, l'illusion pernicieuse qu'il existe quelque chose comme la maladie. Et — nouvelle « explication » ! — l'existence profession-nelle de ces « soigneurs » de maladies rappelant continuellement l'image de la maladie aux hommes, ces derniers croient pouvoir tomber malades, et cette croyance erronée les rend réellement malades. Donc (une fois de plus admirons cette élucubration har-die !) les médecins, par le fait d'exister, engendrent la maladie au lieu de la guérir : « Doctors fasten disease. » Dans la phase primitive de la Christian Science, la plus personnelle, Mary Baker-Eddy récuse tous les médecins, même les chirurgiens, comme des individus nuisibles à l'humanité et leur déclare résolument la guerre ; plus tard seulement, rendue plus sage par certains échecs et procès pénibles, elle a atténué sa sévérité et toléré la pré-sence occasionnelle de ces propagateurs de maladies dans des cas chirurgicaux tels qu'extraction de dents, jambes cassées, accouchements difficiles. Mais au début elle ne reconnaît qu'un seul médecin dont elle approuve la méthode : le Christ, « the most scienti-fic man of whom we have any record », lui, le pre-mier « healer » qui a guéri la lèpre et l'hémorragie sans drogues, sans médicaments, sans pincettes ni interventions chirurgicales, lui « qui n'a jamais décrit les maladies et qui s'est contenté de les gué-rir », lui qui a arraché le paralytique à son lit de souf-france par les seuls mots : « Lève-toi et marche ! » Sa méthode était de guérir sans diagnostic ni thérapeu-tique, uniquement par la foi. Depuis, dix-huit siècles ont méconnu et méprisé cette doctrine, la plus simple et la plus élémentaire de toutes, jusqu'à ce qu'elle, Mary Baker, l'ait ramenée à la compréhen-sion et à la vénération de l'humanité. Si elle donne à sa Science ce grand nom de « Christian », c'est qu'elle ne reconnaît comme maître et ancêtre que le Christ, comme unique remède que Dieu. Plus ses dis-ciples, ses « healers », réaliseront en eux cette méthode du Christ, moins ils se soucieront de la science terrestre, plus se manifestera leur puissance de guérisseur. « To be Christ-like is to triumph over sickness and death. » Il suffit que le guérisseur fasse entrer dans l'âme du malade le principe de la Christian Science, qu'il le convainque que non seulement sa maladie personnelle n'existe pas, mais qu'il n'y a pas de maladie sur notre planète, du fait de la divinité de l'homme : toute son activité commence et finit là. S'il réussit vraiment à lui insuffler cette croyance, elle agira comme un anesthésique et rendra immédiatement son corps insensible aux maux et douleurs ; la suggestion fait disparaître à la fois l'image de la maladie et ses symptômes : « Not to admit disease, is to conquer it. » (« Nier la maladie est la vaincre. ») Le guérisseur n'a donc en aucun cas à examiner les symptômes comme le médecin, ni à s'en occuper ; au contraire, son unique tâche est de *ne pas* les voir, de *ne pas* les prendre au sérieux, de les considérer comme des chimères et d'amener le patient à ne plus les admettre et à ne plus y croire, lui non plus. Alors, aussitôt, sans intervention médicale ni traitement, tuberculose ou syphilis, cancer ou fracture, scrofule ou urémie, tous ces phénomènes trompeurs de l'imagination seront écartés, vaincus uniquement par le narcotique spirituel de la Christian Science, cette panacée infaillible de l'humanité, ce « great curative principle ».

Revenant à soi après le terrible coup de massue qu'a été pour elle la « révélation » de l'existence de notre corps et du mensonge de nos sens, de l'« error » de la maladie, de la vieillesse et de la mort, la raison piétinée se relève peu à peu timidement et commence à se frotter les yeux encore tout éblouis. Comment, se demande-t-on, il n'y a donc pas de maladie ? Tout cela n'est qu'« error » et « bad habit » ? Cependant des millions d'hommes, secoués par la fièvre, dévorés par le pus, convulsés de douleur, sourds, aveugles, en proie aux pires tortures, condamnés à la paralysie, traînent sans discontinuer dans les hôpitaux et les cliniques ! Et depuis mille ans une science naïve, avec un zèle stupide, s'efforce, au moyen du microscope, de l'analyse chimique, en recourant aux opérations les plus hardies, de découvrir et de soulager ces souffrances alors que la simple foi en leur illusion suffit pour en venir à bout. On berne donc inutilement des millions d'individus avec ces opérations, ces cures et ces médicaments, alors que le nouveau « principle » peut éliminer en se jouant toutes les maladies, qu'il s'agisse du charbon ou de calculs biliaires, d'ataxie ou d'hémorragie ? Cette douleur gigantesque, cette montagne de souffrances de millions d'individus ne serait-ce vraiment qu'illusion et chimère ? A cela, la réponse de Mary Baker est fort simple : « Certainement, dit-elle, et s'il y a encore une foule énorme de soi-disant malades, c'est uniquement parce que l'humanité ne s'est pas pénétrée jusqu'ici de la vérité de la science chrétienne, et parce que la maladie la plus dangereuse, la croyance en la maladie, sévit comme une épidémie permanente et fait souffrir et mourir les individus. » Aucune épidémie n'est aussi funeste à l'humanité que cette « error » de la maladie et de la mort, car tout homme qui se croit malade et se plaint de son mal contamine les autres avec son illusion néfaste, et c'est ainsi que le fléau se perpétue de génération en génération ! Mais (je cite textuellement), de même qu'on a peu à peu limité les ravages de la variole par l'inoculation d'un sérum, de même on peut immédiatement faire échec à ce « désordre », à cette « mauvaise habitude » de la prétendue maladie et de la « soi-disant mort ». Dès qu'on aura inoculé à toute l'humanité la foi de la Christian Science, le temps de la maladie sera fini, car moins il y aura de fous qui croiront à leurs maux, moins ces maux se répandront sur terre. Mais aussi longtemps que cette illusion pernicieuse subsistera chez la majorité, l'humanité restera courbée sous le fouet de la maladie et de la mort.

De nouveau l'on s'étonne. Comment, il n'y a donc pas de mort ? « Non, répond fermement Mary Baker-

Eddy, nous n'en avons aucune preuve. » Quand on reçoit une dépêche annonçant la mort d'un ami, dit-elle, on croit qu'il est vraiment mort, et pourtant cette dépêche peut n'être qu'une erreur, cette nouvelle peut être fausse. Puisque nos sens ne transmettent que l'erreur, notre opinion personnelle sur le trépas du corps ne représente en aucune façon une preuve valable. En effet, même aujourd'hui, l'Eglise de la Christian Science ne parle jamais de morts, mais seulement de « soi-disant morts » (« so called dead ») ; un décédé, selon cette conception, n'est pas mort, il s'est simplement dérobé à nos « opinions and recognitions », à nos facultés de perception. Nous n'avons pas non plus la preuve, continue Mary Baker avec une conséquence implacable et malgré le sourire charitable des physiologistes, que le boire et le manger soient vraiment nécessaires à l'homme pour vivre. Quand on l'amène devant un cadavre pour la convaincre que le corps est périssable, elle affirme ne voir que le « going out of belief » ; pour elle cet individu n'a pas cru assez fortement à l'impossibilité de la mort. La foi en notre puissance spirituelle est malheureusement encore trop faible, de nos jours, pour déraciner dans l'humanité tout entière cette « épidémie » de la soi-disant maladie et de la soi-disant mort. Mais au cours des siècles, par une application toujours plus ardente de la Christian Science, d'où découlera un vaste accroissement de sa faculté de croire, l'esprit humain acquerra un pouvoir sur notre corps dont on ne peut se faire aujourd'hui une idée : « When immortality is better understood, there will follow an exercise of capacity unknown to morals. » Alors seulement disparaîtra cette illusion funeste de la maladie et de la mort, et la divinité sera restaurée sur terre.

Par cette explication aussi audacieuse qu'habile Mary Baker entrebâille une porte pour pouvoir, dans certains cas ennuyeux, se glisser hors de sa théorie : comme toutes les religions, la sienne transfère doucement l'état idéal du présent dans le royaume de

l'avenir. On s'en rend compte, ce non-sens, bien que
non-sens, a de la méthode, et son illogisme criant est
exposé avec une logique si obstinée qu'elle réussit
finalement à mettre debout une sorte de système.

Un système qui, dans l'histoire de la philosophie,
ne prendra place, certes, qu'à titre de curiosité, mais,
fait avéré, système admirablement construit en vue
des fins poursuivies : la mise en marche d'une hypnose des masses. L'effet direct d'une doctrine dépen-
dra malheureusement toujours plus de sa tension
psychotechnique que de sa valeur intellectuelle ; de
même que pour hypnotiser point n'est besoin d'un
diamant — un éclat de verre miroitant suffit pour
fasciner complètement le sujet — de même, dans les
grands mouvements spirituels, un instinct primitif,
mais intuitif, remplace toujours largement la vérité
et la raison absentes. Quoi qu'il en soit — il ne faut
pas fermer les yeux devant les faits — l'appareil de
suggestion religieuse de Mary Baker, en dépit de ses
défectuosités logiques, n'a été surpassé jusqu'à présent par aucune croyance ultérieure, en ce qui
concerne l'étendue de sa portée — ce qui suffit à
témoigner de la valeur absolue de sa psychologie de
l'instinct. On fausserait grossièrement la vérité, si
l'on voulait cacher le fait indéniable que la Christian
Science a été d'un plus grand secours pour des milliers et des milliers de croyants que des médecins
diplômés ; que, grâce à elle, comme le prouvent des
documents indiscutables, des femmes ont accouché
sans souffrance, des patients non anesthésiés ont été
opérés sans douleur — et cela parce que le narcotique spirituel de la Christian Science appelé « irrea-
lity of evil » avait remplacé le chloroforme —, de
même que cette doctrine, par son apport prodigieux
de forces, a accru la vitalité d'un nombre incalculable d'individus ou leur a rendu la joie de vivre. Au
milieu de ses exagérations, cette femme géniale, en
dépit du chaos de ses idées, a très justement reconnu
et appliqué certaines lois psychologiques fondamentales, et avant tout le fait indéniable que la représen-

tation imaginaire d'un sentiment, donc aussi d'une douleur, tend à se transformer en réalité ; que, par conséquent, une suggestion préventive éloigne souvent la crainte de la maladie, presque aussi dangereuse que la maladie elle-même. « The ills we fear are the only one that conquer us » (Seule la maladie que nous craignons a sur nous un pouvoir), dit-elle. Sous ces paroles, même si l'on peut les attaquer au point de vue de la logique et les réfuter par des milliers de faits, pointe la divination des vérités psychiques ; Mary Baker, au fond, devance complètement les idées de Coué sur l'autosuggestion quand elle déclare : « Les malades se font du tort eux-mêmes quand ils se disent malades. » C'est pourquoi un « practitioner » de sa méthode ne doit jamais dire à un patient qu'il est malade (« The physical affirmative should be met by a mental negative. ») ni le souffrant lui-même s'avouer qu'il souffre, car, on le sait par expérience, s'occuper de son mal c'est l'augmenter par la suggestion. Cette doctrine, comme celles de Coué et de Freud, malgré la grande distance spirituelle qui les sépare, est née de la réaction contre la médecine moderne qui, dans son évolution physico-chimique, a trop longtemps refusé comme auxiliaires les forces curatives de l'âme, la « volonté de la santé » : elle est née de la conviction qu'en dehors de l'arsenic et du camphre on peut injecter à l'organisme humain des reconstituants purement spirituels comme le courage, la confiance en soi, la confiance en Dieu, l'optimisme actif. Malgré toute la résistance intérieure de la raison provoquée par l'absurdité d'une doctrine thérapeutique qui veut chasser les bacilles « by mind », guérir la syphilis « by truth » et l'artério-sclérose par « God », on est toujours obligé de prendre en considération le coefficient d'énergie sur lequel repose cette doctrine. Comment s'expliqueraient d'ailleurs ses succès ? On agirait malhonnêtement et contre la vérité si l'on voulait à tout prix nier la force tonique que la Christian Science, avec sa foi grisante, a insufflée à d'innombrables individus dans des moments de désespoir. Ce n'est peut-être qu'un excitant, qui stimule passagèrement les nerfs comme le camphre ou la caféine, qui barre provisoirement la route à la force rongeuse de la maladie, mais il soulage quand même fréquemment et exerce une action efficace en tant que remède de l'âme sur le corps. En somme, la Christian Science a certainement plus aidé ses adeptes qu'elle ne leur a nui. Et finalement elle a même rendu service à la science, car en observant de plus en plus sérieusement les résultats étonnants de la Christian Science, en approfondissant ses œuvres et ses miracles, la psychologie peut encore apprendre bien des choses sur la suggestion collective ; même au point de vue intellectuel la vie si étrange de Mary Baker n'aura pas été vécue vainement.

Le miracle le plus extraordinaire de la Christian Science reste, au demeurant, son expansion étonnamment rapide, son avalanche de succès positivement inconcevable à la froide raison. Comment est-il possible, se demande-t-on, qu'une doctrine de guérison aussi peu logique, aussi confuse, soit devenue au cours d'une décennie le credo de centaines de milliers de gens ? Quelles conditions ont permis à cette théorie, parmi tant d'autres essais d'interprétation du monde qui, d'ordinaire, passent comme des bulles de savon, de former autour d'elle une communauté de millions d'humains ? Comment un livre aussi embrouillé, aussi ténébreux, a-t-il pu devenir en si peu de temps l'Evangile d'un nombre incalculable d'individus alors que la plupart des mouvements spirituels les plus puissants commencent à languir au bout de dix ans ? Devant ce phénomène de suggestion prodigieux, la raison surprise se demande encore : quel élément particulier cette femme a-t-elle introduit dans son œuvre, consciemment ou inconsciemment, pour agir pareillement sur le monde ? Pourquoi cette secte seule, parmi des milliers d'autres de même nature, s'est-elle développée aussi victorieusement, avec une telle force irrésistible que l'histoire spirituelle du siècle dernier n'en connaît point de semblable ?

J'essaie de répondre : le facteur technique décisif d'expansion de la Christian Science est sa commodité. On sait par expérience que la première condition pour qu'une idée porte vite et loin est d'être exprimée simplement et à la portée des simples. Dans une ancienne légende biblique un incroyant exige d'un prophète, pour se convertir, qu'il lui explique le sens de sa religion durant le temps qu'on peut se tenir debout sur une jambe. La doctrine de Mary Baker-Eddy satisfait admirablement ces exigences impatientes de transmission simple et rapide. La Christian Science, elle aussi, peut être expliquée durant le temps qu'on peut rester sur une jambe : « L'homme est divin, Dieu est le bien, par conséquent le mal ne peut pas réellement exister et tout ce qui est maladie, vieillesse et mort, n'est pas réalité, mais apparence trompeuse ; celui qui a reconnu cela ne peut plus être atteint d'aucune maladie ni être tourmenté par aucune souffrance. » Tout est contenu dans cet extrait, et une formule fondamentale aussi universellement compréhensible n'a pas de prétentions intellectuelles. C'est ce qui, tout de suite, a permis à la Christian Science de devenir un article pour les foules ; commode comme un kodak ou un stylo, elle représente un produit de l'esprit absolument démocratique. Et comme on le sait, d'innombrables cordonniers, représentants en lainages et commis voyageurs ont irréprochablement appris la science médicale chrétienne au cours des dix leçons prescrites, donc en moins de temps qu'il n'en faut pour devenir un pédicure, un vannier ou un coiffeur passable. La Christian Science, intellectuellement, est immédiatement accessible à tous, elle n'exige ni culture ni intelligence, elle ne demande pas davantage que l'on ait acquis une certaine personnalité : grâce à cette simplicité elle est tout de suite à la portée des masses, c'est une « everyman-philosophy ».

A cela s'ajoute un deuxième facteur psychologique

important : la doctrine de Mary Baker-Eddy ne réclame pas de ses adeptes qu'ils sacrifient la moindre parcelle de leur commodité personnelle. Et à tout moment nous voyons se confirmer cette vérité : moins une religion, une croyance, un parti exige moralement ou matériellement de l'individu, mieux il est accueilli, plus s'étend son influence. Devenir un Christian Scientist ne demande aucun sacrifice d'aucune sorte, c'est une décision qui n'engage à rien, qui ne pèse en rien. Il n'y a pas un mot, pas une ligne dans ce dogme qui veuille que le nouveau disciple modifie sa vie extérieure : un Christian Scientist n'a pas besoin de jeûner, prier, se restreindre, on n'exige même pas de lui la charité. Dans cette religion américaine il est permis de devenir riche, de gagner de l'argent sans mesure ; la Christian Science laisse tranquillement à César ce qui est à César et au Dollar ce qui est au Dollar ; au contraire, parmi les mérites dont elle se vante il s'en trouve un bien singulier : grâce à cette « Holy Science » le bilan de beaucoup d'entreprises commerciales s'est accru ! « Men of business have said, this science was of great advantage from a secular point of view. » Cette secte religieuse coulante permet même à ses prêtres et ses guérisseurs de remplir leurs poches : ainsi le penchant matériel le plus puissant de l'homme, l'amour de l'argent, est habilement associé à ses inclinations métaphysiques. On ne sait vraiment pas comment il faudrait faire pour devenir un martyr de la Christian Science, la plus large, la plus tolérante de toutes les sectes.

Troisièmement, enfin — *last not least* — : si la Christian Science, d'une part, par son adroite neutralité, écarte tout conflit avec l'Etat et la société, elle tire d'autre part le plus grand appoint des sources vitales du christianisme. En faisant reposer sa méthode spirituelle sur le roc de l'Eglise officiellement reconnue et en liant génialement sa « Science » au mot « Christian », de tout temps magique en Amérique, Mary Baker pare, pour ainsi dire, aux attaques. Car personne n'osera qualifier à la légère de farce ou de fumisterie une méthode qui a pour modèle le Christ et qui invoque la résurrection de Lazare comme témoignage. Récuser sceptiquement une aussi pieuse ascendance, ne serait-ce point douter en même temps des guérisons de la Bible et des miracles du Sauveur ? Déjà par cet accouplement de sa croyance à l'élément religieux le plus puissant de l'humanité, le christianisme, cette voyante de l'effet pratique prouve sa supériorité, plus tard si victorieuse, sur tous ses prédécesseurs, sur Mesmer et Quimby qui, dans leur honnêteté, avaient négligé de présenter leurs méthodes comme inspirées de Dieu, alors que Mary Baker, rien que par la dénomination donnée à la sienne, a réussi à recueillir dans sa secte toutes les forces torrentielles latentes du christianisme américain.

Ainsi, l'idée de Mary Baker, surgie de l'asphalte, non seulement s'adapte au besoin d'indépendance morale et matérielle de l'Américain, mais encore s'appuie sur sa piété entièrement limitée aux formules officielles de l'Eglise chrétienne. Outre cela, d'un coup qui va droit au but, la Christian Science atteint la couche la plus profonde et la plus importante de l'âme américaine, son optimisme fidèle, naïf, admirablement facile à enflammer. A cette nation qui ne s'est découverte elle-même qu'il y a cent ans, qui, d'un seul coup et d'un seul élan, a techniquement dépassé le monde entier, qui, avec une joie gamine, saine et vraie, s'émerveille sans cesse de son développement inattendu, à cette race si victorieusement réaliste, aucune entreprise ne peut sembler trop hardie, aucune foi en l'avenir trop abstruse. Si en deux siècles, grâce à la seule volonté, on était allé si loin, pourquoi ne pourrait-on pas vaincre la maladie par le même moyen ? Pourquoi ne viendrait-on pas aussi à bout de la mort ? L'excentricité de cet effort demandé à la volonté répondait admirablement à l'instinct américain, que n'avaient pas émoussé, comme l'instinct européen, le doute et le

scepticisme engendrés par deux mille ans d'histoire ;
cette doctrine qui ne troublait en rien la vie privée,
le business, la piété officielle du démocrate yankee
et qui cependant prêtait à son âme les ailes d'un
espoir sublime, défiait plus passionnément que
jamais son énergie, son désir effréné de lutter pour
rendre vrai l'invraisemblable en ce monde. Si cette
hypothèse, la plus hardie des temps modernes, a
trouvé un si bon accueil dans le Nouveau Monde,
c'est grâce à son audace. Et c'est ainsi que des églises
de pierre et de marbre sont sorties du sol américain
pour élever cette religion jusqu'au ciel. Car la passion
favorite de l'esprit humain est toujours de croire à
la possibilité de l'impossible. Et celui qui sait animer
cette passion, la plus sacrée de toutes, triomphe lui-
même dans la partie qu'il a engagée.

CHAPITRE IX

LA DOCTRINE DEVIENT RÉVÉLATION

La pierre angulaire du système est posée, maintenant l'édifice créateur, l'église nouvelle, la haute tour aux cloches retentissantes peut s'élever. Mais dans quel cadre lilliputien, au milieu de quelles tracasseries provinciales ridicules se déroulent les premières années de formation de la jeune doctrine ! Kennedy, l'infidèle, est remplacé par une douzaine d'élèves, dont l'un est horloger, l'autre ouvrier de fabrique ; à ceux-là viennent s'ajouter quelques « spinsters », vieilles filles qui ne savent que faire de leur vie et de leur temps. L'esprit attentif, ces gars trapus sont assis devant leurs pupitres, comme dans une école de village, et, de leurs doigts lourds et calleux, transcrivent les préceptes de la « Science », que leur dicte de sa table la femme austère et impérieuse ; les yeux levés, la bouche à moitié ouverte, les nerfs tendus pour bien comprendre, ils écoutent avec admiration les paroles brûlantes et frémissantes qui jaillissent de ses lèvres. Scène à la fois grotesque et touchante : dans une pièce étroite et puante, qui sent les vieux vêtements, qui respire la pauvreté et les sombres soucis, dans un milieu intellectuellement bas, Mary Baker, pour la première fois, transmet son « mystère » à l'humanité ; quelques prolétaires incultes qui ne veulent rien d'autre que remplacer leur travail machinal abrutissant par un métier plus avantageux et plus agréable représentent les premiers apôtres, le germe, encore obscur, d'un des mouvements spirituels les plus puissants de notre monde moderne !

Ces jeunes hommes candides doivent payer trois cents dollars pour leur apprentissage et prendre douze leçons ; ensuite ils n'ont qu'à enfoncer leur chapeau plus bas que les oreilles et le qualifier de bonnet de docteur. Après cette promotion, il est loisible à chacun d'eux d'installer un cabinet sans plus se soucier de Mary Baker. Mais il se produit un phénomène inattendu : les élèves ne peuvent pas se détacher de leur maîtresse. Voici que se révèle le rayonnement magnifique que dégage cette séductrice, cette dominatrice d'âmes, voici que se manifeste la magie mystérieuse qui lui permet d'entraîner à des efforts intellectuels les natures les plus lourdes et les plus bornées, d'éveiller partout et toujours la passion, l'admiration sans limites ou la haine exaspérée. Il suffit de quelques semaines pour que ses élèves, corps et âme, soient en son pouvoir. Ils ne peuvent plus penser, parler, agir sans leur directrice d'âme, chacune de ses paroles est pour eux une révélation, ils pensent ce qu'elle veut. Mary Baker — c'est cela, sa puissance inouïe — transforme la vie de tous les hommes qu'elle rencontre. Partout et toujours, sa sur-énergie développe une super-tension étonnante dans l'existence d'autrui, qu'il s'agisse d'attraction ou de répulsion. Bientôt commence parmi ses élèves une émulation, tous veulent mettre à son service les forces les plus cachées et les plus actives de leur âme, tous ont une soif furieuse d'abandonner leur volonté à la sienne. Dans leur ravissement, il ne suffit plus qu'elle dirige leurs études, il faut qu'elle soit le guide de leur vie entière, ils veulent lui confier non seulement la direction de leur vie intellectuelle, mais encore de leur vie spirituelle. C'est ainsi que le 6 juin 1875 ses élèves se réunissent et rédigent la décision suivante :

« Attendu que, récemment, la science de guérir,

science nouvelle et hautement supérieure à toutes les autres méthodes, a été introduite dans la ville de Lynn par son inventeur, Mary Baker-Glover ;

« Attendu que de nombreux amis ont propagé la bonne nouvelle dans toute la ville et ont levé la bannière de la vie et de la vérité, qui a proclamé la délivrance de tant de prisonniers enchaînés par la maladie et l'erreur ;

« Attendu que la désobéissance expresse et maligne d'un seul, qui n'a pas de nom dans l'amour de la sagesse et de la vérité, a obscurci la lumière par les nuages de la mésinterprétation et les brouillards du mystère ;

« Attendu que la parole de Dieu a été cachée au monde et bafouée dans les rues, nous, disciples et défenseurs de cette philosophie, de cette science de la vie, avons convenu avec Mary Baker qu'elle prêcherait pour nous tous les dimanches et présiderait nos assemblées. Par le présent nous déclarons, jurons et faisons connaître que nous avons décidé de payer pour la durée d'un an la somme mentionnée sous nos noms, à condition que les cotisations versées par nous ne soient utilisées que pour servir une subvention à ladite Mary Baker-Glover, notre guide et professeur, et pour la location d'une salle convenable. »

Suivent les signatures de huit élèves : Elisabeth M. Newhall, 1 dollar 1/2, Daniel H. Spofford 2 dollars (la plupart des autres 1 dollar ou 50 cents seulement). Sur cette somme on prélève toutes les semaines 5 dollars pour payer les sermons de Mary Baker-Glover.

On est tenté de sourire devant l'insignifiance de ces cotisations. Mais le 6 juin 1875 n'en représente pas moins un jalon dans l'histoire de Mary Baker et de la Christian Science ; à partir de cette date commence la transformation d'une conception personnelle en religion. Du jour au lendemain, la « Moral Science » est devenue « Christian Science », l'école une communauté, la guérisseuse vagabonde une annonciatrice divine. Désormais elle n'est plus une rebouteuse que le hasard a amenée à Lynn, mais une messagère de Dieu envoyée sur terre pour éclairer les âmes. Une fois de plus, en transformant sa puissance jusqu'à présent purement intellectuelle en puissance religieuse, Mary Baker a fait un formidable pas en avant. Extérieurement le phénomène est à peine perceptible : tous les dimanches, dans un local loué à cet effet. Mary Baker-Glover prêche une ou deux heures pour ses étudiants, ensuite on joue sur l'harmonium un chant religieux. Et la pieuse cérémonie matinale est terminée. Rien ne semble donc s'être passé, sinon qu'à côté des milliers et des milliers de sectes minuscules que l'on trouve en Amérique une nouvelle secte s'est créée. Mais en réalité cette métamorphose d'une méthode médicale en un culte religieux implique un bouleversement total de toutes les prémisses : en plein jour et en quelques mois s'accomplit un processus qui, pour toutes les autres religions, a exigé des décennies et des siècles, une croyance terrestre se présente elle-même comme un dogme divin et, par conséquent, irréfutable, un être vivant se mue en mythe, en personnage prophétique et surhumain. Car à partir du moment où la simple « Mind Cure », la guérison par la suggestion, s'allie au service divin, où Mary Baker, de « practitioner », de médecin du corps, devient prêtresse des âmes, où l'action curative se change en action religieuse, à partir de ce moment tout ce qu'il y a de terrestre et de rationnel dans l'origine de la Christian Science doit être consciemment caché. Jamais une religion ne doit être pour ses fidèles une chose enfantée par un cerveau humain, toujours ils doivent considérer qu'elle est descendue des mondes supérieurs et « invisibles », qu'elle a été « révélée » ; pour l'amour de la foi une religion doit affirmer que celui qui est élu par la communauté l'est en réalité par Dieu lui-même. La cristallisation d'une église, la transformation morphologique en commandement divin d'une loi qui, au commencement, ne devait être qu'hygiénique, s'accomplit ici aussi ouvertement que dans un laboratoire chimique. Trait pour trait nous pouvons voir la légende supplanter l'histoire documentaire de Mary Baker, la Christian Science se créer son Horeb de la révélation, son jour de Damas, son Bethléem et son Jérusalem. Sous nos yeux la « Science » de Mary Baker devient une « inspiration », son livre, un ouvrage sacré, sa vie, une nouvelle descente du Sauveur sur la terre.

Une divinisation aussi soudaine exige, bien entendu, pour les fidèles quelques retouches sérieuses au portrait de Mary Baker : tout d'abord, l'enfance de la future sainte doit être soulignée par quelques traits touchants, bien appropriés, dans le genre de la « Legenda Aura ». Que doit avoir entendu une véritable élue de Dieu dans son enfance ? Des voix comme Jeanne d'Arc, le message de l'ange, comme Marie. Naturellement, ces choses sont arrivées à Mary Baker (selon son autobiographie) et cela dans sa huitième année. La nuit, du sein de l'univers, retentit l'appel mystérieux de son nom, et elle répond — à l'âge de huit ans ! — par les paroles de Samuel : « Parle, Seigneur, ton serviteur t'écoute. » On renouvelle ensuite sous une forme peu différente l'entretien de Jésus avec les scribes : interrogée par le pasteur à l'âge de douze ans, la pâle et blonde enfant frappe toute la communauté par sa sagesse précoce. Après un prélude aussi prudent, la « découverte » de la Science peut facilement être changée en « illumination ». Mary Baker a longtemps hésité, avant de fixer la date de cette « illumination » : 1866 (par prudence, après le décès de Quimby).

« En l'an 1866, dit-elle, j'ai découvert la science du Christ ou les lois divines de la vie, de l'amour et de la vérité, et j'ai donné à ma découverte le nom de Christian Science. Dieu, durant de longues années, m'avait miséricordieusement préparée à accueillir cette révélation définitive du principe divin absolu de la "Mind Cure" scientifique. »

Selon cette version échafaudée ultérieurement,

« l'illumination » se produit de la façon suivante : le 3 février 1866, à Lynn, Mary Baker (à ce moment-là encore Mrs. Patterson) glisse sur le pavé et tombe évanouie. On la transporte chez elle, où le médecin — selon ses dires — juge son cas désespéré. Le troisième jour, après la visite du docteur, elle refuse les médicaments prescrits et (d'après ses propres paroles) « élève son cœur vers Dieu ». C'est un dimanche, elle fait sortir les gens qui se trouvent dans sa chambre, prend la Bible, l'ouvre, et son regard tombe sur la guérison du paralytique par Jésus. Immédiatement elle perçoit « le son perdu de la vérité du fond de l'harmonie divine » et saisit avec vénération le symbole du Christ sur la croix, quand il refusa de boire le fiel et le vinaigre pour atténuer les tortures de la crucifixion. Elle voit Dieu « face à face », elle « touche et palpe des choses invisibles », elle comprend cet état en enfant de Dieu, elle l'entend lui dire : « Ma fille, lève-toi ! » Et, sur-le-champ, elle se lève, s'habille, entre dans le salon, où un pasteur et quelques amis, qui attendent, tragiques, prêts à lui apporter la dernière consolation sur terre, restent bouche bée devant ce nouveau Lazare ressuscité ! C'est grâce à ce miracle personnellement vécu que Mary Baker, par une inspiration foudroyante, a reconnu le principe universel de la foi créatrice.

Malheureusement cette belle légende est contredite par le témoignage officiel du médecin, et plus brutalement encore, par une lettre de Mary Baker-Eddy datée du printemps de l'année 1866. Cette lettre, pleine de désespoir et écrite plusieurs semaines après l'accident, est adressée au Dr Dresser, le successeur de Quimby. Tout en lui parlant de sa chute et de ses conséquences terribles pour ses nerfs, elle le supplie ardemment, elle qui est soi-disant guérie depuis longtemps, de venir la soigner selon la méthode de Quimby ! Mais qui donc est Quimby ? Depuis la transformation de la Christian Science en message divin, ce nom a soudain disparu. Dans la première édition de *Science and Health*, une

ligne incolore et accidentelle est encore consacrée à
son maître et bienfaiteur ; mais ensuite, les dents serrées, Mary Baker niera jusqu'au dernier souffle avoir
jamais reçu de Quimby une impulsion quelconque.
En vain lui rappelle-t-on ses articles apologétiques
du *Portland Courier*, en vain publie-t-on ses lettres de
remerciements, en vain lui prouve-t-on avec photographies à l'appui que ses premiers manuscrits pro-
fessoraux ne sont que de plates copies des textes de
Quimby — aucun document n'agit sur la femme qui
a proclamé que tout notre monde réel n'était
qu'« error ». Elle commence par nier avoir jamais
utilisé les manuscrits de l'ex-horloger. Finalement,
mise au pied du mur, elle renverse audacieusement
les faits et soutient que ce n'est pas Quimby qui l'a
éclairée sur la science nouvelle, mais que c'est elle,
au contraire, qui a guidé Quimby. Sa découverte, elle
ne la doit qu'à Dieu, qu'à la grâce divine. Et qui-
conque ose douter de ce dogme n'est point digne du
nom de croyant.

En un an ou deux la transformation la plus frappante s'est accomplie : une méthode laïque avec
laquelle, disait sincèrement et naïvement l'inventrice, « on pouvait se faire en peu de temps de bons
revenus », est devenue un message divin ; l'associée
du docteur-cartonnier Kennedy s'est muée en prophète. L'orgueil insatiable de Mary Baker occupe
désormais une position inattaquable, maintenant
qu'elle fait passer ses désirs pour des ordres divins
et exige l'obéissance à ses prétentions les plus auda-
cieuses au nom de sa mission céleste. A présent, elle
n'annonce plus par exemple que son cours coûte
trois cents dollars en bons billets de banque, mais
elle écrit (textuellement) : « Quand Dieu m'a
conseillé d'établir un prix pour l'enseignement de ma
méthode scientifico-chrétienne de la guérison de
l'âme, une étrange providence m'a amenée à accepter ce salaire. » Son livre (dont elle réclame les droits
d'auteur avec une exactitude féroce) est dû non pas
à sa propre intelligence terrestre, mais à l'inspiration

de Dieu. « Jamais je n'oserais affirmer que j'ai écrit
cette œuvre », dit-elle. Il s'ensuit que toute résistance
à sa personne signifie désormais une révolte contre
le « principe divin » qui l'a élue. Par cet accroissement de puissance, sa personnalité a grandi du jour
au lendemain dans des proportions démesurées : son
autorité peut maintenant se dresser et prendre des
formes gigantesques. Grisée par le sentiment nouveau de sa mission, Mary Baker grise de plus en plus
follement ses auditeurs. Croyant à elle-même comme
à un miracle, elle arrive à se faire croire ; encore une
dizaine d'années à peine et elle aura gagné à sa cause
des centaines de milliers d'individus.

CHAPITRE X

LA DERNIÈRE CRISE

La naissance d'un mouvement religieux est toujours accompagnée de crises et de tensions ; toujours
l'enfantement se fait dans une atmosphère de fièvre
et d'orage. Mary Baker, elle aussi, subit, aux heures
créatrices de cette première phase religieuse, un
grave ébranlement nerveux, qui met même sa vie en
danger. Car l'ascension fantastique du néant à la
toute-puissance s'est accomplie trop brusquement.
La veille encore elle était une malade abandonnée,
une mendiante traquée de mansarde en mansarde,
soudain la voilà l'objet d'une admiration sans
bornes, on la vénère comme une libératrice, une
sainte presque. Effarée, désemparée, les nerfs en feu,
Mary Baker éprouve ce phénomène remarquable,
connu des psychologues et médecins des maladies
nerveuses, qui fait qu'au cours de tout traitement
psychique les patients commencent par rejeter leur
propre trouble, leurs névroses et psychoses sur le
médecin et qu'il doit tendre à l'extrême sa force de
résistance pour ne pas se laisser envahir par les hys-
téries du dehors. Mary Baker est presque emportée
par cet afflux subit d'émotions. Surprise, effrayée par
un succès trop grand, trop violent, elle s'aperçoit que
ses nerfs ne sont pas à la hauteur d'une pareille situation. Elle demande donc le temps de souffler, de se

remettre. Elle conjure ardemment ses élèves de cesser leurs prières, leurs questions, leurs confessions ininterrompues, car elle ne peut plus supporter qu'on se presse ainsi autour d'elle, qu'on se cramponne à elle de cette façon désespérée. Elle les supplie d'avoir pitié, sinon elle en mourra : « Those who call on me mentally, are killing me. » Mais le déchaînement spirituel qu'elle a suscité ne connaît plus de frein. Ses élèves collent à elle leurs lèvres avides et brûlantes et sucent ses forces. En vain se défend-elle, quitte-t-elle même Lynn, un jour « driven into wilderness », fuyant cet amour inattendu, extraordinaire, en vain écrit-elle du fond de son refuge : « Si les élèves continuent à penser à moi et à réclamer mon aide, je serai contrainte, à la fin, de me protéger en me séparant tout à fait d'eux spirituellement par un pont qu'ils ne pourront franchir. » De même qu'un homme mourant de faim, au lieu de digérer une nourriture soudain offerte, la rend avec répugnance, parce que son estomac, irrité par une privation trop longue, est incapable de la supporter, de même, ici, une âme accoutumée depuis dix ans à la solitude ne répond d'abord à une admiration aussi soudaine que par une brusque défense et un effroi désespéré. Mary Baker n'a pas encore compris le miracle de son influence que déjà on exige d'elle des miracles. A peine se sent-elle guérie que l'on veut faire d'elle une guérisseuse toute-puissante et une sainte. Ses nerfs ne résistent pas à une poussée aussi folle : l'œil fiévreux, elle cherche de tous côtés quelqu'un qui puisse venir à son secours.

A cela vient s'ajouter, chez cette femme arrivée à l'âge critique, un certain bouleversement. Eloignée des hommes depuis plus de dix ans, veuve ou abandonnée, le premier adolescent qui a vécu dans son proche voisinage, Kennedy, bien qu'il se soit montré indifférent, a été pour elle une cause de tourment. Maintenant elle se trouve soudain du matin au soir au milieu d'hommes enflammés, de jeunes hommes qui tous font assaut de dévouement, d'attachement et d'admiration à son égard. A peine la voient-ils qu'une émotion profonde s'empare d'eux et qu'ils lèvent vers elle des regards à la fois rayonnants et craintifs ; ils acceptent chacune de ses paroles comme une vérité, chacun de ses désirs comme un ordre. Mais — question que seul, peut-être, s'est posée son inconscient — cette vénération masculine s'adresse-t-elle uniquement au guide spirituel ? Ne va-t-elle peut-être pas aussi à la femme ? Conflit insoluble pour sa sévère nature puritaine, qui se cache à elle-même depuis des dizaines d'années les désirs de son corps ! Le sang de la femme plus que cinquantenaire troublé par Kennedy ne paraît pas encore complètement apaisé : en tout cas, l'attitude de Mary Baker vis-à-vis des étudiants manque d'équilibre, sa conduite varie d'un extrême à l'autre, elle a des hauts et des bas continuels de camaraderie intime et de despotisme brutal et méprisant. Il y a, dans la vie sexuelle de Mary Baker, quelque chose qui n'a jamais été normal : l'indifférence dont elle fait montre à l'égard de son propre enfant (on serait presque tenté d'y voir de l'exécration) et la tentative toujours renouvelée de compenser cette absence de sentiment maternel par le mariage ou l'adoption d'hommes plus jeunes rendent son monde sentimental très énigmatique. Toute sa vie, elle a eu besoin de jeunes hommes autour d'elle, ce voisinage la calme et la trouble en même temps. Les ordres de « se détourner » d'elle, qui ne sont que des convoitises secrètes, révèlent toujours plus nettement, de semaine en semaine, le désordre de son âme. Finalement elle écrit à Harry Spofford, son élève préféré, le seul que, par une marque de tendresse particulière, elle appelle par son prénom, une lettre fougueuse et confuse où se lit une résistance désespérée qui la trahit tout à fait. « Voulez-vous me laisser vivre ou me faire mourir ? » dit-elle à cet homme qui ne se doute de rien ; « vous êtes seul coupable de ma rechute et je ne guérirai jamais, si vous ne vous maîtrisez pas et ne détournez pas entièrement de moi vos pensées.

Ne revenez plus chez moi, jamais plus je ne croirai un homme. »

« Jamais plus je ne croirai un homme » écrit-elle, surexcitée, à Spofford, le 30 décembre 1876. Mais vingt-quatre heures plus tard, le 31 décembre, le même Spofford reçoit avec surprise un nouveau billet de Mrs. Baker qui l'informe qu'elle a changé d'opinion et qu'elle épouse le lendemain Asa Gilbert Eddy, un autre de ses élèves. En vingt-quatre heures, Mary Baker s'est lancée dans une folle aventure : redoutant un effondrement total de ses nerfs, elle s'accroche désespérément à n'importe quel homme, à celui qu'elle a sous la main, uniquement pour ne pas sombrer dans la démence, et exige son consentement. Elle se lie au premier venu de ses élèves, car jusqu'ici nul dans la communauté, pas plus que Mary Baker elle-même, vraisemblablement, n'avait remarqué chez elle le moindre indice d'un penchant particulier pour l'étudiant Asa Gilbert Eddy, son cadet de onze ans, ancien représentant en machines à coudre, brave garçon, un peu maladif, à la jolie figure, aux yeux clairs et inexpressifs. Au bord de l'abîme, elle attire donc violemment à elle cet homme modeste et insignifiant, qui, surpris lui-même par la soudaineté incompréhensible de son inclination, déclare honnêtement à Spofford, aussi ébahi que lui : « I didn't know a thing about it myself until last night. » Mais, bien entendu, comment un élève refuserait-il une telle distinction de la part de la divine maîtresse ? Il accepte aveuglément et immédiatement cette proposition qui l'honore et va le même jour demander les papiers nécessaires aux autorités. Et le lendemain — on reconnaît la volonté impétueuse de Mary Baker à cette hâte enragée, — le 1er janvier 1877, elle convole en troisièmes noces. Au cours de la cérémonie, la vérité est vivement camouflée une fois de plus : unanimement, les deux fiancés déclarent n'être âgés que de quarante ans, bien qu'Eddy en compte quarante-cinq et que Mary Baker n'en ait pas moins de cinquante-six. Mais que signifie la « chronology », une futile question de chiffres pour une femme qui compte par éternité et considère toute notre réalité terrestre comme une folle illusion des sens ? Celle qui dans son manuel a condamné théoriquement le mariage est devant l'autel pour la troisième fois : mais cette fois-ci le nouveau nom qu'elle acquiert n'appartient pas à elle seule ; il appartient aussi à l'histoire. Personne n'a honoré ni connu cette fille de fermiers lorsqu'elle s'appelait Mary Glover ou Mary Patterson ; ses époux antérieurs ont disparu sans laisser de traces dans l'histoire contemporaine. Mais ce nouveau nom, Mary Baker-Eddy, elle le lance sur les cinq continents de notre monde et elle apporte comme cadeau de noces à un petit représentant en machines à coudre, du nom d'Eddy, la moitié de sa gloire.

Des décisions aussi rapides, aussi foudroyantes, à des moments où le destin est en jeu, caractérisent parfaitement Mary Baker-Eddy. Les déterminations les plus importantes de sa vie ne naissent jamais d'une réflexion logique consciente, mais sont en quelque sorte des explosions volcaniques d'énergie provoquées par son inconscient. Tantôt géniale et tantôt tout à fait absurde, ses nerfs surexcités se déchargeant toujours en décisions brusques, elle ne peut pas du tout en rendre responsable son moi conscient. Quoi d'étonnant alors qu'elle se croie inspirée par Dieu, qu'elle considère que ses décharges nerveuses sont provoquées par une étincelle supra-terrestre et qu'elle est une élue du Verbe prophétique ? N'est-ce pas d'ailleurs pour elle un miracle de voir sans cesse ses indécisions les plus douloureuses résolues par l'éclair subit d'une sorte de révélation et généralement de la façon la plus heureuse ? Car ses impulsions et ses élans soudains atteignent presque toujours leur but : l'instinct de Mary Baker est cent fois plus intelligent que sa raison, son génie mille fois plus grand que son esprit. Dans cette crise décisive de sa féminité, les délibérations préalables les plus minutieuses n'auraient pu aboutir, du point de vue thérapeutique, à rien de mieux qu'au choix d'un compagnon aussi doux et aussi flottant ; d'un homme sur lequel, précisément parce qu'il était faible, elle pouvait s'appuyer en toute confiance. Sans cet Asa Gilbert Eddy, tranquille et tranquillisant, sans ce soutien elle n'aurait probablement pas résisté à la tempête des années critiques.

Car les années suivantes de la Christian Science seront critiques. Un instant il semble même que la communauté créée à grand-peine va se dissoudre, la citadelle de la foi s'écrouler en pleine construction. En réponse au mariage de Mary Baker, son élève fidèle entre tous, Spofford, le collaborateur de *Science and Health*, atteint dans son orgueil, quitte le cercle des croyants, et, comme Kennedy, ouvre sa propre boutique de Christian Science à Lynn. Naturellement, Mary Baker-Eddy, dont la nature impérieuse n'admet pas de désertion, lance contre lui les plus furieux anathèmes et lui intente procès sur procès. Elle répand l'accusation maniaque que Spofford, tout comme Kennedy, exerce à distance une influence télépathique maligne, qu'il empoisonne, avec son M. A. M., son « malicious animal magnetism », la santé de braves gens qui ne se doutent de rien. Toujours Mary Baker poursuit d'une haine féroce les élèves qui l'abandonnent, car elle sait, comme tous les fondateurs d'Eglises — rappelonsnous la haine de Luther contre le « cochon » de Zwingli, Servet brûlé par Calvin à cause d'une seule divergence d'opinion théologique ! — que justement pendant la période constructive tout schisme, toute division, ébranle l'édifice entier. Mais les surexcitations historiques des premiers conciles de l'Eglise paraissent peu de chose comparées au fanatisme, à la folie furieuse de Mary Baker, éternellement démesurée. Cette femme aux sentiments toujours outrés, aux passions insondables, ne recule pas devant les extravagances les plus manifestes quand elle veut anéantir un adversaire. Il se produit quelque chose d'incroyable, une absurdité comme il n'en est pas arrivé en Amérique depuis cent ans : un tribunal moderne est appelé à s'occuper d'un véritable procès de sorcellerie. Car la toute-puissance psychique de Mary Baker prive à un tel point ses adeptes de raison que le 14 mai 1878, en plein XIXᵉ siècle, une des élèves qui lui sont dévouées corps et âme, et qui haïssent de sa haine, la scientiste Miss Lucretia Brown, porte publiquement plainte contre Daniel H. Spofford, qu'elle accuse de lui avoir « occasionné depuis un an par son pouvoir magique et dans l'intention de lui nuire de grandes souffrances morales et physiques, des douleurs nerveuses et dorsales violentes, ainsi que des troubles mentaux passagers ». Bien qu'il fût établi que Spofford n'avait jamais soigné la bonne mademoiselle Lucretia, qu'il ne lui avait jamais parlé, qu'il ne l'avait jamais vue, que par conséquent il ne pouvait s'agir que de magie médiévale, d'ensorcellement télépathique par le « mauvais œil », ce procès, le plus curieux des temps modernes, vint quand même en justice. Le juge, bien entendu, se déclara incompétent en matière cabalistique et jeta en riant l'accusation de sorcellerie au panier. Après ce discrédit catastrophique on pouvait s'attendre à une explosion de gaieté purifiant l'atmosphère de Lynn surchauffée par ces chicanes théologiques « mentales ». Mais Mary Baker n'a pas du tout le sens du ridicule ; elle prend désespérément au sérieux sa haine comme sa foi. Elle ne cède pas : Spofford doit disparaître comme Kennedy. Une plainte succède à l'autre, tous les mois Mary Baker vient avec une nouvelle affaire devant le tribunal. Finalement, le juge en arrive à sourire chaque fois que cette femme grisonnante et décharnée s'avance vers lui les lèvres pincées et lui soumet avec nervosité un nouveau grief : tantôt c'est un élève qui ne veut pas la payer, tantôt c'est un autre, déçu, qui exige qu'on lui rende l'argent qu'il a versé, tantôt c'est quelqu'un qui lui a « pris » une thèse. Un jour une élève déclare qu'on ne lui a enseigné que des billevesées et exige une indemnité, le lendemain Mary

Baker réclame d'un de ses élèves infidèles le paiement de son « initiation » ; bref, dans l'étroitesse de
ce cadre provincial, l'énergie extraordinaire de Mary
Baker, sa puissance démoniaque de suggestion se
perdent dans les chicanes les plus stupides. Déjà un
des drames intellectuels les plus remarquables des
temps modernes menace de dégénérer en une simple
farce.

Les élèves finissent par s'en rendre compte. Ils
flairent le ridicule de ces accusations de sorcellerie,
de cette « démonophobie » pathologique de leur
guide. Petit à petit se réveille chez eux le nerf depuis
longtemps engourdi du « common sense ». Huit de
ses adeptes jusque-là les plus fidèles se réunissent
secrètement et décident de ne plus approuver toute
cette folie haineuse et stupide du « malicious animal
magnétism ». Ils sont entrés dans la Christian
Science, déclarent-ils unanimement, parce qu'elle
leur est apparue comme un message de la toute
bonté et de la seule souveraineté de Dieu ; mais Mary
Baker, agissant ainsi comme toutes les religions, a
glissé après coup dans l'Univers le diable à côté de
Dieu. Eux se refusent à reconnaître dans le monde
souverainement divin ce diable ridicule dit « malicious animal magnetism » et incarné en d'aussi
pauvres figures que Spofford et Kennedy. Le
21 octobre, les huit vétérans de la Christian Science
publient donc la déclaration suivante :

« Nous soussignés, tout en reconnaissant et en
appréciant la conception de la vérité que nous a aidé
à comprendre notre professeur, Mrs. Mary Baker,
avons été amenés par l'intelligence divine à constater avec regret sa déviation du droit et étroit chemin
(le seul qui mène au développement des vertus chré-
tiennes). Cette déviation se manifeste par des accès
d'indignation fréquents, par l'amour de l'argent et
par un penchant à l'hypocrisie ; par conséquent,
nous ne pouvons plus nous soumettre à une direction semblable. Pour cette raison, sans la moindre
trace dans nos cœurs de haine, de vengeance ou de

rancune mesquine, mais uniquement guidés par le sentiment du devoir envers elle, envers la cause et envers nous-mêmes, nous déclarons respectueusement nous retirer de l'union et de l'Eglise des scientistes chrétiens. »

Cette déclaration est pour Mary Baker-Eddy un coup de massue. Elle court sur-le-champ chez chacun des déserteurs et exige qu'il retire sa démission. Mais comme tous restent inébranlables, elle veut au moins avoir raison devant son orgueil forcené. Elle renverse vivement les faits et prend (comme le dit, flagorneuse, la biographie rose) « une décision de maître » : elle conteste aux démissionnaires le droit de quitter d'eux-mêmes la communauté et ordonne aux huit élèves qui ont déjà refermé la porte derrière eux de sortir de la maison ! Mais ces victoires mesquines ne peuvent changer le fait décisif. Mary Baker-Eddy a échoué à Lynn. Les éternelles chicanes amènent la désagrégation de la communauté, déjà les journaux réservent à la Christian Science une rubrique humoristique permanente. Son œuvre tombe en ruine. Il ne lui reste plus que la possibilité de la reconstruire autre part, sur des bases plus larges et plus solides. La prophétesse méconnue tourne le dos au Bethléem ingrat et se transporte à Boston, le Jérusalem de la spiritualité américano-religieuse.

Une fois de plus — la quantième ? — Mary Baker a perdu la partie. Mais justement cette dernière défaite devient sa plus grande victoire, car cette émigration forcée lui rend la route libre. Du fond de Lynn, sa doctrine ne pouvait grandir et s'étendre. La disproportion entre sa mégalomanie et la mesquine résistance de ce cercle étroit était trop absurde. Une volonté comme celle de Mary Baker a besoin d'espace pour agir, une foi comme la sienne exige comme terrain d'ensemencement non pas un lopin de terre, mais tout un pays : elle reconnaît qu'aucun sauveur ne peut accomplir de miracles quand les voisins regardent journellement ce qui se passe chez lui ; nul ne peut rester prophète dans le train-train quotidien et la familiarité. Le mystère doit entourer le miracle, le nombre ne se dessine que dans la pénombre de la solitude intérieure. Ce n'est que dans une grande ville que Mary Baker pourra s'épanouir dans toute sa grandeur.

Mais le destin la veut encore plus résolue pour cette tâche décisive. Encore une fois, la dernière, la dure poigne d'antan s'appesantit sur la sexagénaire. A peine est-elle installée à Boston, à peine a-t-elle posé les nouvelles bases, plus larges et plus solides, de la Christian Science qu'un coup terrible la frappe. Asa Gilbert Eddy, son jeune époux, a toujours souffert du cœur, c'est d'ailleurs ce manque de santé qui l'a poussé vers Spofford et la Christian Science. Voici que la maladie empire rapidement. En vain Mary Baker applique-t-elle avec plus de ferveur que jamais sa « Science » à l'homme qui lui importe le plus, en vain tente-t-elle de secourir celui qui est le plus proche par le traitement « mental », expérimenté sur tant d'indifférents, le cœur épuisé, les artères durcies ne veulent pas guérir par les prières. Sous les yeux de la thaumaturge, Eddy s'éteint lentement. Celle qui a apporté et annoncé la santé à des milliers et des dizaines de milliers d'individus se voit impuissante — destin tragique ! — devant la maladie de son propre mari.

En cet instant dramatique — le plus humain de sa vie — Mary Baker trahit sa science. Car dans sa détresse elle fait ce que toujours elle défend tyranniquement aux autres : elle n'essaie pas plus longtemps de sauver son mari « by mind », mais elle appelle au chevet du mourant un vrai médecin, le Dr Rufus Neyes, un de ces « confectioners of disease ». Une fois, une seule fois, cette âme indomptable capitule devant son éternelle ennemie, la réalité. Le Dr Neyes diagnostique une maladie de cœur très avancée et prescrit de la strychnine et de la digitale. Mais il est trop tard. La loi éternelle est plus forte que la foi, plus puissante que la science. Le 3 juin 1882,

Asa Gilbert Eddy meurt en présence de cette femme qui, devant des milliers d'individus, a déclaré la maladie et la mort impossibles.

C'est la seule et unique fois, au chevet de son mari agonisant, que Mary Baker a renié sa foi : au lieu de se fier à sa « Science », elle a appelé un médecin. Devant la mort, cette géante de la volonté, elle aussi, a baissé pavillon. Mais rien qu'un instant. A peine Asa Gilbert Eddy a-t-il rendu le dernier soupir que la veuve se redresse, plus entêtée, plus obstinée que jamais. Elle déclare que le diagnostic confirmé par l'autopsie est faux ; Asa Gilbert Eddy n'est pas mort d'une maladie de cœur, il a été empoisonné par un « metaphysical arsenic », par un « mental poison » et elle n'a pu le sauver à l'aide de la « Science » parce que ses propres forces étaient alors paralysées par le magnétisme télépathique de Spofford et de Kennedy. Elle écrit textuellement (pour affaiblir l'impression pénible produite par cette mort sur les fidèles) : « My husband's death was caused by malicious mesmerism... I know it was poison that killed him, but not material poison, but mesmeric poison... after a certain amount of mesmeric poison has been administered, it can not be averted. No power of mind can resist it. » Sur la tombe de son mari elle agite encore frénétiquement la question du poison magnétique à distance, cette stupidité monstrueuse. Comme toujours à ses moments décisifs elle est ridicule et d'une sublime absurdité.

Mais c'était là son dernier choc. Elle a enterré son premier mari, le deuxième l'a abandonnée, voici le troisième au tombeau. Désormais elle n'est liée à nul être par l'amour, à nulle chose au monde par la passion ; elle ne vit, à partir de cette heure, que pour une seule et unique cause : son œuvre. De tout son effort et de toute sa peine il ne lui reste, à soixante ans, que cette foi en sa foi, fanatique, fantastique, inattaquable et inébranlable. Et c'est avec cette force incomparable que maintenant, vieille femme, elle va conquérir le monde.

CHAPITRE XI

LE CHRIST ET LE DOLLAR

Lorsqu'elle revient de la tombe de son troisième époux, Mary Baker compte soixante et un ans, l'âge d'une aïeule ; époque de la vie où d'autres femmes mettent une coiffe noire et se tiennent comme des ombres, dans un coin ; âge où la première indifférence, la première lassitude envahit l'homme, car combien de temps encore pourra-t-on agir, et pour qui ? Mais pour cette femme étonnante l'heure mondiale résonne d'une façon différente. Plus hardie, plus intelligente, plus clairvoyante et plus passionnée que jamais, Mary Baker commence son œuvre véritable à soixante et un ans.

L'opposition a toujours fait sa force ; seule la résistance accroît sa puissance. Elle doit au désespoir sa guérison, à la maladie le sens de sa vie, à la pauvreté son furieux désir de s'élever, à l'incroyance des autres sa foi indestructible en elle-même. Le fait que Lynn, ville où elle fonda son Eglise, l'a chassée devient un avantage décisif pour l'épanouissement de sa doctrine. Car les limites d'une petite ville de cordonniers étaient trop étroites pour l'ampleur de ses plans ; le levier formidable avec lequel elle veut soulever le monde ne pouvait y trouver un appui assez solide ; elle y était trop séparée des grands facteurs du succès. A Boston, à la vue de la ville industrielle moderne, elle se rend immédiatement compte qu'il faut adapter à son idée « mentale » tous les moyens matériels, toute la mécanique de la technique, de la propagande, de la publicité, de la presse et de l'activité commerciale, qu'il faut assujettir en quelque sorte l'appareil spirituel sur des roues d'acier, afin qu'il transporte au ciel le cœur des hommes, comme le char de feu d'Elie.

Elle établit donc immédiatement son édifice sur des bases plus vastes. L'indigence, elle l'a reconnu, nuit à l'homme en ce monde terrestre : on ne croit guère à la force de celui qui ne paie pas de mine. Au lieu de louer encore une pitoyable baraque en bois d'un seul étage, elle achète donc, avec l'argent largement gagné à Lynn, un immeuble en pierre de trois étages avec salles de réception, joli salon, tapis et tableaux, situé dans la Columbus Avenue, le plus riche quartier de la ville. Dans la classe, on voit des pupitres brillants et non plus, comme jadis, à peine rabotés, car à Boston elle n'attend plus comme élèves des savetiers, des gars à la lourde démarche, mais du « refined people » ; il ne faut pas que la pauvreté vienne effaroucher cette clientèle nouvelle. Dehors, une enseigne toute neuve, une grande plaque d'argent indique un niveau social plus élevé. Pour Boston « Teacher of moral science » est trop modeste, trop discret, trop mesquin. On pourrait trop facilement la mettre au même rang que les tireuses de cartes, les télépathes et les spirites. C'est pourquoi l'école adopte avant tout un nom plus grandiloquent : la Christian Science devient une université, le « Massachusetts Metaphysic College »... D'après le programme, on y enseigne, avec l'autorisation de l'Etat, la pathologie, la thérapeutique, la philosophie, la métaphysique et leur application pratique aux maladies. Du jour au lendemain, avec une rapidité américaine, une maîtresse d'école de province s'est muée en agrégée d'université, la guérisseuse a quitté son officine pour une chaire de professeur, le cours « mental » express est devenu une faculté officiellement reconnue.

Une chose qu'il faut admirer plus encore que cette transformation extérieure, c'est l'adaptation plus simultanée de Mary Baker-Eddy à son ascension : à chaque succès qu'elle remporte, cette femme grandit socialement et intellectuellement. Ici, où elle n'attend comme auditrices que des femmes du monde, des gens cultivés — ou, disons plus prudemment, à demi cultivés — elle ne fait pas un seul instant, même dans la meilleur « society », l'impression d'une provinciale ou d'une inférieure ; dès le début, se manifeste sa capacité extraordinaire de monter : sur-le-champ, elle est la « Lady » qui s'impose. Celle qui pendant quarante ans s'est vêtue de chiffons bon marché reçoit, à l'heure du thé, en toilette élégante. Elle se sent victorieusement à la hauteur de toute conversation, et le dimanche, lorsque, habillée de satin blanc, le regard clair et puissant sous la chevelure lentement grisonnante, elle monte en chaire dans son église, chacun retient son souffle devant sa silhouette imposante et majestueuse.

Dès les premières paroles, les auditeurs se sentent empoignés par son éloquence séduisante. Dans ses discours et ses écrits, dans sa vie et sa doctrine, cette femme franchit, au cours d'une décennie, tous les obstacles provenant de sa modeste origine et de son éducation défectueuse : elle apprend sans apprendre, tout afflue véritablement à elle. Bientôt une auréole aux ailes puissantes la couronne, une admiration toujours plus passionnée grandit autour d'elle ; mais les expériences de Lynn ont enseigné à l'observatrice perspicace que l'on ne peut garder son auréole intacte qu'en se tenant à distance. Maintenant, Mary Baker ne laisse plus aucun étranger s'approcher de sa vie, elle ne tolère plus que le monde jette dans son intérieur des regards indiscrets. L'effet est d'autant plus grand quand elle entre dans sa classe ou monte en chaire le dimanche : on dirait toujours alors qu'elle sort d'un nuage de mystère ; entre elle et le

monde elle a maintenant intercalé des tampons
vivants, un secrétaire privé et des employés qui lui
épargnent toutes les discussions d'affaires désagréables. Grâce à cette invisibilité, le fait pour un
élève d'être reçu par elle, exceptionnellement, en particulier, ou pour de rares personnes d'être invitées
dans son salon, est considéré comme une distinction
extraordinaire ; dans la ville gigantesque, au milieu
du tonnerre des rues, du vacarme de la Bourse, du
déferlement torrentueux des masses affairées, une
légende, peu à peu, se crée autour de sa personne. A
Boston déjà, Mary Baker est devenue un mythe.

Cependant elle reconnaît avec clairvoyance que si
le secret et le silence augmentent l'effet psychique
d'un nom, la doctrine, par contre, a besoin d'être
claironnée par de solides poumons. L'Amérique de
1890, elle s'en aperçoit immédiatement au mouvement de la grande ville, n'est pas un pays fait pour
une évolution calme, lente, silencieuse. Pour y réussir, il faut recourir à l'arme puissante et bruyante de
la publicité, il faut en marteler sans cesse et toujours
le cerveau et la conscience des masses. Une secte
nouvelle doit y être lancée, propagée et affichée
comme une marque de savon, de stylo ou de whisky.
Notre monde est devenu trop grand, trop vaste, pour
qu'un message puisse être porté de bouche en
bouche, comme aux premiers jours de l'humanité.
Ici, pour que l'annonce d'un message atteigne la Californie et le Kentucky, il faut avoir à sa disposition un
porte-voix, un mégaphone, qui retentisse jusqu'aux
rives du Pacifique. Au siècle de l'imprimé, tout ce qui
est nouveau a besoin du journal, et puisque sa doctrine laisse indifférents les grands quotidiens, elle
prend la résolution de fonder, comme premier et
principal moyen de propagande, son organe à elle,
le *Christian Science Journal*. Elle triomphe ainsi de
l'espace, elle accroît à l'infini la portée de sa parole.
La fondation du *Christian Science Journal* décide
immédiatement de la victoire de la Christian
Science : des malades de province qui n'ont trouvé

la guérison nulle part apprennent, par les cures miraculeuses imprimées en gros caractères, l'existence à Boston de la méthode médicale universelle. Aucun chemin n'est trop long pour les désespérés. Bientôt, il en est qui tentent l'expérience. Des patients viennent de New York, de Philadelphie, quelques-uns guérissent et répandent la doctrine. D'autre part, les healers des différentes villes, les premiers évangélistes de Mary Baker-Eddy font insérer leur adresse dans le *Journal* et grâce à cet enchaînement la roue du succès tourne de plus en plus rapidement. Car tout healer a le plus grand intérêt à propager la doctrine et la foi, afin d'améliorer ses possibilités de gains ; tout nouveau « docteur » est un propagandiste du *Christian Science Journal*, il recrute des abonnés, vend des exemplaires de *Science and Health*. Les nouveaux lecteurs amènent de nouveaux patients au Massachusetts College ; certains des malades guéris profitent de l'occasion pour devenir eux-mêmes des healers, qui, à leur tour, recrutent des abonnés et des patients. Tout s'enchaînant de cette façon, le tirage du journal augmente, de même que les éditions du livre et le nombre des croyants. Dès que dans un endroit quelconque il y a un premier adepte, on y voit quelques mois après s'installer un healer, dont les patients forment une communauté, et ceci se répète d'une ville à l'autre ; bref, le câble de la Christian Science est finalement relié avec le système nerveux des Etats-Unis. On peut se rendre compte de la poussée irrésistible de la Christian Science d'après les chiffres suivants : en 1883 quatorze healers font de la réclame dans *Christian Science Journal*, en 1886 ils sont cent onze, en 1890 deux cent cinquante. La même année, on voit surgir trente-trois sous-universités de la Christian Science au Colorado, au Kansas, au Kentucky, dans tous les Etats d'Amérique. Les éditions de la *Bible* augmentent dans les mêmes proportions : en 1882 paraît le troisième mille de *Science and Health*, en 1886, le seizième mille ; au tournant du siècle, le trois cen-

tième mille est dépassé. Et de ces nombreux débouchés soudain ouverts, de la vente des livres, du journal, des insertions, des universités et de leurs cours,
commencent à couler des fleuves d'or s'élargissant
toujours et aboutissant tous au livre de caisse de
« Mother Mary ». Les chiffres grossissent formidablement de décennie en décennie. Elle encaisse des
milliers et des centaines de milliers de dollars
d'honoraires pour ses cours, autant pour son livre,
des centaines de milliers de dollars sous forme de
cadeaux et des millions comme libéralités pour la
construction d'églises.

Mary Baker-Eddy n'a jamais tenté de détourner
d'elle cet afflux d'or inattendu ; au contraire, du jour
où cette vieille femme a tenu entre ses doigts durs et
osseux la poignée de l'appareil à pressurer les fidèles,
elle ne l'a plus lâchée. Parmi les nombreux dons qui
ont sommeillé, invisibles, en Mary Baker, pendant un
demi-siècle, il y avait aussi un sens des affaires vraiment génial, un amour effréné de l'argent que les
premiers gains ont réveillés. Avec cet acharnement
tenace dont elle use pour soumettre à son âme
assoiffée d'autorité toutes les puissances de la terre,
elle attire maintenant à elle l'argent, la forme de
puissance matérielle la plus manifeste de notre
monde. Plus la Christian Science se montre lucrative, plus elle est organisée commercialement par sa
directrice chez qui s'est révélé un sens pratique surprenant. Comme dans toute maison de commerce
bien dirigée, elle branche sans cesse sur son entreprise, d'après le système des trusts, des départements
nouveaux. Dès que le débit de *Science and Health*
prend de grandes proportions, Mary Baker-Eddy
augmente le prix de vente de cinquante cents et
s'assure un beau dollar de droits d'auteur par exemplaire. En outre, elle fait des corrections à chaque
nouveau tirage, pour ainsi dire, car les adeptes
fidèles, acheteurs des précédentes éditions, se pro-
curent toujours la « définitive » ; ainsi, l'on évite tout
ralentissement dans la vente. Derrière la cause reli-

gieuse apparaît de plus en plus visiblement l'organisation financière ; on voit surgir toute une industrie d'articles de la Christian Science : livres, brochures, insignes de l'association, « photographies authentiques » de Mary Baker, à cinq dollars pièce, « Christian Science spoons », cuillers d'un affreux mauvais goût, avec son portrait sur émail. Aux gains réalisés sur ces objets viennent s'ajouter les dons des fidèles à leur directrice, soigneusement publiés dans le journal à Noël et au Nouvel An pour stimuler les moins zélés à apporter aussi leur obole : Mother Mary doit à cette douce pression sa grande croix de diamants, son manteau d'hermine, ses dentelles et ses bijoux. De mémoire d'homme, jamais une foi religieuse n'a été aussi rapidement et efficacement transformée en une « affaire » que la Christian Science par le génie financier de sa fondatrice : dix ans de Boston font de la doctrine métaphysique de l'immatérialité du monde une des entreprises matérielles les plus lucratives d'Amérique. Et Mary Baker-Eddy, mendiante encore peu d'années avant, peut fièrement, à la fin du siècle, se dire millionnaire.

Mais, chose inévitable, plus sont vastes les masses dans lesquelles s'introduit une pensée, plus s'éparpille et se volatilise la substance radioactive qui s'en dégage ; toute religion qui sert l'argent ou le pouvoir nuit à son âme. Une idée, une croyance perdent leur influence morale chaque fois que la question profit entre en jeu ; il en est de même ici. Par l'intervention de la publicité et de la propagande, par la commercialisation de la Christian Science qui s'ensuit, Mary Baker-Eddy a tendu le petit doigt au diable : bientôt il la tient tout entière. Cet accouplement singulier d'une méthode prétendue chrétienne avec la finance provoque un déchirement dans l'attitude jusqu'ici fanatiquement droite de Mary Baker-Eddy, et il devient de plus en plus difficile de croire à sa foi depuis qu'elle en fait une si bonne affaire. Car, pour tout esprit honnête, la piété reste inséparable du don de soi, du renoncement aux biens terrestres : Boud-

dha qui abandonne son palais royal et va mendiant
de par le monde pour enseigner la vérité, saint François qui déchire son vêtement et le donne aux
pauvres, le petit commentateur juif de la Bible qui
méprise l'argent et le profit et médite sur les livres
sacrés avec, pour nourriture, une croûte de pain,
tous ceux-là gagnent les gens à eux par le sacrifice et
non par la parole. Jusqu'ici, la voie de toutes les religions conduisant au divin a passé par la pauvreté et
les privations. Mais dans cette nouvelle religion américaine, dans le dogme de Mary Baker-Eddy, un
compte en banque portant intérêt n'apparaît pas du
tout à la prophétesse comme une gêne : se réclamer
du Christ ne l'empêche pas de rafler les dollars d'une
main énergique. A cet endroit, il y a une fissure dans
la conception théologique de la Christian Science, et
c'est là que Mark Twain, le grand écrivain satirique
américain, a frappé hardiment pour renverser l'édifice de Mary Baker-Eddy. Dans sa polémique
brillante, il pose une série de questions épineuses à
la prophétesse qui, avec son mépris de la matière,
empoche par an plus d'un million en dollars très
« matériels ». Puisque son livre *Science and Health*,
selon ses propres dires, n'est pas écrit par elle, mais
lui a été dicté par le ciel, pourquoi, demande-t-il,
place-t-elle la propriété intellectuelle d'autrui sous la
protection légale du copyright ? Pourquoi encaisse-
t-elle des tantièmes qui, au fond, appartiennent à
Dieu ? Et puisqu'elle se réclame dans sa méthode des
guérisons du Christ, qu'elle nous montre donc les
Ecritures où Jésus a exigé, comme elle et ses healers,
de l'argent pour ses guérisons par l'esprit. Il nous fait
toucher du doigt, sous une forme amusante, le
conflit entre la théorie et la pratique en dépeignant
un brave healer qui enseigne avec emphase à son
patient que tout est irréel : l'ulcère qui ronge sa
jambe est irréel, la douleur que cause cet ulcère est
irréelle, la jambe est irréelle, le corps même dont elle
dépend est irréel, l'homme dans ce corps est irréel
et le monde entier est irréel — mais si le malade ne

paie pas tout de suite le traitement en dollars réels, sonnants et trébuchants, le healer court sans hésiter se plaindre au tribunal voisin, bien réel. Mark Twain dissèque impitoyablement le double amour bien singulier de Mary Baker-Eddy, celui de l'auréole et celui de l'argent ; il finit par traiter d'hypocrisie une religion qui ne fait toujours qu'empocher de l'argent, sans jamais enseigner ni exercer le commandement de la charité. Même cet Américain-né, cet Américain cent pour cent, ce fils d'un pays où le sens des affaires n'empêche pas les citoyens d'être en même temps bons chrétiens, est dégoûté par ce commerce religieux ; ce lien trop étroit entre le Christ et le Dollar lui répugne et il emploie contre la prophétesse tout l'art de son ironie.

Mais est-il quelqu'un ou quelque chose qui puisse troubler une Mary Baker-Eddy ? Ce qu'elle dit est toujours vrai, ce qu'elle fait toujours bien. Jamais cette femme superbement despotique n'admettra de qui que ce soit sur terre d'objection à sa façon de penser et d'agir. De même que ses mains ont la dureté qu'il faut pour retenir les rênes de l'autorité et pour rafler l'argent, de même elle a une dureté d'oreille à laquelle se heurte toute contradiction : de très bonne foi, elle n'entend pas ce qu'elle ne veut pas entendre. Il est deux choses, en particulier, auxquelles sa volonté inébranlable ne permettra jamais que l'on touche : son argent et sa foi. Jamais elle n'abandonnera un iota de sa conviction, un cent de ses millions de dollars. Quant au reproche de cupidité qu'on lui lance, elle l'écarte négligemment du bout des doigts. Oui, répond-elle, il est vrai que les scientistes gagnent maintenant beaucoup d'argent, mais c'est justement ce qui prouve la valeur de la Christian Science. C'est au fait que ses propagateurs et ses annonciateurs ne doivent plus, comme jadis, souffrir de privations, que l'on s'aperçoit le mieux de la nécessité et du triomphe de cette Science. « Now Christian Scientists are not indigent, and their comfortable fortunes are acquiered by healing mankind morally, physically and spiritually », dit Mary Baker-Eddy. Et si Dieu lui a commandé jadis d'exiger qu'on la paie pour son enseignement et son traitement, elle a compris après coup le sens de cet ordre divin : en faisant un sacrifice matériel, le patient augmente, ainsi que l'a démontré l'expérience, sa propre volonté de croire. Plus le sacrifice est lourd, plus il active intérieurement sa guérison. En vérité, pour Mary Baker-Eddy, l'argent c'est la puissance, et jamais elle n'en laissera échapper volontairement de ses mains la moindre parcelle. Sans se soucier des oppositions, elle branche sur le moteur de la Christian Science le courant électrique de la « publicity » dont le dynamisme inépuisable alimente tous les mouvements et toutes les entreprises modernes. Et un succès sans exemple en Amérique donne raison à sa chasse aux âmes. Maintenant que les rotatives répandent ses paroles écrites à des centaines de milliers d'exemplaires ; maintenant qu'une agence a développé son influence, qui n'était jadis que personnelle, jusqu'à la rendre anonyme ; maintenant qu'une organisation méthodique a relié tout le réseau nerveux du pays, la doctrine se répand avec une rapidité extraordinaire et dépasse les espoirs les plus audacieux. Son rayonnement s'étend de jour en jour ; depuis longtemps la puissance spirituelle de Mary Baker-Eddy embrasse non seulement Boston et le Massachusetts, mais encore toute la région immense de l'Atlantique au Pacifique.

Lorsque, en 1888, cinq ans après l'inauguration de la fameuse « Université », Mary Baker-Eddy se décide enfin à réunir ses fidèles en un congrès à Chicago, elle connaît la griserie mystique de l'enthousiasme des masses, elle jouit de sa première victoire complète et indiscutable. On attendait huit cents délégués de la Christian Science, mais quatre mille personnes accourent pour voir la « Prophétesse de Boston » (c'est ainsi qu'on l'appelle déjà) en chair et en os. Quand elle entre dans la salle du congrès, tous les assistants se lèvent, électrisés, et lui font une ovation interminable. A une tempête d'enthousiasme aussi fougueuse, elle ne peut répondre par un silence hautain. Bien que ce ne soit pas son intention, l'attente respectueuse de ces quatre mille hommes aux nerfs tendus l'oblige à faire un exposé du sens de sa doctrine. Elle monte, hésitante, à la tribune, regarde méditativement la foule de ses yeux gris, puis commence à parler sans préparation, lentement d'abord ; mais bientôt elle est emportée par l'exaltation de cette heure triomphale et ses paroles jaillissent si passionnées, si enflammées et si enflammantes, que les journalistes, comme au fameux discours de Lincoln à Bloomington, s'arrêtent de sténographier. Jamais, ses fidèles l'affirment unanimement, Mary Baker-Eddy n'a parlé plus magnifiquement en public que le jour où elle a senti pour la première fois monter à ses lèvres le souffle vivant de la foule ; jamais elle n'a été plus ardente et plus superbe qu'à ce congrès. Les quatre mille assistants écoutent, haletants, son discours qui monte sans cesse, toujours plus ailé et plus vibrant. A peine a-t-elle terminé que se produit un tumulte dithyrambique ; les auditeurs se précipitent sans retenue sur la tribune, des femmes tendent leurs bras goutteux et crient : « Secourez-moi ! », des hommes baisent ses mains, ses vêtements, ses souliers et il faut déployer une énergie extrême contre cet assaut d'enthousiasme enragé pour que Mary Baker-Eddy ne soit pas renversée et piétinée. Cette exaltation excessive menace de tourner au tragique : au milieu de l'allégresse, on entend des cris perçants de douleur, des dentelles et des robes de soie sont déchirées, des bijoux perdus ; des fidèles grisés se battent pour toucher ses mains ou seulement un pli ou l'ourlet de sa jupe en croyant trouver la guérison dans ce seul contact. D'après le rapport officiel du *Christian Science Journal*, onze malades furent complètement guéris ce jour-là rien que par la présence de la prophétesse !

Cette « fête de l'esprit » en juin 1888 apporte à

Mary Baker-Eddy la victoire définitive. Elle a conquis l'Amérique. Mais à présent ses fidèles veulent un souvenir de ce triomphe. Ils veulent que l'église invisible qui s'est si magnifiquement affermie dans les âmes s'élève extérieurement, aussi imposante, en pierre de taille. L'idée de cette métamorphose d'une théorie spirituelle en un temple terrestre place la Christian Science, une fois de plus, devant un tournant nouveau et dangereux. Et Mary Baker-Eddy, avec son instinct infaillible, hésite quelque temps. Dans la première édition de *Science and Health* parue à l'époque la plus décisive de sa vie, elle s'était encore nettement et expressément prononcée contre les temples visibles ; elle avait même traité d'erreurs les cérémonies et les rites mystiques introduits par les disciples du Christ. « Churches rites and ceremonies draw us to material things. » Les rites religieux nous attirent vers les choses terrestres, et l'adoration dans un temple n'est pas l'adoration véritable, écrivait-elle alors, en 1875. Mais lorsque, maintenant, en 1888, on lui propose de construire une église à elle, un sanctuaire à elle, « Mother Mary » ne peut résister à la tentation de se laisser diviniser. Après quelque hésitation, elle accepte. Ses apôtres recueillent en hâte l'argent nécessaire, et pour la première fois depuis les derniers empereurs romains on voit se lever un sanctuaire érigé pour un vivant. Pour la première fois, sur le fronton d'une église chrétienne, où l'on grave d'ordinaire des dédicaces à Dieu ou à un saint, on peut lire le nom d'un particulier : « A testimonial to Our Beloved Teacher, the Rev. Mary Baker-Eddy, Discoverer and Founder of Christian Science. » L'intérieur est tapissé de sentences prises dans deux livres sacrés, la Bible et les Evangiles déjà canonisés de Mary Baker-Eddy. La partie la plus extraordinaire de la sainte maison est « the mother's room », une chapelle garnie de précieuses boiseries et ornée de marbre et d'onyx qui lui sert d'habitation quand elle visite l'église et que personne, à part elle, n'a le droit d'utiliser. Une flamme éternelle, symbole de l'éternelle durée de la Christian Science, brûle dans cette demeure. Et le vitrail — qui dans d'autres cathédrales représente des scènes de la vie des saints — montre Mary Baker-Eddy assise dans son étroite mansarde, illuminée par l'étoile de Bethléem. La divinisation dangereuse a commencé. Pour la première fois dans les temps modernes, des fidèles ont élevé un sanctuaire à une vivante ; rien d'étonnant si bientôt on lui donne le nom de sainte.

CHAPITRE XII

RETRAITE DANS LES NUES

Au crépuscule du XIXe siècle, une vieille femme aux cheveux blancs gravit, d'un pas encore ferme, les marches suprêmes du pouvoir. Elle a commencé son ascension dans la soixantième année de sa vie fantastique, et dans la soixante-dixième elle est arrivée à la crête dorée de la richesse et de la gloire. Mais le sommet est loin d'être atteint ; infatigable, cette femme au cœur d'airain, d'une ambition sans bornes, veut monter de plus en plus haut. Quand elle revient de Chicago, de la « fête de l'esprit », son premier triomphe public, un frisson de vénération secoue la communauté des fidèles. Les disciples frappés d'étonnement se groupent autour d'elle dans une attente fiévreuse : quels nouveaux miracles cette femme extraordinaire va-t-elle maintenant accomplir ? Ne va-t-elle pas, dans une tournée triomphale, avec son éloquence grisante, gagner ville après ville de la gigantesque Amérique ? Des centaines d'académies et de communautés ne se lèveront-elles pas dans le pays ? Un congrès ne suivra-t-il pas l'autre ? Ils savent que désormais elle a dans la main toutes les possibilités. Elle n'a qu'à l'étendre pour attirer à elle l'Amérique entière.

Mais la preuve du génie psychologique extraordinaire de Mary Baker-Eddy, c'est qu'à l'instant décisif elle fait toujours le geste auquel on pensait le moins et qu'il fallait faire. Au moment où toute la communauté attend d'elle un nouvel accroissement de son influence, justement à cette heure émouvante elle renonce volontairement à toute sa puissance dans une abdication apparemment grandiose ; revenant d'une victoire, elle dépose soudain les armes si glorieusement éprouvées. Trois édits sont promulgués qui consternent ses amis, qui désorientent ses adeptes, trois ordres qui, aux yeux bouleversés de ses fidèles, sont absolument contraires au bon sens, semblent fous, même. Car n'entravent-ils pas l'œuvre, ne détruisent-ils pas l'édifice si magnifiquement échafaudé ? Le premier, édit de 1889, ordonne de raser la forteresse la plus puissante de la Christian Science, de fermer le Massachusetts Metaphysical College, « afin que l'esprit du Christ circule plus librement parmi ses disciples ». En même temps on dissout l'organisation visible de l'église. Par le deuxième édit, de 1890, elle renonce à toute intervention ou influence personnelle sur le fonctionnement de la communauté : « Que l'on ne me demande ni oralement ni par écrit qui doit figurer ou non sur la liste des représentants étrangers, que l'on ne me questionne pas sur la publication de telle ou telle chose dans le journal, sur les dissensions éventuelles entre les disciples de la Christian Science, sur l'admission ou l'exclusion des membres de l'Eglise scientifique chrétienne ou sur le traitement des malades. Cependant, j'aimerai toute l'humanité et je travaillerai pour son bien. » Et le troisième édit annonce même qu'elle a entièrement abandonné la lutte et qu'elle renonce à tous grades et dignités. En mai 1889, le journal qui, d'ordinaire, comme *le Moniteur* de Napoléon, n'annonçait que des victoires, publie la grande nouvelle de sa retraite dans les nues : « Maintenant que notre chère mère en Dieu quitte notre milieu et se retire sur la montagne pour y accueillir la révélation suprême et nous montrer, ainsi qu'aux générations futures, la voie de la véritable connaissance de Dieu, gardons le silence et le respect. » Effectivement, elle licencie son personnel de Boston, achète aux environs de Concord une maison de campagne isolée portant le nom de « Pleasant View » et disparaît.

Un pieux frisson saisit ses élèves à la vue de tant de sagesse et d'humilité inattendue. Ils sentent que par ce renoncement à la puissance Mary Baker-Eddy a montré au monde, plus nettement que jamais, son indifférence pour tout ce qui est terrestre ; elle se retire dans la solitude comme l'empereur Charles Quint au couvent de Yuste, pour servir uniquement Dieu ; comme Ignace de Loyola déposant son épée sur l'autel de Montserrat, elle abandonne toute la grandeur visible pour l'amour de l'invisible. Quelle réponse écrasante à tous les calomniateurs qui ont osé traiter Mary Baker-Eddy de cupide, d'ambitieuse, d'affamée d'autorité ! Maintenant sa pureté est irréfutablement prouvée, et sa foi véritablement sanctifiée par cet acte grandiose.

Mais quelle erreur naïve ! Jamais cette femme à poigne n'a sérieusement pensé à se défaire de son autorité ; jamais elle n'y a moins songé qu'en cette heure de renoncement simulé. En réalité, cette fausse retraite est la tactique la plus géniale de l'habile guerrière. Si elle démolit à présent son œuvre, c'est simplement parce que celle-ci est devenue trop grande, trop vaste pour qu'elle puisse continuer à la manier comme autrefois. Elle ne brise l'organisation ancienne que pour la remplacer par une autre d'un caractère plus rigide et plus autocratique, pour augmenter encore son pouvoir et sa domination. Car l'Eglise s'est soustraite à son autorité dans la mesure où elle s'est agrandie ; certaines universités et communautés confiées aux soins de prêtres et de guides d'occasion, éloignées au point d'être inaccessibles pour elle, sont trop indépendantes, trop libres. Avec quelle facilité ces communautés isolées pourraient se détacher d'elle, des diadoques de son empire spirituel faire comme

Kennedy et Spofford et se révolter insolemment
contre sa domination, des apôtres et des guérisseurs
se rendre autonomes ! Elle décide donc de saper
entièrement l'ancienne structure et de bâtir quelque
chose de plus solide et de plus durable. La construction horizontale de la Christian Church est en
quelque sorte remplacée dans le nouveau plan par
une construction verticale, la démocratie de la religion par une hiérarchie, par une pyramide du pouvoir au sommet de laquelle se manifeste inéluctable-
ment la volonté suprême de Mary Baker-Eddy. En
vertu d'un seul décret, tous les temples et communautés de la Christian Science perdent leur indépendance et sont entièrement soumis dorénavant à une
« église mère », une « Mother church », dont le
« Pastor emeritus » (traduisez : le pape) est, bien
entendu, Mary Baker-Eddy. C'est un consistoire, il
est vrai, qui prend les décisions, mais par qui ses
membres sont-ils nommés ? Par Mary Baker-Eddy.
Qui peut, à tout instant, exclure les membres
rebelles ? Mary Baker-Eddy. Qui peut annuler par un
veto l'élection du président ? Encore Mary Baker-
Eddy, qui dissimule adroitement derrière cette
« Mother church » une autorité invisible, mais décu-
plée. On crée un décalogue d'airain qui abolit toute
liberté dans l'église, on supprime les prédicateurs qui
jusqu'à présent pouvaient interpréter librement et
selon leur bon plaisir les problèmes de la Christian
Science et on les remplace par de simples « readers »
ou lecteurs. Il est interdit de vendre dans les églises
d'autres livres que ceux de Mary Baker-Eddy, de prononcer d'autres paroles que les siennes, et il faut toujours indiquer exactement l'endroit où figure le texte
lu ; ainsi l'on prévient toute hérésie. Des mesures du
même genre sont prises concernant la question
financière. Tout l'argent va désormais au fonds de
l'église mère, que personne d'autre qu'elle-même ne
peut gérer. Il existe bien, ici aussi, *pro forma*, un
« Board of directors », avec un président et un tré-
sorier, mais malheur à qui voudrait faire valoir son

point de vue et ne pas se soumettre inconditionnellement au pouvoir invisible et indiscutable de celle qui, en apparence, a fui le monde ! De derrière les nues où se tient, insaisissable et inaccessible, Mary Baker-Eddy tomberaient immédiatement sur lui les foudres de l'Eglise.

On voit clairement de quels modèles Mary Baker-Eddy s'inspire pour la reconstruction de son Eglise chrétienne : la protestante américaine édifie la pyramide de son pouvoir exactement d'après le système hiérarchique de l'Eglise catholique. Grâce à cela, elle jouit dans un pays démocratique d'une autorité plus vaste que celle du président des Etats-Unis qui, lui, ne peut garder le pouvoir qu'à condition que son mandat soit renouvelé. Elle s'est emparée des attributs les plus importants de la papauté : l'inamovibilité et l'infaillibilité. Après cet heureux coup d'Etat elle n'a plus à craindre de voir sa souveraineté affaiblie par des apostasies, les rébellions ne l'inquiètent plus, les protestations cessent de la tourmenter. Elle peut désormais réaliser librement son vouloir le plus profond : ordonner au lieu de conseiller. Et la foudre de l'anathème entre les mains, inaccessible dans son Vatican de Pleasant View, invisible à tous, excepté aux pieuses processions de pèlerins ou à de rares élus, nimbée de mystère, elle est déjà, de son vivant, un mythe, une légende, un symbole.

Cette retraite, cette fuite du commerce quotidien, ce refuge dans le mystère témoignent d'une psychologie extraordinaire. Car le fait de se rendre invisible non seulement lui permet d'accroître son pouvoir, mais lui épargne des moments pénibles. Petit à petit, au cours des dernières années, Mary Baker-Eddy s'est trouvée prise dans un des conflits les plus singuliers qu'on puisse imaginer. Elle est parvenue au sommet du succès entre soixante-dix et quatre-vingts ans, l'âge inévitable de la vieillesse. Bien que la fraîcheur d'esprit et la volonté de la guérisseuse soient restées étonnantes, son corps est obligé peu à peu de se soumettre à la loi commune. Ses jambes commencent à faiblir, ses dents tombent, elle n'entend plus que difficilement, ses nerfs, parfois, cèdent à des fatigues soudaines — phénomènes naturels que toute autre octogénaire peut franchement avouer. Mais, fatalité de la doctrine proclamée trop haut, il est une femme sur terre, une seule à laquelle il n'est pas permis, il est à jamais interdit d'être malade et de vieillir. Et cette femme, c'est Mary Baker-Eddy, la fondatrice de la Christian Science. N'a-t-elle pas enseigné que vieillir et mourir c'est ne plus avoir confiance en Dieu ? Quand on a annoncé au monde pendant trente ans et claironné aux oreilles de millions d'individus qu'il est facile de triompher de toutes les maladies « by mind », d'échapper victorieusement à « l'erreur » de la vieillesse, au « mensonge de la mort » grâce à la Christian Science, on ne peut pas se laisser surprendre en train de vieillir. Déjà, dans les dernières années, quelques indiscrets parmi ses auditeurs, la voyant paraître en chaire avec des lunettes, ont osé lui demander — question épineuse — pour quelle raison, après avoir découvert le traitement mental, elle employait des moyens terrestres pour corriger sa presbytie au lieu de la guérir « by mind » ? Ce serait bien plus grave encore si on lui demandait à présent pourquoi elle se sert d'une canne pour marcher, pourquoi elle, l'ennemie jurée des médecins, confie ses dents à un dentiste au lieu de recourir au « mind », pourquoi elle calme ses douleurs et ses crises avec de la morphine. Dans l'intérêt de la foi en sa foi, il ne faut pas que la grande inventrice de la médecine infaillible puisse s'entendre répéter l'antique maxime : « Medica, cura te ipsum », guérisseuse, guéris-toi toi-même ! Aussi Mary Baker, comme toujours, agit-elle avec la plus grande sagesse en cachant désormais sa caducité derrière la légende d'un pieux abandon du monde. A Pleasant View, les volets baissés et la grille du jardin soigneusement fermée ne laissent pénétrer dans sa vie privée aucun regard étranger et profane !

Mais derrière les volets protecteurs, derrière la

grille verrouillée, la pelouse admirablement tondue, la luxueuse véranda à colonnes, derrière « ces lieux charmants et solitaires » se cache en réalité un foyer de passion. Car même au sommet du triomphe cet esprit inlassablement tendu ne trouve point de paix. La manie de la persécution, ce vieux revenant, se glisse encore mystérieusement à travers les portes et les murs. Celle qui dans sa vie a guéri des milliers d'individus n'est toujours pas complètement guérie de ses frayeurs du « malicious animal magnétisme. A de longues époques de calme succèdent encore des crises de nerfs d'une violence particulière. Alors, au milieu de la nuit, la sonnette carillonne dans la maison alarmée, tout le monde se précipite pour apaiser les convulsions ou chasser les hallucinations de Mary Baker par des piqûres ou de consolantes paroles. Et ce n'est point tout : cette femme souffre en son âme de sa solitude totale et tragique plus encore que de ses crises d'hystérie. Toute sa vie, sa nature égoïste et dure a eu la nostalgie d'un homme sur qui elle eût pu s'appuyer, se reposer, ou du moins de quelques êtres intellectuellement supérieurs et de commerce agréable. Malheureusement, c'est le triste destin des natures despotiques de toujours désirer s'entourer de gens qu'elles pourraient apprécier, alors qu'elles ne peuvent supporter que des esclaves, qui disent docilement oui à tout et qu'elles méprisent. Il en est ainsi pour Mary Baker-Eddy. A Pleasant View — comme ailleurs — elle se sent étrangère à tous ses satellites et familiers : « I and my folk here are distinct, I never take them into counsel. » Valets obéissants, ils s'inclinent devant ses ordres brusques et capricieux sans jamais la contredire. Aussi en secret la vieille lutteuse désire rencontrer quelqu'un qui lui résiste ; ces natures subalternes lui répugnent. Attristée, elle écrit à une amie qu'elle donnerait une fortune pour pouvoir réunir autour d'elle quelques compagnons intelligents et réellement capables d'initiative. Mais celui qui répand le froid ne peut s'attendre qu'au froid, et la vieille femme reste irrémédiablement, irrévocablement seule avec elle-même. « I am alone in the world like a solitary star », dit-elle. Elle sait cela et cependant, sans cesse, jusqu'au dernier battement de son cœur, cette femme sans bonheur cherche un être qu'elle pourrait aimer. Elle a fait trois expériences avec trois maris : deux sont morts, un l'a abandonnée. Puis, dans sa soixante-dixième année, elle se souvient tout à coup que quelque part dans le vaste monde vit un fils qu'elle a porté dans ses flancs. Peut-être pourrait-elle trouver en lui le garde des sceaux de sa volonté ? Elle le fait venir. Mais c'est alors qu'elle est punie de son ancien péché, de sa maternité sans amour. Pendant trop d'années coupables, elle a abandonné cet enfant, froidement et avec indifférence, à une servante inculte, sans jamais se soucier de son éducation : maintenant, elle a devant elle un petit fermier de l'Ouest, carré et lourd, qui tourne avec embarras son chapeau entre ses doigts ; un homme ignorant comme une carpe, sans le moindre intérêt pour les choses de l'esprit, un rustre plein de santé, qui, lorsqu'elle lui parle de sa science chrétienne, lève vers elle, avec bienveillance, mais aussi avec une incompréhension totale, un regard hébété. Son anglais de charretier la dégoûte, et après un échange de quelques mots elle s'aperçoit qu'il se moque de la métaphysique et que tout ce qu'il veut de cette mère soudain retrouvée, c'est qu'elle lui prête ou lui donne quelques centaines de dollars pour réparer sa cabane. Le rêve maternel s'évanouit vite ; elle sent, dégrisée, qu'elle n'a rien de commun, ni pensée ni sentiment, avec ce lourdaud, et qu'il ne pourra jamais en être autrement. Avec la rudesse et la dureté qui lui sont propres, elle renvoie aussitôt dans l'Ouest ce fils dont elle s'est souvenue si tard. Par la suite, chaque fois qu'il veut rendre une nouvelle visite à sa mère millionnaire, elle refuse implacablement : « Il me faut la tranquillité chez moi, lui répond-elle brutalement ; d'ailleurs tu ne te plairas pas à Boston. Tu n'es pas comme j'espérais te trouver, et je n'ai pas besoin de toi. » Mais le sentiment maternel réprimé ou le désir érotique refoulé ne cessent de hanter cette femme à la fois d'une froideur impénétrable et déchirée de passion. Puisque son propre fils l'a déçue, elle en cherche un autre. A la surprise générale, Mary Baker-Eddy, à l'âge patriarcal de soixante-dix ans, adopte un jeune médecin, le docteur Foster, qui s'appelle désormais Foster-Eddy. Il doit gouverner l'empire religieux de Mary Baker avec son étrange mère élective. Mais ce prince héritier hâtivement élu ne peut, lui non plus, supporter longtemps son despotisme jaloux ; de plus il aime trop « les joies de la chair » et se fait accuser du délit fort compréhensible d'avoir failli avec une jeune femme. Immédiatement, la nouvelle Elisabeth, la nouvelle Catherine renvoie ce dernier favori. De sorte qu'il ne reste plus dans la maison qu'un seul fidèle, un certain Frye, esclave docile, factotum muet qui régit les finances, dirige les affaires et lui administre la nuit des piqûres de morphine — ce qui ne l'empêche pas, pendant les sorties en voiture, de s'asseoir près du cocher comme un domestique, bref, un esclave selon son cœur, c'est-à-dire un véritable automate, obéissant aveuglément à sa volonté et totalement en son pouvoir. Mais elle hait précisément en lui l'infériorité, l'apathique servilité, et l'appelle « the most disagreeable man that can be found ». Non, Pleasant View n'a jamais été, comme voudrait le faire croire la biographie rose, un lieu de paix : l'inquiétude règne éternellement dans la maison de l'éternelle inquiète. Derrière ces volets clos, comme au fond silencieux de la mer, entre les polypes et les espadons, se déroulent, invisibles et inaccessibles au monde, les conflits les plus étranges. Extérieurement, Pleasant View est un refuge, un temple de silence, un lieu de pèlerinage, mais intérieurement cette maison, comme celle de Tolstoï, cache un enfer terrestre, tantôt flambant de passions, tantôt abandonné à cette solitude glaciale et tragique qui guette tout despote vieillissant.

Mais si ses nerfs sont secoués jusqu'au bout de vibrations électriques, son esprit de domination, superbe et titanique, que chaque succès fait grandir encore, demeure inébranlable. Après chaque bouleversement volcanique de sa vie affective, le cratère de sa nature éruptive se stratifie de plus en plus ; au milieu des crises et des convulsions, entre le bref laps de temps qui va de sa soixante-dixième à sa quatre-vingtième année, ce qui représente un effort formidable, elle édifie son gigantesque empire invisible. A la fin du siècle, le mouvement de la Christian Science, a pris des proportions colossales. Déjà on compte près de cent mille élèves, déjà la fortune de la fondatrice se chiffre par millions et l'œuvre commencée il y a quarante ans dans la mansarde d'un savetier grandit toujours ; des églises de pierre et de marbre surgissent dans les villes, des trains spéciaux amènent des dizaines de milliers de fidèles se rendant en pèlerinage à Concord pour voir apparaître sur le balcon, ne fût-ce qu'un instant, la figure vénérée de la maîtresse. D'Angleterre, d'Europe, d'Afrique, de nouvelles communautés annoncent leur adhésion.

Mary Baker n'a plus besoin de faire personnellement quoi que ce soit, son auréole fait tout pour elle ; son influence suggestive, que son génie clairvoyant a rendue si efficace, continue automatiquement à pomper, à absorber les âmes. Sans qu'elle-même dise un mot, sans qu'elle lève le doigt, sa disciple, Augusta Stetson, recueille, au début de ce siècle, avec un zèle fanatique, un million deux cent cinquante mille dollars pour édifier à New York, en face du parc central, l'endroit le plus cher de la ville, une église gigantesque de la Christian Science pouvant contenir dans sa nef de marbre cinq mille personnes et disposant de locaux pour vingt-cinq guérisseurs.

Mais le fait, justement, que cela se soit passé sans son aide, que l'église de New York, le plus grand monument et le plus évident de son triomphe, soit née sans son concours, excite une fois de plus l'orgueil de Mary Baker-Eddy. Toujours furieuse contre ses amis et disciples incapables, toujours jalouse de ceux qui sont doués, elle ne laissera pas à Augusta Stetson la gloire de l'avoir dépassée, elle, la souveraine. Va-t-il falloir que sa pauvre petite église de cinquante mille dollars, à Boston, demeure dans l'ombre de l'édifice splendide de New York ? Va-t-on vraiment pouvoir penser qu'Augusta Stetson est le guide et que Mary Baker-Eddy est fatiguée et qu'elle a abdiqué ? Non ! Elle ne peut pas tolérer qu'on la surpasse. Despote et tyran jusqu'au dernier souffle, elle ne partagera jamais avec personne ni gloire ni honneurs. Il faut que le monde, une fois de plus, se rende compte de la force et de la puissance de sa volonté !

En 1902, en sa quatre-vingt unième année, Mary Baker brandit, encore une fois, le glaive de sa volonté. Elle exige de ses fidèles deux millions de dollars pour la construction d'une nouvelle église-mère à Boston. Celle qui, quarante ans plus tôt, n'était pas en état de payer un dollar et demi par semaine pour sa chambre, exige à présent deux millions de dollars, somme qu'aucun peuple ne verse à un roi ou empereur de ce monde. Mais — miracle sans pareil — Mary Baker-Eddy a ordonné, et la somme formidable est trouvée en quelques semaines. Trois mois à peine se sont écoulés depuis que cette femme extraordinaire a tracé sur une feuille dix lignes résumant son ordre, et déjà mille ouvriers travaillent à l'édifice grandiose. De même que la cathédrale de marbre de Florence domine considérablement son modèle, l'ancien dôme, devenu Baptistère, de même le gigantesque temple de marbre blanc comme la neige, à la coupole brillante, qu'elle fait bâtir, dépasse non seulement la petite « Mother church », qui tout à coup paraît pauvre, mais encore tous les monuments voisins et même les tours de la ville. Il représente à Boston le plus bel édifice de l'époque et, sans aucun doute, un des plus magnifiques des temps modernes. Mais il est surtout admirable comme témoignage

d'énergie spirituelle, comme monument sorti magiquement de terre par la volonté d'une femme seule
et plus qu'octogénaire.

En 1906, alors que Mary Baker-Eddy compte
quatre-vingt-cinq ans, on bénit le fameux édifice.
Jamais on n'a vu à Boston fête aussi majestueuse.
Les fidèles accourent de toutes parts, en bateaux et
par trains spéciaux. Comme l'église ne peut contenir
que cinq mille personnes et qu'il y en a trente mille
qui veulent participer à la bénédiction, on est forcé
de commencer la cérémonie à cinq heures du matin
et de la répéter six fois. Drapeaux et bannières
déployés, défilent des délégués de la Californie, de La
Havane, du Canada, de Londres, de Dresde, de Paris.
Des dizaines d'orateurs de différents pays proclament dans toutes les langues et idiomes du monde
les cures miraculeuses de la Christian Science ; on
rapporte des témoignages inouïs de la vénération
que des multitudes d'hommes, au loin, nourrissent
pour cette femme qui a délivré le genre humain de
toutes les misères de l'âme et du corps ; des milliers
et des milliers de fidèles entonnent sans interruption
l'hymne saint composé par Mary Baker elle-même :
« Shepherd, show me how to go » ; des enfants, messagers d'une génération nouvelle, chantent en chœur
d'une voix claire et enflammée. Depuis Elisabeth
d'Angleterre et la grande Catherine, aucune femme
au monde n'a remporté un triomphe semblable,
aucune n'a édifié un monument aussi évident de sa
domination sur terre, aucune n'a égalé Mary Baker-
Eddy, cette reine par sa volonté, cette souveraine par
sa propre énergie d'un empire qu'elle seule a créé.

CHAPITRE XIII

CRUCIFIXION

A quatre-vingt-cinq ans, Mary Baker-Eddy se trouve au pinacle de sa puissance. Elle a un temple géant à New York, une douzaine d'églises et d'universités aux Etats-Unis, un temple en Europe, au cœur de Londres, et de plus, à présent, cette basilique de deux millions de dollars, à Boston. Quelle femme sur terre, de nos jours, peut être comparée à la fondatrice de la Christian Science, qui, de ses mains décharnées, s'est emparée d'un pouvoir aussi napoléonien ? La construction de ce nouveau Saint-Pierre dans la capitale du Massachusetts est un succès sans pareil — peut-être même trop grand, trop provocant. Car elle attire subitement l'attention sur Mary Baker-Eddy et surtout la méfiance de tout le pays. Jusqu'à présent, le grand public d'Amérique ne s'était relativement guère occupé d'elle, On parlait de temps en temps de sa secte, comme on le faisait pour une centaine d'autres ; on confondait les scientistes chrétiens avec les méthodistes, les baptistes et autres sectaires religieux. Mais devant ce gigantesque édifice de marbre dépassant orgueilleusement tous les toits et toutes les tours de la ville, les gens restent bouche bée : car rien n'impose autant à notre monde de chiffres et de nombres que le mysticisme arithmétique du million. Des questions et des chuchotements animés s'élèvent soudain : qui est cette femme énigmatique qui n'a qu'à lever le doigt, lancer un appel pour faire affluer à elle, en quelques semaines, des millions de dollars ? Qui est cette magicienne qui fait se dresser en un tour de main sur les places les plus belles et les plus riches de Boston et de New York des cathédrales coûtant des millions ? Qui est-elle ? Les journaux flairent cet intérêt et publient de longs commentaires, en même temps que le « Publicity Office » de la Christian Science profite de la curiosité générale pour battre vigoureusement du tambour et recueillir de nouveaux fonds. Mais, simultanément, les ennemis mettent leurs canons en batterie : les médecins s'aperçoivent du danger que fait courir à leurs affaires une plus vaste expansion de la Christian Science ; Mark Twain écrit son pamphlet satirique et les héritiers de Quimby, réveillés par le vacarme, ont connaissance des sommes formidables empochées par l'ancienne disciple de leur père et grand-père grâce à l'impulsion de l'ex-horloger. Ils publient des lettres et des articles accusateurs, déclarent que l'idée de la Christian Science a été volée, que la richesse de Mary Baker-Eddy est une usurpation ; les articles succèdent aux articles, les attaques aux attaques. Le projecteur de la publicité est soudain brutalement dirigé sur sa personne, elle est la femme dont on parle le plus en Amérique.

Le jour de l'inauguration de la basilique de Boston, des centaines de reporters, le stylo en main, sont prêts à décrire son apparition, deux douzaines de photographes à prendre sa photo. Mais, déception, le jour de son triomphe suprême, Mary Baker ne se montre pas ! D'abord on s'étonne, puis commencent les conversations et les murmures soupçonneux : cette Mary Baker-Eddy, au nom de laquelle ont été construites tant d'églises, serait morte depuis longtemps et un groupement anonyme exploiterait à son profit la firme de la Christian Science. L'invisibilité obstinée de Mary Baker-Eddy renforce ce soupçon, car tous ceux qui viennent maintenant à Pleasant

View pour la voir sont renvoyés sous les prétextes les plus divers ; personne ne pénètre dans son sanctuaire. Tantôt son personnel affirme que la maîtresse est « too busy », trop prise par son travail pour recevoir, tantôt qu'elle a déjà des visites, tantôt encore on déclare que la doctoresse est plongée dans une méditation religieuse et ne peut être dérangée. Mais comme les curieux affluent de plus en plus, le *Christian Science Journal* demande instamment aux disciples de Mary Baker-Eddy, au nom de leur maîtresse, de ne point s'occuper de sa personne, « to lock away from personality and fix their eyes on truth ». Tragique destinée : pendant soixante-dix ans cette femme a toujours désiré que le monde s'occupât d'elle ; maintenant qu'elle en a quatre-vingt-cinq, qu'elle est fatiguée, malade, usée, que pour la première fois elle veut vivre cachée, le monde veut la voir.

Depuis que la basilique de la Christian Science se dresse fièrement au-dessus de Boston, l'Amérique veut savoir qui est Mary Baker-Eddy. Comme les sens de l'homme, la curiosité, elle aussi, a son organe : le journal. Un *daily paper* comme le *World* ne peut supporter qu'un seul individu en Amérique lui dise « non » et se refuse à recevoir ses reporters, alors que cinq cent mille lecteurs du journal veulent enfin savoir si cette femme vit, si elle est saine d'esprit ou irresponsable. Pour la rédaction d'un quotidien de cette importance, le mot « impossible » n'existe pas. Deux de ses reporters les plus audacieux et les plus débrouillards sont donc chargés de forcer les portes du sanctuaire coûte que coûte et de fournir un rapport exact sur Pleasant View et Mary Baker-Eddy. Les deux limiers s'en vont, décidés à tout. Ils s'adressent d'abord au personnage le plus important de la maison, l'administrateur des finances. Celui-ci, épouvanté, les éconduit, mais ils insistent et menacent tant et si bien qu'il leur permet tout de même, finalement, de jeter un rapide coup d'œil dans la maison. De plus, ils arrivent à établir, le premier jour, un fait piquant : la femme voilée aux cheveux blancs qui se promène tous les après-midi autour de Concord dans la voiture de Mary Baker-Eddy n'est pas du tout Mrs. Eddy, mais une femme de chambre chargée de la remplacer. Matière à reportage magnifique ; en gens qui connaissent leur métier, ils enflent ces quelques détails sans importance et en font un grand article dans lequel ils racontent que Mary Baker-Eddy, l'inventrice de la méthode de guérison infaillible, la femme qui a vaincu toutes les maladies, est une ruine tant physique que morale, un instrument sans volonté dans les mains de son entourage.

L'article éclate comme une bombe. Les membres du Christian Science Committee se réunissent, effarés, pour tenir conseil. Ils se rendent immédiatement compte que ce serait un coup terrible pour la Christian Science si les journaux se mettaient à répandre dans tout le pays la nouvelle que Mary Baker-Eddy, celle qui nia la maladie et la vieillesse, est malade et faible d'esprit. Ils supplient donc la directrice de sauver la foi et la communauté religieuse, de recevoir ne fût-ce qu'une fois les reporters des grands journaux et de donner ainsi un démenti formel à la légende de sa ruine physique et de sa faiblesse mentale.

Nous sommes toujours en 1906, et Mary Baker-Eddy, nous l'avons vu, est une vieillarde de quatre-vingt-cinq ans. Elle a payé à l'âge l'inévitable tribut ; elle voit mal, elle entend mal, elle n'a plus de dents, ses jambes ne lui obéissent plus ; rien ne pourrait davantage effrayer cet être orgueilleux et fier que de dévoiler cette décrépitude à des étrangers hostiles. Mais en cette ruine vit encore, toute-puissante et indestructible, l'énergie de jadis, la volonté démoniaque de s'affirmer. Puisqu'il s'agit de la chose suprême, de la foi en sa foi, elle se déclare prête à marcher héroïquement au supplice et accepte le martyre d'une interview.

Cette heure poignante se déroule le 30 octobre 1906 : les journalistes ont convenu avec le « board of directors » de ne poser à Mary Baker-Eddy que quatre questions :

1. Jouissez-vous d'une bonne santé ?

2. Avez-vous un autre médecin que Dieu ?

3. Sortez-vous tous les jours en voiture ?

4. Gérez-vous votre fortune vous-même ou quelqu'un d'autre s'occupe-t-il de vos affaires ?

Neuf reporters sont introduits dans le salon. Ils attendent, émus. Soudain on tire un rideau qui sépare le salon de la pièce voisine (on ne voulait point leur donner le spectacle de sa démarche pénible) et devant eux, immobile, s'accrochant à la portière de velours, se tient Mrs. Eddy. Ses joues creuses sont fardées, une épaisse couche de poudre recouvre sa peau parcheminée, un manteau d'hermine voile sa nuque blême, un collier de diamants cliquette légèrement sur son cou ridé. Tous frémissent devant ce spectre harnaché, ce Cid mort dans l'équipement d'un vivant, cette momie parée et maquillée. Un silence oppressant, compatissant presque, règne un instant dans la pièce. Puis un des reporters, une femme — on a choisi par ménagement Sibyl Wilbur, celle qui plus tard composera la biographie rose — s'avance, et la torture commence par cette question :

« Jouissez-vous d'une bonne santé, Mistress Eddy ? »

Le visage de l'octogénaire se tend. Elle n'a pas compris.

« What... what ? » demande-t-elle.

Sibyl Wilbur, d'une voix plus haute, en criant presque, répète la question. Cette fois Mrs. Eddy a entendu et répond :

« Oui, oui, je me porte bien. »

A la deuxième question : « N'avez-vous pas d'autre médecin que Dieu ? » l'oreille est de nouveau dure. Il faut encore répéter la demande en élevant la voix. Mary Baker, qui est pourtant soignée par un dentiste, balbutie avec un geste de défense énergique :

« Non, non. Ses bras tout-puissants me pro-
tègent. »

Quand on veut savoir si elle sort tous les jours en
voiture, elle répond affirmativement avec la dernière
énergie, bien que ce soit également faux. Mais à la
quatrième question, lorsqu'on lui demande si
quelqu'un administre ses biens, elle n'a plus la force
de répondre. Elle est prise d'un tremblement nerveux, son chapeau et la grande plume qui le surmonte basculent sur sa tête, tout son corps chancelle
— encore un instant, et elle s'écroulera. Ses amis se
précipitent vers elle et l'emmènent. Un des tortion-
naires profite de cette seconde pour s'approcher de
la malheureuse et regarder de près son visage déla-
bré, poudré et fardé, aux yeux éteints. On le repousse
vivement. L'interview est terminée, Mary Baker-Eddy
a subi le premier degré de la torture.

Mais on ne lui épargne pas le second. L'interview
a « porté ». Maintenant que le monde sait que Mary
Baker-Eddy existe, la curiosité se fait de plus en plus
vive. Les journaux veulent immédiatement qu'on
leur serve de nouvelles tranches de ce ragoûtant
reportage sur elle et la Christian Science pour ali-
menter leurs colonnes insatiables ; ils veulent des
faits, encore des faits, des détails passionnants, excitants, des anecdotes saisissantes sur cette femme qui
ne veut plus que la paix et l'oubli. On détache dans
le pays une douzaine de reporters armés de carnets
de chèques qui recherchent partout les traces
anciennes de Mary Baker-Eddy. Ses logis d'autrefois
sont fouillés, ses ex-élèves de Lynn photographiés,
interviewés et traînés devant le notaire pour y faire
enregistrer leurs dépositions ; on copie des dossiers
poussiéreux, on questionne ses amis et ses ennemis,
on réimprime triomphalement ses articles de journaux du temps de Quimby. Au cours de ces
recherches minutieuses un des envoyés découvre
soudain un fait sensationnel : la sainte a un fils,
George Glover, qu'elle a abandonné tout jeune et qui
mène quelque part dans l'Ouest une existence misé-

rable, pendant que sa mère encaisse rien que pour
ses écrits quatre cent mille dollars par an. Quelle
découverte pour le journal ! A présent il va falloir que
Mary Baker-Eddy, cette mère peu maternelle, paie sa
dette avec intérêts composés à ce fils que des étrangers ont dû élever et de qui elle ne s'est pas souciée
durant des dizaines d'années. Maintenant, la mère
oublieuse a tout lieu de se repentir d'avoir repoussé
ses modestes demandes d'argent. Car un avocat
malin, le sénateur Chandler, saute vite dans un
rapide pour se rendre auprès de ce fils et lui monter
la tête, en lui expliquant que sa mère, qui possède des
millions, est faible d'esprit et se trouve entre les
mains d'un clan. Lui seul a droit à son argent, qu'il
porte plainte, cela ne lui coûtera rien, il n'a qu'à le
laisser faire. Le pauvre Glover, qui ne s'est jamais
représenté exactement l'importance de la richesse de
sa mère, jubile en apprenant cette fameuse nouvelle.
Bien entendu, il chassera ces bandits qui l'em-
pêchent d'approcher sa mère. L'année précédente,
quand il lui a demandé cinq cents dollars pour sa
femme malade, un de ces coquins a sûrement inter-
cepté sa lettre. Aussitôt il écrit à sa chère mère, sous
la dictée de l'avocat, une lettre posée et polie, lui
annonçant sa visite.

A Pleasant View, cette lettre fait l'effet d'un tremblement de terre. Immédiatement, les leaders du
Christian Science Committee se rendent compte du
danger formidable que court le trust religieux si
jamais on rend publique la dureté de cœur de
Mother Mary, si l'on donne lecture au tribunal de ses
lettres brutales et gênantes à son fils. Une mère qui
ne se soucie pas pendant des dizaines d'années de
son fils légitime, voilà qui ferait vaciller son auréole !
Pas de procès surtout ! Plutôt composer, plutôt
payer. On envoie immédiatement chez George Glover un messager qui doit lui reprendre ces lettres
compromettantes. Mais l'avocat rusé les a prudemment déposées dans un coffre-fort et est décidé à
démasquer le clan de Pleasant View. Le thermomètre

des chiffres indique alors les soubresauts de la fièvre qui secoue les milieux dirigeants de la Christian Science. L'administrateur Frye, le même qui, un an plus tôt refusait à George Glover la pauvre somme de cinq cents dollars, lui en offre maintenant tout à coup cent vingt-cinq mille s'il retire sa plainte !

Mais il est déjà trop tard, les journalistes et l'avocat ne veulent pas laisser échapper le procès. Nouveau retour tragique des choses : pendant trente ans, Mary Baker-Eddy, avec son fol orgueil et sa manie de toujours vouloir avoir raison, a intenté procès sur procès : à Lynn et à Amesbury, des montagnes de dossiers témoignent de son esprit batailleur et intraitable. Mais maintenant que, malade et fatiguée à mourir, elle veut à tout prix éviter un conflit public, on le lui impose, et cette *private cause* prend de telles proportions qu'elle devient même le procès de la Christian Science. On va faire subir à Mary Baker-Eddy la torture au deuxième degré. Au cours de son accusation, l'avocat-sénateur Chandler déclare devant le tribunal que Mrs. Eddy, la fondatrice de la Christian Science, le « pastor emeritus » est une faible d'esprit, et comme preuve de cette « dementia » il fait valoir non seulement son âge avancé, mais il affirme avec férocité que sa doctrine est en soi le signe le plus sûr et le plus évident de son « égarement », de sa « delusion ».

« Le monde, déclare M. Chandler au début de son argumentation, est connu des astronomes, des géologues, des physiciens, des chimistes, des naturalistes et des législateurs du pays. Par contre, Mrs. Eddy, sous l'influence de son égarement (*delusion*), affirme que le monde n'existe pas... Cet égarement, poursuit-il, la conduit à énoncer d'autres absurdités ; par exemple, elle soutient qu'un miracle a fait d'elle l'élue de Dieu, qu'elle a été choisie par lui pour recueillir certaines de ses révélations et apporter au monde une méthode de guérison nouvelle et infaillible. » Il raille sa croyance pathologique au « malicious animal magnetism », sa crainte ridicule du diable, et déclare, en s'appuyant sur de nombreuses particularités, que cette « dementia » n'a fait qu'augmenter avec les années. Pour la première fois la religion de Mary Baker-Eddy est impitoyablement disséquée en public. D'abord, le tribunal ne prend aucune décision. Il se refuse sagement à considérer *a priori* la doctrine de la Christian Science comme un témoignage d'« insanity » et Mary Baker-Eddy comme aliénée, et décide fort justement avant de se prononcer de soumettre celle-ci à un examen médico-légal. Deux juges sont délégués chez Mrs. Eddy, deux juges et — offense terrible ! — un médecin aliéniste chargé de constater *ex officio* si la fondatrice de la plus grande communauté religieuse d'Amérique, l'inventrice de la Christian Science, est ou non une paranoïaque.

Le troisième degré de la torture, le plus douloureux, attend donc Mary Baker-Eddy. En mars 1907, on oblige cette femme, à présent âgée de quatre-vingt-six ans, à recevoir chez elle l'aliéniste et les deux juges. Mais dès qu'il s'agit de sa foi, de son oeuvre, même en pleine déchéance physique, cette femme volontaire ne cesse d'être admirable. Toujours le danger fait surgir de son corps débile et usé une dernière réserve inattendue d'énergie. Une fois de plus, à cette heure critique, sa volonté et sa lucidité ne feront point défaut. On l'interroge pendant toute une heure, non pas sur des problèmes intellectuels et métaphysiques, mais on lui pose les questions habituelles des psychiatres : on lui demande combien il y a d'arbres dans son jardin, on la questionne sur des dates et des années, on veut — ironie terrible ! — que l'annonciatrice de l'irréalité des choses terrestres dise comment elle place son argent et si elle préfère un compte en banque, des obligations municipales ou des *bonds* de l'Etat. Mary Baker-Eddy a rassemblé toutes ses forces et elle répond clairement et fermement. Les inquisiteurs l'ont trouvée en forme, elle avait conscience que de ses réponses dépendait le salut ou la ruine de son

œuvre et, une fois de plus, elle a pu concentrer ses
pensées confuses et chaotiques. L'aliéniste et les
juges la quittent sans s'être prononcés ; leur décision
définitive aurait sans doute été en faveur de la lutteuse. Mais les amis de Mary Baker-Eddy ne veulent
plus de procès, ils désirent un arrangement. Finalement, les avocats se réunissent et discutent d'une
somme à allouer à George Glover. Les représentants
de Mrs. Eddy offrent à son fils deux cent cinquante
mille dollars, et à son fils adoptif, le Dr Forster, également intervenu dans l'affaire, cinquante mille dollars s'ils retirent immédiatement leurs plaintes.
George Glover, heureusement, se déclare satisfait de
ce quart de million. Ce n'est que grâce à ce compromis survenu à la dernière heure que la postérité a été
privée de l'arrêt grotesque d'un tribunal américain
déclarant que la Christian Science est une inspiration divine ou le produit de la démence.

Après ces terribles tortures, Mary Baker-Eddy
s'effondre totalement. Ses nerfs brûlent comme de
l'amadou, l'ancienne folie du « malicious animal
magnetism » se rallume. Elle croit qu'il est impossible qu'on ait pu exciter ainsi les gens contre elle
sans recourir à des moyens surnaturels ; sous ces
tourments, se dissimulent, selon elle, la méchanceté
des mesméristes, leur magnétisme malin. La maladie de la persécution la reprend à la gorge. Subitement, Mary Baker-Eddy déclare qu'elle ne peut plus
tenir dans sa maison de Pleasant View, qu'elle ne
peut plus respirer, ni dormir ni vivre dans un foyer
infecté de magnétisme, qu'il lui faut absolument en
partir sans retard. Quand Mary Baker-Eddy exige
quelque chose, son désir le plus insensé est un ordre
pour ses esclaves. Angoissés et effrayés, ils s'inclinent
devant sa folie. Des agents se mettent aussitôt en
campagne et achètent pour cent mille dollars une
villa à Chestnut Hill, près de Boston ; comme Mary
Baker-Eddy ne veut point rester un jour de plus dans
sa maison « empoisonnée » de Pleasant View, on
embauche sept cents ouvriers qui peinent comme

des fous, nuit et jour, pour permettre à cette femme torturée par ses nerfs d'emménager quelques heures plus tôt. Mais que les temps ont changé, quelle différence entre ce déménagement et celui de Lynn, jadis, quand on avait jeté sans façon sous la pluie la malle en bois de l'intruse ! Aujourd'hui on commande à l'administration des chemins de fer un train spécial ; mieux encore — seul, de tous les monarques de la terre, le tsar de Russie a connu ce luxe et cette précaution — ce train spécial est précédé d'une locomotive vide pour éviter tout accident et pour conserver le plus longtemps possible à l'univers la vie précieuse de Mary Baker-Eddy. Car, dans sa folle peur du magnétisme animal, la malheureuse craint que même dans le train ses ennemis n'attentent à sa vie. Le soir elle arrive à sa nouvelle demeure de Chestnut Hill. A partir de ce jour, le Vatican de Pleasant View, le lieu saint où des centaines de milliers de personnes sont venues pieusement en pèlerinage, est à jamais abandonné.

Mais, ô merveille, à Chestnut Hill le nuage qui embrume les sens de l'octogénaire se dissipe et, une fois de plus, elle rassemble ses forces indestructibles. Le désir passionné et gigantesque de s'imposer demeure vivant chez cette femme jusqu'au dernier soupir. Celui qui s'est révolté contre elle doit être vaincu. Une force s'est dressée contre sa force, une volonté contre sa volonté : le journal, le grand quotidien. Elle ne supporte pas de puissance en dehors ou à côté de la sienne. Il faut qu'elle tire vengeance des reporters, des rédacteurs et des directeurs de journaux. Il faut qu'ils sachent que, dans un pays qui compte cent millions d'habitants, seule une Mary Baker-Eddy ne dépend pas d'eux : elle créera son propre journal. Le 8 août 1908 elle adresse une bulle à son administrateur : « Je désire que vous fassiez paraître immédiatement un quotidien et que vous l'intituliez : *Christian Science Monitor*. Veillez à ce qu'il n'y ait pas de retard. » Quand Mary Baker-Eddy veut que l'on se presse, tout se passe magiquement.

Le 19 septembre on demande aux christian scientists de verser une contribution, sans même leur dire pourquoi. Mais un appel de la magicienne suffit. L'argent afflue immédiatement. Du jour au lendemain, on démolit les immeubles situés près de la basilique pour faire place à un puissant édifice, la future maison du journal, où l'on apporte, enveloppées dans de la toile imperméable, les pièces des rotatives, afin que nul ne devine ce qui se passe. Le 25 novembre sans que personne s'y attende, même les fidèles, paraît le premier numéro du *Christian Science Monitor*, journal qui existe encore aujourd'hui. Pour faire honneur à la vérité, disons que c'est un quotidien excellent, brillamment informé, d'un niveau intellectuel particulièrement élevé, qui donne des renseignements impartiaux sur tout ce qui se passe dans ce monde terrestre, sur la politique, la littérature, le sport et la Bourse ; de plus, ses rapports avec la Christian Science ne se révèlent que par une singularité fort sympathique : contrairement à la plupart des journaux, les faits laids et désagréables, les assassinats, crimes, épidémies, scandales en sont, autant que possible, écartés, alors qu'on y insiste sur tout ce qui est propre à réjouir et à encourager — tactique heureuse pour définir le caractère moral de la Christian Science sans recourir aux exagérations pénibles du dogme.

Voilà l'empire consolidé. Quand Mary Baker-Eddy, alors âgée de quatre-vingt-sept ans, jette un regard en arrière, elle peut être satisfaite. Tous ses adversaires sont vaincus ou ont disparu ; Spofford et Kennedy, de même que Patterson, son mari infidèle, végètent quelque part dans l'obscurité, inconnus, tandis que son nom devient de jour en jour plus glorieux. A la science qui la combattait, elle a opposé une science à elle, à l'université une université, aux églises une église, aux journaux un journal — et ce que tout le monde considérait comme une folie, comme sa marotte, est devenu la conviction de centaines de milliers d'individus. Elle a obtenu tout ce qu'elle pouvait obtenir, tout le pouvoir temporel. Une seule question inquiète encore cette femme vieille comme les pierres : que faire de ce pouvoir ? Qui en héritera, qui le régira ? Les regards de la communauté se fixent depuis longtemps sur la plus fidèle et la plus dévouée de ses disciples, sur Augusta Stetson, qui par son énergie incroyable a conquis New York, la ville la plus importante, qui, de tous les élèves et guérisseurs, a recueilli le plus de millions pour la cause sacrée. Mais Mary Baker-Eddy est jalouse même au-delà de la vie. Elle ne veut pas laisser son vaste héritage à cette femme, à cette femme qualifiée moins qu'à toute autre ; un seul nom doit demeurer dans la Christian Science, le sien. Afin d'empêcher une fois pour toutes l'élection d'Augusta Stetson, et d'être sûre qu'elle ne puisse devenir son héritière, dans sa quatre-vingt-neuvième année cette femme aux mains flétries et engourdies chasse précipitamment du sein de l'église sa disciple la meilleure et la plus dévouée. Pendant toute une vie son orgueil impitoyable n'a supporté personne à côté d'elle : il en sera ainsi pour toute l'éternité. Elle jetterait plutôt son héritage à des inconnus que d'accepter un autre nom à côté du sien. Et, en effet, un seul nom est resté sacré dans la Christian Science : celui de Mary Baker-Eddy.

Jusqu'à sa quatre-vingt-neuvième année, la lutte a sans cesse renouvelé les forces de cette femme indomptable. Maintenant elle n'a plus à combattre personne. Enfin l'âge, nié en vain, triomphe, enfin la loi indestructible de la réalité prend le dessus. Le corps usé s'écroule, elle s'éteint, ou, pour parler comme elle, « le rêve mortel de vie, de substance et d'âme s'affaiblit dans la matière ». Le 4 décembre repose, inerte, sur le lit de Mary Baker-Eddy, « une guenille que la foi a abandonnée ». Seule la mort a vaincu ce cœur d'airain.

Cependant, pour ses fidèles, la mort n'a jamais été synonyme de fin, mais seulement « état d'invisibilité ». Dans les églises de la Christian Science, les

« readers » annoncent sans pathétique et sans émotion apparente, comme un fait d'importance secondaire, que Mary Baker-Eddy, à l'âge de quatre-
vingt-dix ans, « a quitté notre champ de vision ». Il
n'est pas question d'obsèques publiques ni de cérémonies pompeuses. Seuls quelques rares élus
prennent part à l'enterrement tout à fait simple, qui
veut passer inaperçu, anonyme en quelque sorte. La
« so called dead », la soi-disant morte, est mise dans
un cercueil d'acier, le cercueil dans la fosse, et la
fosse est remblayée avec du ciment armé. Pendant
deux jours, jusqu'à ce que le ciment ait durci, des gardiens veillent sur la tombe : les leaders de l'église les
ont placés là pour pouvoir répondre aux quelques
fanatiques qui croient que Mary Baker-Eddy, comme
le Christ, brisera la dalle de son tombeau et ressus-
citera le troisième jour. Mais aucun fait surnaturel
ne se produit. Il n'était plus besoin de miracle. Car
le succès de sa vie et de sa doctrine, qui dépasse la
raison, appartient aux plus grands prodiges de notre
temps, pauvre en miracles et par là même incroyant.

CHAPITRE XIV

POSTÉRITÉ

Vivement impressionné par l'incomparable marche triomphale de la Christian Science, Mark Twain, au tournant du siècle, lance à l'Amérique son avertissement désespéré. Si l'on n'oppose aucune résistance à cette doctrine démente, dit l'humoriste, toujours superficiel quoique sérieux pour une fois, dans quelques années elle aura conquis tout le pays, tout l'univers ; car la Christian Science est une théorie tout à fait à l'usage des imbéciles et comme — on le sait — ceux-ci représentent les quatre cinquièmes de l'humanité, la victoire de cette charlatanerie métaphysique est certaine. Bien entendu, la prédiction un peu hâtive de Mark Twain s'est aussi peu réalisée que la croyance messianique des scientistes, que leur dogme « allait donner naissance à une ère nouvelle ». La Christian Science n'est ni victorieuse ni vaincue : silencieusement et l'épée baissée, elle s'est adaptée au monde et à sa science, destin typique de toutes les révolutions spirituelles ! Tout mouvement religieux, après le fanatisme du début, entre inévitablement dans un stade plus tolérant, où la croyance ne se meut plus, où elle devient rigide : il en est de même pour la doctrine de Mary Baker-Eddy. Elle compte toujours des centaines de milliers d'adeptes, le nombre s'en est peut-être même

accru après la mort de la fondatrice. Mais ce qui est
certain, c'est que l'existence de ces centaines de milliers d'adeptes n'a aucune répercussion sur les millions et les millions d'autres habitants du globe ; ce
qui, du temps de Mary Baker-Eddy, était un torrent
écumant et sauvage, menaçant les domaines de la
science, coule maintenant paisiblement entre les
digues élevées par l'autorité. Les scientistes tiennent
toujours leurs pieuses réunions, on lit encore dans
les mêmes églises les mêmes textes de *Science and
Health*, le quotidien *The Christian Science Monitor*
paraît encore à grand tirage, mais ce héraut n'appelle
plus les fidèles au combat contre la « physiologie »,
au contraire, il évite gentiment toute lutte, toute querelle. On n'entend plus parler de procès, de conflits
éclatants ; même le haut-parleur retentissant de la
« publicity » s'est tu, cédant la place à la propagande
discrète faite de bouche en bouche. Avec la mort de
la grande conquérante, le dogme a complètement
perdu son caractère combatif ; le « healer », le guérisseur de la Christian Science, pratique aujourd'hui
pacifiquement à côté du médecin diplômé ; le traitement par la suggestion religieuse s'incorpore tout
doucement dans la psychologie et la psychiatrie
modernes : semblable à d'innombrables autres
thèses et doctrines nouvelles, celle-ci a eu l'intelligence de se résigner franchement à des limites plus
étroites. La Christian Science n'a pas submergé le
monde, elle ne s'est pas non plus tarie. Après l'érup-
tion volcanique de l'âme passionnée de Mary Baker-
Eddy, la lave s'est cristallisée, et aujourd'hui, sous le
cratère éteint, s'est établie une communauté paisible.

Mais une force qui a provoqué un mouvement spirituel d'une telle envergure ne peut être tout à fait
perdue dans notre univers intellectuel, aucune pensée humaine, même si la raison l'a rejetée, n'est privée définitivement de sa puissance créatrice. L'idée
de Mary Baker-Eddy n'est pas entièrement morte
avec elle. Déjà l'on croyait en Amérique la discussion
sur la Christian Science, sur la guérison par la foi,

complètement terminée ; soudain le lent reflux de la vague la ramène d'une rive inattendue, de l'Europe. Avec les théories de Coué se pose une fois de plus devant la science le problème de Mary Baker-Eddy : peut-on par la foi vaincre sa propre maladie ? Influencé, sans aucun doute, par les théories de la Christian Science, le pharmacien de Nancy met la guérison de tout homme entre ses propres mains ; il exclut même le guérisseur, l'intermédiaire entre le patient et son mal exigé par Mary Baker-Eddy, ce qui fait que, par un dédoublement de la personnalité, celui qui suggestionne est en même temps le suggestionné. En s'en remettant uniquement à la volonté humaine, tout comme sa devancière, pour la guérison des maladies, Coué se fait ainsi le héraut et le champion de cette audacieuse pilote du surnaturel ! Que les formules unilatérales de Mary Baker-Eddy soient encore transformées ou entièrement écartées à l'avenir, une seule chose importe pour leur signification psychologique mondiale : le fait que le problème de la guérison par la foi, posé si énergiquement au monde par cette femme, ne peut plus trouver de repos. Par là, cette dilettante de la science s'est assuré au-delà du bon et du mauvais un rang durable parmi les pionniers de la psychologie ; elle a prouvé une fois de plus que dans l'histoire de l'esprit la fougue d'un profane peut être pour l'avancement des idées aussi importante que toute la science et toute la sagesse des professionnels. Car le premier rôle, et le premier devoir, d'une idée nouvelle est d'engendrer l'inquiétude créatrice. Même l'outrance — et précisément elle — est un stimulant. Même l'erreur par son radicalisme active le progrès. Vraie ou fausse, gagnante ou perdante, toute foi qu'un individu, grâce à son énergie, a imposée à l'humanité, recule les bornes, élargit les frontières de notre monde spirituel.

SIGMUND FREUD

Si le jeu secret des désirs se dissimule à la lumière plus mate des émotions communes, il devient, à l'état de passion violente, d'autant plus éclatant, saillant, formidable ; le fin connaisseur de l'âme humaine qui sait combien l'on peut, en somme, compter sur le mécanisme du libre arbitre et dans quelle mesure il est permis de déduire par analogie transportera mainte expérience de ce domaine dans sa doctrine et la recréera pour la vie morale... Quelle surprise s'il se dressait, comme pour les autres domaines de la nature, un Linné qui procéderait à une classification selon les instincts et les penchants !...

SCHILLER

CHAPITRE PREMIER

LA SITUATION AU TOURNANT DU SIÈCLE

> *Combien de vérité supporte, combien de vérité ose*
> *un esprit ? C'est ce qui est devenu pour moi, de plus*
> *en plus, la véritable mesure des valeurs. L'erreur (la foi*
> *en l'idéal) n'est pas de l'aveuglement, l'erreur est de la*
> lâcheté... *Chaque conquête, chaque pas en avant dans*
> *la connaissance découle du courage, de la dureté*
> *envers soi, de la propreté envers soi.*

NIETZSCHE

La mesure la plus sûre de toute force est la résistance qu'elle surmonte. Ainsi, l'action d'abord révolutionnaire, puis reconstructrice de Sigmund Freud n'est vraiment compréhensible que si l'on se représente la morale d'avant-guerre et l'idée qu'on se faisait alors des instincts humains. Aujourd'hui les pensées de Freud — qui, il y a vingt ans, étaient encore des blasphèmes et des hérésies — circulent couramment dans le langage et dans le sang de l'époque ; les formules conçues par lui apparaissent si naturelles qu'il faut un plus grand effort pour les rejeter que pour les adopter. Précisément parce que notre XXᵉ siècle ne peut plus concevoir pourquoi le XIXᵉ siècle se défendait avec tant d'exaspération contre la découverte, attendue depuis longtemps, des forces instinctives de l'âme, il est nécessaire d'examiner rétrospectivement l'attitude psychologique des générations d'alors et de tirer encore une fois de son cercueil la momie ridicule de la morale d'avant-guerre.

Le mépris de cette morale — notre jeunesse en a trop souffert pour que nous ne la haïssions pas ardemment — ne signifie pas celui de l'idée de la morale et de sa nécessité. Toute communauté humaine, liée par esprit religieux ou national, se voit forcée, dans l'intérêt de sa conversation, de refréner les tendances agressives, sexuelles, anarchiques de l'individu et de les endiguer derrière des barrages appelés Morale et Loi. Il va de soi que chacun de ces groupes se crée des normes et des formes particulières de la morale : de la horde primitive au siècle électrique chaque communauté s'efforce par des moyens différents de dompter les instincts primitifs. Les civilisations dures exerçaient durement leur pouvoir : les époques lacédémonienne, judaïque, calviniste, puritaine, cherchaient à extirper l'instinct de volupté panique de l'humanité en le brûlant au fer rouge. Mais, quelque féroces que fussent leurs commandements et leurs prohibitions, ces époques draconiennes servaient quand même la logique d'une idée. Et toute idée, toute foi, sanctifie à un certain degré la violence de son application. Si les Spartiates poussent la discipline jusqu'à l'inhumanité, c'est dans le but d'épurer la race, de créer une génération virile, apte à la guerre : du point de vue de son idéal de la Communauté, la sensualité relâchée devait être aux yeux de l'Etat un empiétement sur son autorité. Le christianisme, lui, combat le penchant charnel au nom du salut de l'âme, de la spiritualisation de la nature toujours dévoyée. Justement parce que l'Eglise, le plus sage des psychologues, connaît la passion de la chair chez l'homme éternellement adamite, elle lui oppose brutalement la passion de l'esprit comme idéal ; elle brise son entêtement orgueilleux dans les geôles et sur les bûchers, pour faire retourner l'âme dans sa patrie suprême — logique cruelle, mais logique quand même. Là comme ailleurs, l'application de la loi morale a pour base une conception du monde solidement ancrée. La morale apparaît comme la forme physique d'une idée métaphysique.

Mais au nom de quoi, au service de quelle idée le XIXe siècle dont la piété, depuis longtemps, n'est que surface, exige-t-il encore une morale codifiée ? Grossièrement matériel, jouisseur, gagneur d'argent, sans l'ombre de la grande foi cohérente des anciennes époques religieuses, défenseur de la démocratie et des droits de l'homme, il ne peut plus vouloir sérieusement interdire à ses citoyens le droit à la libre jouissance. Celui qui, sur l'édifice de la civilisation, a hissé la tolérance en guise de drapeau, ne possède plus le droit seigneurial de s'immiscer dans la conception morale de l'individu. En effet, l'Etat moderne ne s'efforce plus franchement, comme jadis l'Eglise, d'imposer une morale intérieure à ses sujets ; seul le code de la société exige le maintien d'une convention extérieure. On ne demande donc point à l'individu d'être moral, mais de le paraître, d'avoir une attitude morale. Quant à savoir s'il agit d'une façon véritablement morale, l'Etat ne s'en préoccupe pas : ça ne regarde pas que l'individu lui-même, qui est uniquement tenu de ne pas se laisser prendre en flagrant délit de manquement aux convenances. Maintes choses peuvent se passer, mais qu'il n'en soit point parlé ! Pour être rigoureusement exact, on peut donc dire que la morale du XIXe siècle n'aborde même pas le problème réel. Elle l'évite, et toute son activité se réduit à passer outre. Durant trois ou quatre générations, la civilisation a traité, ou plutôt écarté, tous les problèmes sexuels et moraux uniquement au moyen de cet illogisme niais qui veut qu'une chose dissimulée n'existe plus. Cette situation se trouve exprimée de la façon la plus tranchante par ce mot d'esprit : moralement, le XIXe siècle n'a pas été régi par Kant, mais par le « cant[1] ».

Comment une époque si raisonnable et lucide

---

1. Jeu de mots sur « can't », l'impossible, l'interdit (NdE).

a-t-elle pu se fourvoyer à ce point et afficher une psychologie aussi insoutenable et aussi fausse ? Comment le siècle des grandes découvertes, des conquêtes techniques, a-t-il pu rabaisser sa morale jusqu'à en faire un tour de prestidigitation cousu de fil blanc ? La réponse est simple : justement par orgueil de sa raison. Par infatuation optimiste de sa culture, par arrogance de sa civilisation. Les progrès inouïs de la science avaient plongé le XIXe siècle dans une sorte de griserie de la raison. Tout semblait se soumettre servilement à la domination de l'intellect. Chaque jour, chaque heure, presque, annonçait de nouvelles victoires de l'esprit ; on conquérait de plus en plus les éléments réfractaires du temps et de l'espace, les sommets et les abîmes révélaient leur mystère à la curiosité systématique du regard humain ; partout l'anarchie cédait à l'organisation, le chaos à la volonté de l'intelligence spéculative. La raison n'était-elle donc pas capable de maîtriser les instincts anarchiques dans le sang de l'individu, de discipliner et d'assagir la foule indocile des passions ? La besogne principale sous ce rapport est accomplie depuis bien longtemps, disait-on, et ce qui s'allume de temps en temps dans le sang d'un homme moderne, d'un homme « cultivé », ce ne sont plus que les derniers et pâles éclairs d'un orage passé, les ultimes convulsions de la vieille bestialité agonisante. Patience quelques années encore, quelques décennies, et le genre humain, qui a fait une si magnifique ascension du cannibalisme à l'humanité et au sens social, épurera et absorbera ces dernières et misérables scories dans ses flammes éthiques : donc, inutile même de mentionner leur existence. N'attirez pas surtout l'attention des hommes sur les choses sexuelles, et ils les oublieront. N'excitez pas par des discours cette bête antédiluvienne, emprisonnée derrière les barreaux de fer de la morale, ne la nourrissez pas de questions, et elle s'apprivoisera. Passez vite, en détournant le regard devant tout ce qui est désagréable, toujours faire comme si l'on ne voyait rien : c'est là, en somme, tout le code moral du XIXᵉ siècle.

L'Etat arme toutes les puissances qui dépendent de lui pour cette campagne concentrique contre la franchise. Toutes, science, art, famille, église, école, université, reçoivent les mêmes instructions de guerre : éluder toute explication, ne pas attaquer l'adversaire mais l'éviter en faisant un grand détour, ne jamais entrer en discussion sérieuse, ne jamais lutter à l'aide d'arguments mais en recourant au silence seul, sans cesse boycotter et ignorer.

Admirablement obéissantes à cette tactique, toutes les puissances intellectuelles, servantes de la culture, de gaieté de cœur, ont hypocritement laissé le problème de côté. Pendant un siècle, dans toute l'Europe, la question sexuelle est mise en quarantaine. Elle n'est ni niée, ni confirmée, ni soulevée, ni résolue, mais tout doucement poussée derrière un paravent. Une armée formidable de gardiens déguisés en instituteurs, précepteurs, pasteurs et censeurs, se dresse pour ravir à la jeunesse sa spontanéité et sa joie charnelle. Aucun souffle d'air frais ne doit effleurer le corps de ces adolescents, aucun mot sincère, aucun éclaircissement leur âme chaste. Tandis qu'autrefois, n'importe où, chez tout peuple sain, à toute époque normale, l'adolescent nubile entre dans l'âge viril comme dans une fête, tandis que dans les cultures grecque, romaine, judaïque, et même là où il n'y a pas de culture, le garçon de treize ou de quatorze ans est franchement reçu dans la communauté de ceux qui savent, homme parmi les hommes, guerrier parmi les guerriers, au XIXᵉ siècle une pédagogie maudite, par des moyens artificiels et antinaturels, l'éloigne de toute sincérité. Personne devant lui ne parle librement, et par là ne le libère. Ce qu'il sait, il n'a pu l'apprendre que chez les filles ou par les chuchotements des camarades aînés. Et comme chacun n'ose répéter qu'à voix basse cette science des choses les plus naturelles de la nature, tout adolescent qui grandit sert inconsciemment d'auxiliaire nouveau à cette hypocrisie de la civilisation.

La conséquence de ce siècle de retenue et d'hypocrisie obstinées, nous la voyons dans un ravalement inouï de la psychologie au sein d'une culture intellectuellement élevée. Car, comment une science profonde de l'âme aurait-elle pu se développer sans droiture ni honnêteté, comment la clarté se serait-elle propagée, quand justement ceux qui étaient appelés à répandre le savoir, les maîtres, les pasteurs, les artistes, les savants, restaient eux-mêmes ignorants ou hypocrites ? L'ignorance engendre toujours la dureté. Donc une génération de pédagogues sans pitié, parce que sans savoir, fait un mal irréparable aux âmes de la jeunesse, en prescrivant éternellement à celle-ci de « se maîtriser » et d'être « morale ».

Des garçons à demi formés, qui, sous la pression de la puberté, sans connaître la femme, cherchent le seul exutoire possible à leur corps, n'ont pour les renseigner que les sages recommandations de ces mentors « éclairés » qui, en leur disant qu'ils se livrent à un « vice épouvantable » qui détruit la santé, leur blessent profondément l'âme et leur inculquent de force un sentiment d'infériorité, une conscience mystique du péché. Les étudiants à l'Université (j'ai moi-même passé par là) reçoivent de ce genre de professeurs qu'on aimait alors désigner par l'expression fleurie d'« éminents pédagogues » des notices par lesquelles ils apprennent que toute maladie sexuelle, sans exception, est « inguérissable ». Tels sont les canons dont le vertigo moral de l'époque bombarde sans hésiter le cerveau des jeunes gens. Et c'est chaussée de ces bottes cloutées que l'éthique pédagogique piétine le monde des adolescents. Qu'on ne s'étonne donc point si, du fait de cette éducation systématique de la crainte à laquelle sont soumises des âmes encore indécises, un coup de revolver part à tout moment ; qu'on ne s'étonne point non plus si cet endiguement violent ébranle l'équilibre intérieur d'innombrables enfants et si l'on fabrique en série ce type de neurasthéniques qui portent toute la vie le fardeau de leurs craintes d'adolescence et de leurs refoulements. Privés de conseil, des milliers de ces êtres, estropiés par une morale hypocrite, errent de médecin en médecin. Mais comme alors les professionnels de la médecine n'arrivaient pas à dépister la racine de la maladie, c'est-à-dire la sexualité, et que la psychologie de l'époque préfreudienne, par bienséance éthique, ne se hasardait pas dans ces domaines secrets — parce que devant rester secrets — les neurologues, en ces cas critiques, sont pris au dépourvu. Ne sachant que faire, ils envoient tous les malades de l'âme, non encore mûrs pour la clinique ou l'asile d'aliénés, dans des établissements hydrothérapiques. On les gave de bromure, on les maltraite avec l'électricité, mais personne n'ose aborder les causes réelles de leur maladie.

Les anormaux sont, bien plus encore, victimes de la sottise humaine. Jugés par la science comme des êtres éthiquement inférieurs, par la loi comme des criminels, ces malheureux, chargés d'une terrible hérédité, traînent toute une vie, ayant devant eux la prison, derrière eux le chantage, le joug invisible de leur secret meurtrier. A personne ils ne peuvent demander assistance ni conseil. Car si, à l'époque pré-freudienne, un homosexuel s'adressait au médecin, ce monsieur, fronçant les sourcils, s'indignait qu'on osât venir l'importuner avec ces « cochonneries ». On ne s'occupe pas de ces choses privées dans un cabinet de consultations ! Mais, où donc s'en occupe-t-on ? Mais à qui doit s'adresser l'homme troublé ou égaré dans sa vie sentimentale, quelle porte s'ouvrira pour secourir, pour délivrer ces millions d'individus ? Les universités se dérobent, les juges se cramponnent aux lois, les philosophes (à l'exception du vaillant Schopenhauer) préfèrent ne pas remarquer dans leur Cosmos ces déviations d'Eros, si compréhensibles à toutes les cultures antérieures ; la société ferme les yeux par principe et déclare que ces choses pénibles ne peuvent pas être discutées. Donc, silence dans les journaux, dans la littérature, dans les milieux scientifiques ; la police est informée, c'est suffisant. Que des centaines de milliers de captifs délirent dans le cachot raffiné de ce mystère, cela, le siècle suprêmement moral et tolérant le sait et s'en moque ; ce qui importe, c'est qu'aucun cri ne perce au-dehors, que l'auréole que s'est fabriquée la civilisation, ce plus moral des mondes, reste intacte aux yeux du public. Car cette époque met l'apparence morale au-dessus de l'être humain !

Tout un siècle, un siècle horriblement long, cette lâche conjuration du silence « moral » domine l'Europe. Soudain une voix le rompt.

Un jour, sans la moindre intention révolutionnaire, un jeune médecin, dans le cercle de ses collègues, se lève et, prenant pour point de départ ses recherches sur l'hystérie, il parle des troubles, du refoulement des instincts et de leur délivrance possible. Il n'use pas de grands gestes pathétiques, ne proclame pas sur un ton ému qu'il est temps d'appuyer les conceptions morales sur une nouvelle base, que le moment est venu de discuter librement de la question sexuelle. Non, ce jeune médecin rigoureusement réaliste ne joue pas les prédicateurs dans le milieu académique. Il fait exclusivement une conférence diagnostique sur les psychoses et leurs origines. C'est précisément le calme et le naturel avec lesquels il établit qu'une grande partie des névroses, presque toutes, en somme, découlent du refoulement du désir sexuel, qui provoquent l'épouvante glacée de ses collègues. Non qu'ils considèrent cette étiologie comme fausse — au contraire, la plupart d'entre eux ont souvent deviné ou expérimenté ces choses, ils se rendent fort bien compte personnellement du rôle du sexe dans l'équilibre de l'individu. Mais en tant que représentants de leur époque, en tant que valets de la morale en cours, ils se sentent aussi blessés par cette franche constatation d'un fait clair comme le

jour que si l'indication du jeune professeur équiva-
lait déjà en elle-même à un geste indécent. Ils se
regardent, embarrassés. Ce jeune « Dozent » ignore-
t-il donc la convention tacite qui interdit d'aborder
ces sujets épineux, surtout dans une séance publique
de la très honorable « Société des médecins » ?

Cette convention, pourtant, le nouveau venu
devrait la connaître et la respecter : sur le chapitre
sexuel, on s'entend entre collègues par un cligne-
ment d'yeux, on lance à l'occasion une petite plaisan-
terie durant la partie de cartes, mais on n'expose
point ces thèses, en plein XIXᵉ siècle, un siècle aussi
cultivé, dans une réunion académique. Déjà, cette
première manifestation publique de Freud — la
scène s'est réellement produite — est pour ses collègues de la Faculté comme un coup de revolver dans
une église. Et les plus bienveillants d'entre eux lui
font immédiatement remarquer qu'il serait sage,
dans son intérêt, pour sa carrière académique, de
renoncer à l'avenir à des recherches qui touchent des
sujets aussi gênants et qui ne mènent à rien, ou du
moins à rien qui soit susceptible d'être discuté en
public.

Mais Freud, lui, se soucie de sincérité et non de
convenance. Il a trouvé une piste et il la suit. Justement, le sursaut de ses auditeurs lui montre qu'il a,
sans le vouloir, mis le doigt sur un endroit malade,
que du premier coup il a touché le nerf de la question. Il tient bon. Il ne se laisse intimider ni par les
avertissements, partant d'un bon cœur, de quelques-
uns de ses aînés, ni par les lamentations d'une
morale offensée, qui n'est pas habituée à se sentir
empoignée aussi brusquement *in puncto puncti*.
Avec cette intrépidité tenace, ce courage viril et cette
capacité d'intuition qui, réunis, forment son génie,
il ne cesse de presser de plus en plus fortement
l'endroit sensible, jusqu'à ce que finalement l'abcès
crève, que la plaie soit débridée et qu'on puisse travailler à la guérison. Au premier coup de sonde dans
l'inconnu, ce médecin solitaire ne pressent pas

encore tout ce qu'il découvrira dans cette obscurité.
Mais il devine l'abîme, et la profondeur attire toujours magnétiquement l'esprit créateur.

Le fait qu'en dépit de l'insignifiance apparente du
motif la première rencontre de Freud avec sa génération se transforma en choc, est un symbole et non
un hasard. Ce ne sont pas seulement la pudibonderie choquée, la dignité morale en vigueur qui
s'offensent d'une théorie isolée : non, la morale péri-
mée de passer-les-choses-sous-silence flaire ici, avec
la clairvoyance nerveuse qu'on a dans le danger, une
opposition réelle. Ce n'est pas la *manière* dont Freud
aborde cette sphère, mais le *fait* qu'il y touche, qu'il
ose y toucher, qui équivaut à une provocation en
duel, où l'un des deux adversaires doit succomber.
Dès le premier instant, il ne s'agit pas d'amélioration,
mais de bouleversement total. Il n'y va pas de préceptes, mais de principes. Il n'est pas question de
détails, mais d'un tout. Front contre front se dressent
deux formes de la pensée, deux méthodes si oppo-
sées qu'entre elles il n'y a pas d'accord possible et
qu'il ne peut jamais y en avoir. La psychologie pré-
freudienne, enfermée dans l'idéologie de la domination du cerveau sur le sang, exige de l'individu, de
l'homme instruit et civilisé, qu'il réprime ses instincts par la raison. Freud répond nettement et brutalement : les instincts ne se laissent pas réprimer, et
il est vain de supposer que, lorsqu'on les réprime, ils
sont chassés et disparus à jamais. Tout au plus
arrive-t-on à refouler les instincts du conscient dans
l'inconscient. Mais alors, soumis à cette déviation
dangereuse, ils se tassent dans le fond de l'âme et
engendrent par leur constante fermentation l'inquiétude nerveuse, les troubles et la maladie. Sans illusions, sans indulgence, sans croyance au progrès,
Freud établit péremptoirement que ces forces instinctives de la Libido, stigmatisées par la morale,
constituent une partie indestructible de l'être
humain qui renaît dans chaque embryon ; que cet
élément ne peut jamais être écarté, mais que dans

certains cas on réussit à rendre son activité inoffensive par le passage dans le conscient. Donc, la prise de conscience, que l'ancienne éthique sociale considère comme un danger capital, Freud l'envisage comme un remède ; le refoulement qu'elle estimait bienfaisant, il en démontre le danger. Ce que la vieille méthode tenait à mettre sous le boisseau, il veut l'étaler au grand jour. Il veut identifier au lieu d'ignorer, aborder au lieu d'éviter, approfondir au lieu de détourner le regard. Mettre à nu au lieu de voiler. Seul peut discipliner les instincts celui qui les connaît, seul peut dompter les démons celui qui les tire de leur abîme et les regarde face à face. La médecine a aussi peu de rapport avec la morale et la pudeur qu'avec l'esthétique ou la philologie ; sa tâche la plus importante n'est pas de réduire au silence les secrets les plus mystérieux de l'homme, mais de les forcer à parler. Sans le moindre ménagement pour la pudibonderie du siècle, Freud lance ces problèmes du refoulement et de l'inconscient au beau milieu de l'époque. Par là, il entreprend la cure non seulement d'innombrables individus, mais de toute l'époque moralement malade, en transportant de la dissimulation dans la science le conflit fondamental qu'elle voulait tenir caché.

Cette méthode révolutionnaire de Freud a non seulement transformé notre conception de l'âme, mais indiqué une direction nouvelle à toutes les questions capitales de notre culture présente et à venir. C'est pourquoi tous ceux qui, depuis 1890, veulent considérer l'effort de Freud comme une simple besogne médicale, la sous-estiment grossièrement et commettent une plate erreur, car ils confondent consciemment ou inconsciemment le point de départ avec le but. Le fait que Freud ait fendu la muraille de Chine de la psychologie ancienne en partant de la médecine est un hasard historiquement exact, mais sans importance pour ses résultats. Ce qui importe, chez un créateur, ce n'est pas d'où il vient, mais où il est arrivé. Freud

vient de la médecine de la même façon que Pascal
des mathématiques ou Nietzsche de la philologie
ancienne. Sans doute, cette origine donne à son
œuvre une certaine tonalité, mais elle ne détermine
ni ne limite sa grandeur. Car il serait enfin temps de
remarquer, maintenant qu'il entre dans sa soixante-
quinzième année, que son œuvre et sa valeur, depuis
longtemps, ne se basent plus sur le détail secondaire
de la guérison annuelle par la psychanalyse de
quelques centaines de névrosés de plus ou de moins,
ni sur l'exactitude de chacune de ses théories et de
ses hypothèses. Que la Libido soit sexuellement
« fixée » ou non, que le complexe de la castration et
l'attitude narcissique — et Dieu sait quels autres
articles de foi codifiés — soient canonisés ou non
pour l'éternité, ces questions sont devenues depuis
longtemps un objet de chicanes scolastiques entre
universitaires et n'ont pas la moindre importance
pour la réforme historique et durable que Freud a
imposée au monde par sa découverte du dynamisme
de l'âme et sa technique nouvelle vis-à-vis des problèmes psychologiques. Ce qui nous intéresse, c'est
qu'un homme, par sa vision créatrice, a transformé
notre sphère intérieure. Et le fait qu'il s'agissait là
d'une véritable révolution, que son « sadisme de la
vérité » bouleversait toutes les conceptions du
monde de l'âme, les représentants de la génération
mourante le reconnurent les premiers ; ils com-
prirent le danger de sa théorie. Car c'est bien pour
eux, qu'elle était dangereuse ; ils s'en aperçurent
immédiatement avec épouvante, ces illusionnistes,
ces optimistes, ces idéalistes, ces avocats de la
pudeur et de la bonne vieille morale, lorsqu'ils se
virent en face d'un homme qui brûlait tous les
signaux avertisseurs, que ne faisait reculer aucun
tabou et n'intimidait aucune contradiction, à qui, en
vérité, rien ne restait « sacré ». Ils ont senti instinctivement qu'avec Freud, aussitôt après Nietzsche,
l'Antéchrist, venait un autre grand destructeur des
vieilles tables saintes, un anti-illusionniste, dont le

rayon Rœntgen du regard éclairait impitoyablement tous les arrière-plans, voyait sous la Libido le sexe, en l'enfant innocent l'homme primitif, dans la douce intimité familiale les antiques et dangereuses tensions entre père et fils, et dans les rêves les plus anodins les ardents bouillonnements du sang. Dès le premier instant ils sont torturés par un pressentiment pénible : un tel homme qui, dans leurs valeurs les plus sacrées, culture, civilisation, humanité, morale et progrès, ne voit rien d'autre que des rêves-désirs, ne poussera-t-il pas encore plus loin sa sonde féroce ? Cet iconoclaste ne transportera-t-il pas finalement son impudente technique analytique de l'âme individuelle à l'âme collective ? N'ira-t-il pas jusqu'à frapper de son marteau les fondements de la morale d'Etat et les complexes familiaux agglutinés au prix de tant d'efforts, jusqu'à dissoudre par ses acides violemment caustiques l'idée de patrie et même l'esprit religieux ? En effet, l'instinct du monde agonisant d'avant-guerre a vu juste : le courage illimité, l'intrépidité intellectuelle de Freud ne se sont arrêtés nulle part. Indifférent aux objections et aux jalousies, au bruit et au silence, avec la patience inébranlable et systématique de l'artisan, il a continué à perfectionner son levier d'Archimède jusqu'à pouvoir s'attaquer au monde. En la soixante-dixième année de sa vie, Freud a entrepris l'œuvre ultime d'appliquer sa méthode, dont il avait fait l'expérience sur l'individu, à l'humanité entière et même à Dieu. Il a eu le courage d'avancer encore et toujours, par-delà les illusions, jusqu'au néant suprême, jusqu'à cet infini grandiose où il n'y a plus de foi, plus d'espoirs ni de rêves, pas même ceux du ciel et où il n'est plus question du sens et de la tâche de l'humanité.

Sigmund Freud a donné à l'humanité — œuvre admirable d'un homme isolé — une notion plus claire d'elle-même, plus claire, dis-je, non pas plus heureuse. Il a approfondi la conception du monde de toute une génération : approfondi, dis-je, non pas embelli. Car l'absolu ne rend jamais heureux, il ne

fait qu'imposer des décisions. La science n'a pas
pour devoir de bercer de nouvelles rêveries apai-
santes le cœur éternellement puéril de l'humanité ;
sa mission est d'apprendre aux hommes à marcher
droit et ferme sur notre dure planète. La part de Sigmund Freud dans cette tâche indispensable a été
exemplaire : au cours de l'œuvre qu'il a entreprise sa
dureté est devenue force, sa sévérité loi inflexible.
Jamais, pour le plaisir de consoler, Freud n'a montré à l'homme une issue commode, un refuge dans
un paradis terrestre ou céleste, mais toujours et uniquement le chemin qui conduit à la connaissance de
soi-même, la voie dangereuse aboutissant au plus
profond de son Moi. Sa clairvoyance est sans indulgence ; sa façon de penser n'a allégé en rien la vie
humaine. Aiguë et tranchante comme la bise, son
irruption dans une atmosphère étouffante a dissipé
bien des brouillards dorés et des nuages roses mais
par-delà les horizons éclaircis s'étend maintenant
une nouvelle perspective sur le domaine de l'esprit.

   Grâce à l'effort de Freud une nouvelle génération
regarde une époque nouvelle avec des yeux plus
pénétrants, plus libres et plus sincères. Si la dangereuse psychose de la dissimulation, qui a tenu en
laisse pendant un siècle la morale européenne, est
définitivement écartée, si nous avons appris à regarder sans fausse honte au fond de notre vie ; si les
mots de « vice » et de « péché » nous font frémir
d'horreur ; si les juges, renseignés sur la force dominante des instincts humains, hésitent parfois à prononcer une condamnation ; si, les instituteurs
admettent naturellement les choses naturelles et la
famille franchement les choses franches ; s'il y a
dans la conception morale plus de sincérité et dans
la jeunesse plus de camaraderie ; si les femmes
acceptent plus librement leur sexe et leur désir ; si
nous avons appris à respecter l'essence unique de
tout individu et possédons la compréhension créatrice du mystère de notre être spirituel — tous ces
éléments de redressement moral, nous les devons,

nous et notre monde nouveau, en première ligne à cet homme, qui a eu le courage de savoir ce qu'il savait et le triple courage d'imposer ce savoir à la morale obstructive et lâchement résistante de l'époque. Maints détails de l'œuvre de Freud peuvent être discutables, mais qu'importent les détails ! Les pensées vivent autant de dénégations que de confirmations, une œuvre existe non moins par la haine que par l'amour qu'elle éveille. Le seul triomphe décisif d'une idée, le seul aussi que nous soyons encore prêts aujourd'hui à révérer, est son incorporation à la vie. Car rien, en notre temps de justice incertaine, ne rallume autant la foi en la prédominance de l'esprit que l'exemple vécu du fait qu'il suffit toujours qu'un seul homme ait le courage de la vérité pour augmenter le vrai dans tout l'univers.

CHAPITRE II

PORTRAIT CARACTÉROLOGIQUE

La sincérité est la source de tout génie.

BOERNE

La porte sévère d'un immeuble viennois se referme depuis un demi-siècle sur la vie privée de Sigmund Freud : on serait presque tenté de dire qu'il n'en a point eu, tant son existence personnelle, modestement reléguée à l'arrière-plan, suit un cours silencieux. Soixante-dix ans dans la même ville, plus de quarante ans dans la même maison. Ici, la consultation dans la même pièce, la lecture dans le même fauteuil, le travail littéraire devant le même bureau. *Pater familias* de six enfants, sans aucun besoin personnel, sans autre passion que celle du métier et de la vocation. Jamais un atome de son temps, parcimonieusement et pourtant généreusement utilisé, ne se perd en vue de grades et de dignités, en vaniteuses attitudes extérieures : jamais, pour la publicité, le créateur ne se campe devant l'œuvre créée ; chez cet homme, le rythme de la vie se soumet uniquement et totalement au rythme incessant, uniforme et patient du travail. Chacune des mille et mille semaines de ses soixante-quinze ans est enfermée dans le cercle unique d'une activité délimitée, chaque jour est pareil à l'autre. Pendant toute la session universitaire, conférence une fois par semaine ; le mercredi soir, régulièrement, selon la méthode socratique, un symposion intellectuel au milieu des disciples ; le samedi après-midi une partie de cartes ; à part cela, du matin au soir, ou plutôt à minuit, chaque minute, chaque seconde, est employée à l'analyse, au traitement des malades, à l'étude, à la lecture et à la tâche scientifique. Cet inexorable calendrier de travail ne connaît pas de feuilles blanches, cette journée sans fin, au cours d'un demi-siècle, ne compte pas une seule heure de repos d'esprit. L'activité perpétuelle est aussi naturelle à ce cerveau toujours en mouvement que l'est au coeur le battement régénérateur du sang ; le travail, chez Freud, n'apparaît pas comme une action soumise à la volonté, mais au contraire comme une fonction permanente et inhérente à l'individu. L'indéfectibilité de ce zèle et de cette vigilance est précisément le trait le plus surprenant de son être intellectuel : la norme se mue en phénomène. Depuis quarante ans Freud se livre journellement à huit, neuf, dix, parfois même onze analyses ; c'est-à-dire que neuf, dix, onze fois, il se concentre pendant une heure entière, dans une tension extrême, presque palpitante, de manière à ne faire qu'un avec son « sujet », dont il écoute et pèse chaque parole, cependant que sa mémoire, jamais en défaut, lui permet de comparer simultanément les données de la psychanalyse présente à celles de toutes les séances précédentes. Il vit ainsi au coeur de cette personnalité étrangère, tandis qu'en même temps, établissant le diagnostic de l'âme, il l'observe du dehors. Et tout d'un coup, à la fin de cette séance, il doit quitter ce malade, entrer dans la vie du suivant, et cela huit, neuf fois par jour — gardant en lui, sans annotations ni moyens mnémoniques, les fils séparés de centaines et de centaines de destins, qu'il domine et dont il discerne les ramifications les plus délicates.

Un effort aussi constamment renouvelé exige une

vigilance de l'esprit, un guet de l'âme, une tension des nerfs que personne d'autre ne serait de taille à supporter plus de deux ou trois heures. Mais la vitalité étonnante de Freud, sa surforce dans le domaine de la puissance intellectuelle, ne connaît point l'épuisement ni la lassitude.

Lorsque bien tard, le soir, le travail analytique, la journée de neuf ou dix heures au service de l'humain sont terminés, l'autre travail commence, celui que le monde croit être sa tâche unique : l'élaboration créatrice des résultats. Et ce labeur gigantesque, pratiqué sans arrêt sur des milliers d'hommes et qui se répercute sur des millions, s'opère tout le long d'un demi-siècle, sans aide, sans secrétaire, sans assistant ; chaque lettre de Freud est manuscrite, ses recherches sont poursuivies jusqu'au bout par lui seul et c'est sans faire appel au moindre concours qu'il donne leur forme définitive à tous ses travaux. Seule la régularité grandiose de sa puissance créatrice trahit sous la surface banale de cette existence l'élément foncièrement démoniaque. Ce n'est que dans la sphère de la création que cette vie apparemment normale révèle ce qu'il y a en elle d'unique et d'incomparable.

Cet instrument de précision, qui pendant des décennies fonctionne sans jamais s'arrêter ni faiblir ni dévier, serait inconcevable si la matière n'en était parfaite. Comme chez Haendel, Rubens et Balzac, créateurs torrentiels, la surabondance intellectuelle découle chez Freud d'une santé splendide. Jusqu'à l'âge de soixante-dix ans, ce grand médecin n'a jamais été gravement malade, ce profond explorateur de toutes les maladies nerveuses n'a jamais ressenti le moindre trouble nerveux ; cet investigateur lucide de toutes les anomalies de l'âme, ce sexualiste tant décrié, est resté toute une vie, dans ses manifestations personnelles, d'une uniformité et d'une santé étonnantes. Ce corps ne connaît même pas par expérience les malaises les plus ordinaires, les plus quotidiens, qui viennent troubler le travail intellectuel, et il n'a pour ainsi dire jamais connu la migraine, ni la fatigue. Pendant des dizaines d'années, Freud n'a jamais eu besoin de consulter un confrère, jamais une indisposition ne l'a obligé à remettre un cours. Ce n'est qu'à l'âge patriarcal qu'une maladie maligne s'efforce de briser cette santé polycratique. Mais en vain. A peine la blessure est-elle cicatrisée que, sur-le-champ et sans diminution aucune, reprend l'ancienne vitalité. Pour Freud, la santé va avec la respiration, l'état de veille avec le travail, la création avec la vie. Et plus est vive et continue la tension du jour, plus est complète, pour ce corps taillé dans le roc, la détente nocturne. Un sommeil bref, mais total, renouvelle de matin en matin cette vigueur magnifiquement normale et en même temps magnifiquement sur-normale de l'esprit. Freud, quand il dort, dort très profondément, et quand il veille, est formidablement éveillé.

L'image extérieure de l'être ne contredit point cet équilibre complet des forces intérieures. Proportions parfaites de tous les traits, aspect essentiellement harmonieux. La taille ni trop grande ni trop petite, le corps ni trop lourd ni trop frêle : partout et toujours une moyenne véritablement exemplaire. Depuis des années les caricaturistes désespèrent en face de ce visage dont l'ovale parfaitement régulier ne donne aucune prise à l'exagération du dessin. C'est en vain qu'on range côte à côte les portraits de ses jeunes années pour y saisir quelque trait dominant, quelque signe caractéristique. Et à trente, à quarante, à cinquante ans, ces images ne nous montrent qu'un bel homme, un homme viril, un monsieur aux traits réguliers, trop réguliers peut-être. L'œil sombre et concentré trahit, il est vrai, l'être intellectuel, mais avec la meilleure volonté on ne trouve dans ces photographies pâlies rien d'autre qu'un de ces visages de savants, d'une virilité idéalisée, à la barbe soignée, tels qu'aimaient en peindre Lenbach et Makart, ténébreux, grave et doux, mais en somme rien moins que révélateur. On croit déjà devoir renoncer à toute étude caractérologique devant ce visage enfermé dans sa propre harmonie. Mais soudain les dernières photos commencent à parler. Seul l'âge, qui chez la plupart des hommes dissout les traits personnels et les émiette en argile grise, seule la vie patriarcale, la vieillesse et la maladie, de leur ciseau créateur, donnent au visage de Freud un caractère spécial indéniable. Depuis que les cheveux grisonnent, que la barbe n'encadre plus aussi richement le menton obstiné, que la moustache ombrage moins la bouche sévère, depuis que s'avance le soubassement osseux et cependant plastique de sa figure, quelque chose de dur, d'incontestablement offensif, se découvre : la volonté inexorable, pénétrante et presque irritée de sa nature. Plus profond, plus sombre, le regard, jadis simplement contemplateur, est maintenant aigu et perçant ; un pli amer et méfiant fend comme une blessure le front découvert et sillonné de rides. Les lèvres minces et serrées se ferment comme sur un « non » ou un « ce n'est pas vrai ». Pour la première fois on sent dans le visage de Freud la rigueur et la véhémence de son être, et l'on devine que ce n'est point là un *good grey old man*, que l'âge a rendu doux et sociable, mais un analyste impitoyable, qui ne se laisse duper par personne et n'admet point de duperie. Un homme devant lequel on aurait peur de mentir, qui, de son regard soupçonneux et décoché comme une flèche du fond de l'obscurité, barre la route à tout fauxfuyant et empêche d'avance toute échappatoire ; un homme au visage tyrannique peut-être, plutôt que libérateur, mais doué d'une admirable intensité de pénétration ; non pas un simple contemplateur, mais un psychologue inexorable.

Qu'on n'essaie point d'affadir le masque de cet homme, d'atténuer sa dureté biblique, ou l'énergique intransigeance qui flamboie dans l'œil presque menaçant du vieux lutteur. Car si cette énergie tranchante et implacable avait manqué à Freud, son œuvre eût été privée de ce qu'elle contient de

meilleur et de plus décisif. Comme Nietzsche avec le
marteau, Freud a philosophé toute une vie avec le
scalpel : ces instruments-là ne peuvent guère être
maniés par des mains indulgentes et douces. L'obli-
geance, la complaisance, la politesse et la compas-
sion seraient absolument inconciliables avec la pensée radicale de sa nature créatrice, dont le sens et la
mission sont uniquement la révélation des extrêmes
et non leur harmonisation. La volonté combative de
Freud exige toujours le pour ou le contre nets, le oui
ou le non, mais pas de « qui sait » et de « néanmoins », de « cependant » et de « peut-être ». Quand
il s'agit de raison et d'avoir raison dans le domaine
de l'esprit, Freud ne connaît ni réserves ni ménage-
ments, ni compromis ni pitié : comme Jahvê, l'Eter-
nel, il pardonne moins à un tiède qu'à un apostat. Les
à peu près n'ont pas de valeur pour lui, il n'est tenté
que par la vérité cent pour cent. Toute pénombre,
autant dans les relations personnelles d'homme à
homme que dans ces sublimes clairs-obscurs intellectuels de l'humanité que l'on qualifie d'illusions,
provoque inévitablement son besoin violent et
presque exacerbé de diviser, de délimiter, d'ordonner
— son regard veut ou doit toujours faire ressortir les
phénomènes avec l'acuité de la lumière directe.

Voir clair, penser clair, agir clair, n'est pas pour
Freud un effort ni un acte de sa volonté ; le besoin
d'analyser est, chez lui, instinctif, inné, organique et
irrépressible. Quand Freud ne comprend pas entièrement et immédiatement une chose, il est incapable
d'épouser le point de vue de qui que ce soit ; ce qui
ne lui paraît point clair du fond de lui-même, personne ne peut le lui éclaircir. Son œil, comme son
esprit, est autocratique et absolument intransigeant ;
et c'est dans la lutte, lorsqu'il est dressé seul contre
des ennemis cent fois supérieurs en nombre, que se
déploie en sa plénitude l'instinct agressif de cette
volonté intellectuelle que la nature a faite tranchante
comme un couperet.

Dur, sévère et impitoyable pour les autres, Freud

ne l'est pas moins envers lui-même. Exercé à la méfiance, accoutumé à dépister la moindre fausseté jusque dans les replis les plus secrets de l'inconscient, à démasquer derrière chaque aveu une confession encore plus sincère, sous chaque vérité une vérité plus profonde, il applique à sa propre personne la vigilance de ce contrôle analytique. C'est pourquoi le mot si souvent employé de « penseur audacieux » me paraît fort mal convenir à Freud. Sa pensée n'a rien de l'improvisation, à peine quelque chose de l'intuition. Ce n'est point un étourdi qui modèle des formules en un tour de main : il hésite parfois des années avant de muer ouvertement une supposition en affirmation ; pour un génie constructif comme le sien, des généralisations prématurées, des sauts périlleux de l'intellect, seraient de véritables contresens. N'allant qu'à petits pas, avec circonspection et sans jamais éprouver la moindre exaltation, Freud dépiste le premier tout ce qui n'est pas sûr ; on trouve dans ses écrits maints avertissements qu'il s'adresse à lui-même, tels que : « Ceci n'est qu'une hypothèse », ou : « Je sais que sous ce rapport j'ai peu de nouveau à dire. » Le vrai courage de Freud commence tard, avec la certitude. C'est seulement lorsque cet impitoyable désillusionniste s'est entièrement convaincu lui-même, a triomphé de sa propre méfiance, a surmonté sa crainte d'enrichir la chimère du monde d'une illusion nouvelle, qu'il expose sa conception. Mais dès qu'il a admis et défendu publiquement une idée, elle entre dans son sang et sa chair, devient une partie de son existence intellectuelle, et aucun Shylock ne pourrait en exciser une once de son corps vivant. La certitude de Freud s'affirme tard : mais une fois acquise, elle ne peut plus être brisée.

Cette ténacité, cette énergie à maintenir son point de vue envers et contre tous, les adversaires irrités de Freud l'ont traitée de dogmatisme, et même ses partisans s'en sont plaints à voix basse ou haute. Mais ce caractère entier de Freud est indissolu-

blement lié à sa nature : il découle d'une attitude non
pas volontaire, mais spontanée, d'une façon particulière de voir les choses. Ce qu'embrasse son regard
créateur, il le voit comme si personne avant lui ne
l'avait vu. Quand il pense, il oublie ce que d'autres
ont pensé sur le même sujet. Il perçoit ses problèmes
sur un mode naturel et indéniable, et quel que soit
l'endroit où il entrouvre le livre sibyllin de l'âme
humaine, il tombe toujours sur une nouvelle page ;
avant même que sa pensée critique s'en soit emparée, son œil a déjà accompli la création. On peut corriger une erreur d'opinion, mais jamais modifier la
perception créatrice d'un regard : la vision est hors
de toute influence, la création au-delà de la volonté ;
qu'est-ce donc que nous qualifions de création, sinon
ce don de voir des choses archivieilles et immuables
comme si jamais ne les avait illuminées l'étoile d'un
œil humain, d'exprimer ce qui fut dit mille fois avec
autant de fraîcheur virginale que si jamais la bouche
d'un mortel ne l'avait prononcé ? Impossible à
apprendre, cette magie de la vision intuitive du
savant est en même temps impossible à éduquer, et
l'obstination avec laquelle une nature géniale maintient sa première et unique vision n'est point de
l'entêtement, mais une inéluctable nécessité.

C'est pourquoi Freud n'essaie jamais de
convaincre, de persuader, d'enjôler ses lecteurs et ses
auditeurs. Il expose, c'est tout. Sa loyauté sans
réserve renonce absolument à servir même les pensées qui lui semblent les plus importantes sous une
forme poétiquement séduisante et, en adoucissant
l'expression, à faciliter aux âmes sensibles la diges-
tion des parties dures et amères. Comparée à la prose
enivrante de Nietzsche, qui toujours fait jaillir les
feux d'artifice les plus fous de l'art et de l'artisterie,
la sienne paraît de prime abord incolore, sobre et
froide. La prose de Freud ne fascine pas, ne
conquiert pas ; elle renonce totalement à toute poé-
tisation, à toute eurythmie musicale (il lui manque,
comme il l'avoue lui-même, tout penchant intérieur

à la musique — évidemment dans le sens de Platon qui l'accuse de troubler la pensée pure). Et c'est précisément le but unique de Freud, qui agit selon le mot de Stendhal : « Pour être bon philosophe, il faut être sec, clair, sans illusion. » La clarté, dans le langage comme dans toutes les manifestations humaines, lui paraît l'Optimum et l'Ultimum ; il subordonne toutes les valeurs artistiques, comme secondaires, à cette netteté et à cette luminosité et il obtient ainsi le tranchant diamantin des contours auquel il doit l'incomparable *vis plastica* de son style. Prose latine, prose romaine, dénuée de tout ornement, s'en tenant, rigide, à son sujet, elle ne le survole jamais à la façon des poètes, mais l'exprime en mots durs et drus. Elle n'enjolive pas, n'accumule pas les vocables, elle n'est pas touffue, elle évite les répétitions ; elle est, jusqu'à la limite, avare d'images et de comparaisons. Mais quand elle en choisit une, elle est puissamment persuasive et porte comme une balle. Certaines formules de Freud ont la sensualité translucide des gemmes taillées et se dressent dans la clarté glacée de sa prose comme des camées enchâssés dans des coupes de cristal. Chacune d'elles est inoubliable. Au cours de ses démonstrations philosophiques, Freud n'abandonne pas une seule fois le droit chemin — il hait les circonlocutions stylistiques autant que les déviations intellectuelles — et dans toute son œuvre si vaste on ne trouve pas une seule phrase qui ne soit nettement accessible, sans effort, même à un homme de culture moyenne. Son expression, comme sa pensée, tend toujours à une précision quasi géométrique : seul un style apparemment terne, mais en réalité d'une extrême luminosité, pouvait servir son effort vers la clarté.

Tout génie, dit Nietzsche, porte un masque. Freud a choisi l'un des masques les plus impénétrables : celui de la discrétion. Sa vie extérieure dissimule une puissance démoniaque de travail sous une sorte de bourgeoisisme sobre de philistin. Son visage : le génie créateur sous des traits calmes et réguliers.

Son œuvre, hardie et révolutionnaire à l'extrême, revêt les dehors modestes propres aux méthodes universitaires d'une science naturelle exacte. La froideur incolore de son style cache l'art cristallin de sa puissance créatrice. Génie de la sobriété, il aime manifester ce qui, en son être, est sobre et non ce qui est génial. Seule apparaît d'abord la mesure, le démesuré se révèle plus tard en profondeur. En toutes choses Freud est plus qu'il ne veut paraître, et cependant, en chacune de ses manifestations, il demeure le même sans équivoque. Car là où domine et s'épanouit en l'homme la loi de l'unité supérieure, elle transparaît et s'incarne triomphalement dans tous les éléments de son être, vie, œuvre, style et aspect.

CHAPITRE III

LE POINT DE DÉPART

« Dans ma jeunesse, pas plus qu'ensuite, d'ailleurs, je n'ai jamais ressenti de préférence spéciale pour la situation et le métier de médecin », avoue Freud dans l'histoire de sa vie, avec cette franchise inexorable envers lui-même, si caractéristique de son être. Mais à cet aveu viennent encore s'ajouter ces paroles riches d'éclaircissements : « J'étais plutôt mû par une sorte de soif de savoir, qui se rapportait aux relations humaines bien plus qu'aux objets naturels. » Mais à ce penchant intime ne correspond aucune branche, le programme d'études médicales de l'Université de Vienne ne connaît pas de matière d'enseignement intitulée « Relations humaines ». D'autre part, comme le jeune étudiant doit songer bientôt à gagner son pain, il ne peut s'abandonner longuement à ses préférences et il se voit forcé de marquer patiemment le pas avec les autres pendant les douze semestres prescrits. Comme étudiant, déjà, Freud travaille sérieusement à des recherches indépendantes ; ses devoirs universitaires, il les remplit, par contre, selon son sincère aveu, « assez négligemment » et n'obtient son diplôme de docteur en médecine qu'en 1881, à l'âge de vingt-cinq ans, « avec un assez grand retard ».

C'est le sort d'un grand nombre : en cet homme,

incertain de sa voie, se prépare une vocation mystérieuse de l'esprit, qu'il doit échanger avant tout
contre une profession qui ne lui dit rien. Car dès le
début l'artisanat de la médecine, la partie classique
et la technique curative n'attirent guère cet esprit
fixé sur l'universel. Psychologue-né — ce qu'il igno-
rera longtemps — le jeune médecin cherche toutefois instinctivement à transporter son champ d'activité théorique dans le voisinage de l'âme. Il choisit
donc comme spécialité la psychiatrie, et s'occupe de
l'anatomie du cerveau, car alors il n'est pas encore
question dans les auditoires médicaux de la psychologie de l'individu pris en particulier ; cette science
de l'âme dont nous ne pouvons plus nous passer
aujourd'hui, Freud devra nous l'inventer. La conception mécanique de l'époque considère toute anomalie de l'âme uniquement comme une déviation des
nerfs, comme une dépravation ; on est dominé par
l'inébranlable illusion de pouvoir, grâce à une
connaissance toujours plus approfondie des organes
et à des expériences dans le domaine animal, calculer exactement un jour le mécanisme de l'âme et en
corriger toute déviation. C'est pourquoi l'atelier de
psychologie est, à cette époque, situé dans le laboratoire de physiologie, où l'on croit faire des expériences concluantes en recourant à la lancette, au
scalpel, au microscope et aux appareils de réaction
électriques pour mesurer les oscillations et les vibrations des nerfs. Freud, lui aussi, doit s'asseoir
d'abord à la table de dissection et rechercher à l'aide
de toutes sortes d'appareils techniques des causes
qui, en réalité, ne se manifestent jamais sous une
forme matérielle. Il travaille pendant plusieurs
années dans le laboratoire des célèbres anatomistes
Brücke et Meynert, qui ne tardent pas à reconnaître
chez le jeune assistant le don inné de la découverte
créatrice et indépendante. Tous deux cherchent à
l'avoir comme collaborateur permanent. S'il le veut,
le jeune médecin donnera même à la place du maître
Meynert un cours sur l'anatomie du cerveau. Mais

une force intérieure résiste inconsciemment chez Freud. Peut-être son instinct pressent-il la destinée qui l'attend ; quoi qu'il en soit, il décline la proposition flatteuse. D'ailleurs, ses travaux histologiques et cliniques conformes à la méthode universitaire suffisent déjà à le faire nommer agrégé de neurologie à l'Université de Vienne.

Agrégé de neurologie, c'est, à ce moment-là, pour un médecin sans fortune et âgé de vingt-neuf ans seulement, un titre envié et une fonction lucrative. Maintenant Freud devrait soigner ses malades, d'année en année, sans s'éloigner du droit chemin, selon la brave méthode universitaire prescrite et consciencieusement apprise, et il pourrait faire une carrière brillante. Mais déjà se manifeste chez lui cet instinct si caractéristique d'autocontrôle, qui toute sa vie l'entraînera toujours plus loin et plus en avant. Car ce jeune professeur reconnaît loyalement ce que tous les autres neurologues se dissimulent entre eux et souvent à eux-mêmes, à savoir que toute la technique du traitement nerveux des phénomènes psychogènes, telle qu'elle se présente en 1885, est totalement inopérante, incapable d'apporter aucun secours et se trouve acculée à une impasse. Mais comment en pratiquer une autre, puisqu'à Vienne on n'enseigne que celle-là ? Ce qu'on pouvait apprendre des maîtres viennois en 1885 (et bien plus tard encore), le jeune professeur l'a appris jusqu'au dernier détail : observation clinique scrupuleuse et anatomie d'une exactitude parfaite, sans oublier les vertus fondamentales de l'école de Vienne qui sont la conscience la plus rigoureuse dans le travail et une application inexorable. Au-delà, que pourrait-il glaner chez des hommes qui n'en savent pas plus que lui ? C'est pourquoi la nouvelle qu'à Paris, depuis plusieurs années, on fait de la psychiatrie selon une méthode tout à fait différente de celles admises en Autriche exerce sur Freud une tentation irrésistible. Surpris et méfiant, mais extrêmement attiré, il apprend donc que Charcot, spécialiste de l'anatomie du cerveau, fait de singulières expériences à l'aide de cette infâme et maudite hypnose, frappée à Vienne d'excommunication depuis le jour où — Dieu merci ! — on chassa de la ville François-Antoine Mesmer.

Freud se rend tout de suite compte que de loin, sur les seuls rapports des revues médicales, on ne peut se faire une idée réelle de ces expériences ; il faut les voir soi-même pour pouvoir en juger. Guidé par ce flair intérieur mystérieux qui fait deviner aux créateurs leur voie véritable, Freud décide de se rendre à Paris. Son maître Brücke soutient la requête du jeune médecin sans fortune qui demande une bourse de voyage. On la lui accorde. Et en 1886, pour commencer de nouvelles études, pour apprendre avant d'enseigner, le jeune professeur part pour Paris.

Il se trouve immédiatement dans une autre atmosphère. Bien que Charcot, comme Brücke, soit parti de l'anatomie pathologique, il l'a dépassée. Dans son livre célèbre *La foi qui guérit*, le grand Français a étudié les conditions psychologiques des miracles religieux rejetés jusque-là comme invraisemblables par la morgue scientifique médicale et établi certaines lois typiques dans leurs manifestations. Au lieu de nier les faits, il les a interprétés et s'est approché avec la même absence de préjugés de tous les autres systèmes de cures miraculeuses, y compris le fameux mesmérisme. Pour la première fois Freud rencontre un savant qui, à l'encontre de son école de Vienne, ne rejette pas l'hystérie d'avance avec mépris comme une simulation mais examine cette maladie de l'âme, la plus intéressante, parce que la plus plastique de toutes, et prouve que ses crises et ses accès sont les suites de bouleversements intérieurs et doivent avoir des causes psychiques. Au cours de conférences publiques, Charcot démontre sur des patients hypnotisés que ces paralysies typiques peuvent être provoquées ou supprimées par la suggestion à n'importe quel moment de l'état de sommeil somnambulique, que, par conséquent, elles ne constituent pas de simples réflexes physiologiques, mais sont soumises à la volonté. Bien que les détails de sa doctrine ne réussissent pas toujours à persuader le jeune médecin viennois, ce dernier est puissamment impressionné par le fait qu'à Paris la neurologie reconnaît et tient compte non seulement des causes physiques, mais aussi psychiques et même métapsychiques. Il voit avec joie qu'ici la psychologie se rapproche de l'antique science de l'âme, et il se sent plus attiré par cette méthode intellectuelle que par celle qu'on lui a enseignée jusque-là. Dans cette nouvelle sphère d'activité Freud a de nouveau le bonheur — mais peut-on qualifier de bonheur ce qui n'est au fond que l'éternelle et réciproque divination instinctive des esprits supérieurs ? — d'éveiller chez ses maîtres un intérêt particulier. De même que Brücke, Meynert et Nothangel, à Vienne, Charcot discerne immédiatement en Freud une nature créatrice et l'attire dans sa sphère intime. Il le charge de la traduction de ses œuvres en allemand et l'honore de sa confiance. Lorsque Freud, quelques mois plus tard, retourne à Vienne, son image intérieure du monde est changée. La voie de Charcot, il le sent vaguement, n'est pas complètement la sienne ; ce savant, lui aussi, s'occupe encore trop de l'expérience physique et trop peu de ce qu'elle révèle dans le domaine de l'âme. Mais ces quelques mois à eux seuls ont fait mûrir chez le jeune médecin une volonté d'indépendance et un courage nouveaux. Il peut commencer maintenant son propre travail créateur.

Il est vrai qu'il reste d'abord une petite formalité à remplir. Tout bénéficiaire d'une bourse de voyage de l'Université est tenu, à son retour, de faire un rapport sur ses expériences scientifiques à l'étranger. Freud présente le sien à la Société des Médecins. Il parle des nouvelles méthodes de Charcot et décrit ses expériences hypnotiques à la Salpêtrière. Mais depuis François-Antoine Mesmer, les milieux médicaux viennois se méfient terriblement de tout ce qui est hypnose.

On passe avec un sourire dédaigneux sur la

communication de Freud, à savoir qu'il est possible de provoquer artificiellement les symptômes de l'hystérie ; quant à l'annonce qu'il existe même des cas d'hystérie masculine, elle éveille chez ses collègues une franche gaieté. Au début on lui tape avec bienveillance sur l'épaule en le raillant de s'être laissé conter à Paris de pareilles balivernes ; mais comme Freud ne cède pas, on ferme ensuite à l'indigne apostat le sanctuaire du laboratoire de psychiatrie, où — Dieu soit loué ! — on fait encore de la psychologie « sérieuse et scientifique ».

Depuis lors, Freud est demeuré la bête noire de l'Université de Vienne, jamais plus il n'a franchi le seuil de la Société des Médecins et ce n'est que grâce à la protection privée d'une malade influente (comme il le confesse gaiement lui-même) qu'il obtint, après des années, le titre de professeur extraordinaire. Mais l'illustre Faculté ne se souvient qu'à contrecœur qu'il appartient au personnel académique. Le jour de son soixante-dixième anniversaire elle préfère même nettement ne pas s'en souvenir et se dispense de tout message et de toute congratulation. Freud n'est jamais devenu *titulaire* d'une chaire de professeur ; il est resté ce qu'il était dès le début : un professeur extraordinaire parmi des professeurs ordinaires !

En s'opposant à la méthode mécanique de la neurologie, qui s'efforçait de guérir les maladies de l'âme exclusivement par les excitations cutanées ou des médicaments, Freud a non seulement gâché sa carrière académique, mais il a aussi perdu sa clientèle privée. Désormais, il doit se débrouiller seul. A peine a-t-il alors dépassé le côté négatif de la question : s'il sait que par l'étude anatomique du cerveau et l'usage de l'appareil à mesurer les réactions nerveuses on ne peut espérer faire des découvertes psychologiques décisives et que seule une méthode entièrement différente, avec un tout autre point de départ, permettrait d'approcher les mystérieux enchevêtrements de l'âme, il s'agit maintenant de trouver ou plutôt d'inventer cette méthode. C'est à quoi Freud se consacrera passionnément pendant les cinquante années qui vont suivre. Paris et Nancy lui ont fourni certaines indications qui le mettent sur la voie. Mais dans la sphère scientifique, tout comme dans l'art, une pensée unique ne peut jamais donner naissance à des formes définitives ; la fécondation véritable ne se produit que par le croisement d'une idée et d'une expérience. Il suffit alors de la moindre impulsion pour que s'affirme la force créatrice.

C'est sa collaboration amicale avec le docteur Joseph Breuer, son aîné, que Freud a rencontré naguère au laboratoire de Brücke, qui va donner cette impulsion. Breuer, médecin très occupé, fort actif dans le domaine de la science sans être lui-même créateur, avait entretenu Freud, déjà avant son voyage à Paris, d'un cas d'hystérie chez une jeune fille, qu'il avait réussi à guérir d'une façon imprévue. La patiente présentait les phénomènes ordinaires de cette maladie : paralysies, contractures, inhibitions, obscurcissement de la conscience.

Or, Breuer avait observé que cette jeune fille se sentait libérée, qu'il se produisait une amélioration temporaire dans son état chaque fois qu'elle pouvait lui parler d'elle abondamment. Le docteur, intelligent, écoutait donc patiemment la malade donner libre cours à sa fantaisie affective. Ainsi la jeune fille racontait, et racontait. Mais durant ces « confessions » abruptes, sans aucun lien, Breuer flairait que la malade évitait toujours intentionnellement l'essentiel, ce qui avait joué un rôle décisif dans l'éclosion de son hystérie. Il s'aperçut que cet être savait sur lui-même quelque chose qu'il ne voulait pas savoir et qu'en conséquence il réprimait. Pour dégager la voie encombrée conduisant à l'événement caché, il vient à l'idée de Breuer d'hypnotiser régulièrement la jeune fille. Dans cet état où la volonté est suppri-mée, il espère pouvoir balayer d'une façon radicale toutes les inhibitions qui s'opposent encore à l'éclair-cissement définitif. En effet, sa tentative réussit ; en état d'hypnose, où toute pudeur est abolie, la jeune fille exprime librement ce qu'elle avait avec tant d'obstination dissimulé au médecin et avant tout à elle-même : au chevet de son père malade elle avait éprouvé et réprimé certains sentiments. Ces sentiments refoulés pour des raisons de décence avaient trouvé ou plutôt inventé comme dérivatif les symptômes maladifs constatés. Car chaque fois que la jeune fille les avoue en état d'hypnose, leur substitut, le symptôme hystérique, disparaît immédiatement. Breuer poursuit systématiquement le traitement dans ce sens. Dans la mesure où il éclaire la malade sur elle-même, les phénomènes hystériques dangereux s'effacent — ils sont devenus inutiles. Au bout de quelques mois, la patiente est renvoyée complètement guérie.

Ce cas curieux, Breuer l'avait donc raconté, comme exceptionnellement remarquable, à son jeune collègue. Ce qui le satisfait le plus, lui, dans ce traitement, c'était la guérison d'une névrosée. Mais Freud, avec son profond instinct, devine sur-le-champ sous la thérapeutique dévoilée par Breuer une loi beaucoup plus vaste, à savoir que les « énergies de l'âme sont déplaçables », qu'il doit exister dans le subconscient une force agissante qui métamorphose les sentiments arrêtés dans leur cours naturel (ou, comme nous disons depuis, non « abréagis ») et les porte vers d'autres manifestations psychiques ou physiques. Le cas trouvé par Breuer montre en quelque sorte sous un angle nouveau les expériences rapportées de Paris ; les deux amis décident de travailler ensemble pour suivre jusque dans les ténèbres la trace découverte. Les œuvres qu'ils écrivent alors en collaboration : *Sur le mécanisme psychique des phénomènes hystériques* (1893) et *Études sur l'hystérie* (1895) représentent le premier exposé de ces idées nouvelles ; en elles brille l'aurore d'une psychologie entièrement différente de celle qui est admise. Au cours de leurs recherches communes, il est établi pour la première fois que l'hystérie n'est pas due, comme on le croyait jusque-là, à une maladie organique, mais à un trouble provoqué par un conflit intérieur, dont le malade lui-même ne se rend pas compte ; sous la pression exercée par le conflit se forment ces symptômes, ces déviations maladives. Les troubles psychiques sont engendrés par une rétention des sentiments comme la fièvre par une inflammation interne. Et de même que la fièvre tombe dès que la suppuration trouve une issue, de même cessent les violentes manifestations de l'hystérie dès que l'on arrive à dégager le sentiment « rentré » et refoulé, « à diriger sur des voies normales où elle s'affirme librement la force affective détournée et pour ainsi dire étranglée qui s'employait à maintenir le symptôme ».

Au début, Breuer et Freud recourent à l'hypnose comme instrument de libération psychique. A cette époque préhistorique de la psychanalyse, elle ne constitue aucunement un remède en soi, mais simplement un moyen de secours. Sa tâche est uniquement d'aider à arrêter les crises du sentiment : elle représente pour ainsi dire l'anesthésique pour l'opération à faire. C'est seulement lorsque les entraves de l'état de veille conscient sont tombées, que le malade exprime librement ce qu'il a de plus secret ; le seul fait de la confession diminue la pression angoissante. On procure un exutoire à une âme qui étouffe ; c'est l'affranchissement de la tension que la tragédie grecque chante comme un bonheur et une délivrance ; Breuer et Freud qualifièrent donc d'abord leur méthode de « cathartique », dans le sens de la « catharsis » d'Aristote. Grâce à la connaissance de soi-même, la déviation maladive et artificielle devient superflue, le symptôme qui n'avait qu'un sens symbolique disparaît.

Breuer et Freud étaient arrivés en commun à ces résultats importants, décisifs même. Mais là leur chemin bifurque. Breuer, le médecin, redoutant les dangers de cette incursion dans le domaine de l'âme, se retourne vers le côté médical ; lui, ce qui l'intéresse surtout, ce sont les moyens de guérir l'hystérie, de supprimer les symptômes. Quant à Freud, qui vient seulement de découvrir en lui le psychologue, il est essentiellement fasciné par le phénomène psychique, par le mystère qui l'éclaire du processus de transformation des sentiments. La découverte que ceux-ci peuvent être refoulés et remplacés par des symptômes excite plus violemment encore sa curiosité ; il pressent que tout le problème du mécanisme psychique est là. Car si les sentiments peuvent être refoulés, qui les refoule ? Où sont-ils refoulés ? Selon quelles lois des forces se transportent-elles du psychique dans le physique, et où se produisent ces transformations incessantes dont l'homme conscient ne sait rien et dont il sait pourtant beaucoup dès qu'on le force à savoir ? Une sphère inconnue où la science, jusqu'ici, n'avait encore osé pénétrer, s'ébauche vaguement devant Freud ; il s'aperçoit au loin des contours nébuleux d'un monde nouveau : l'Inconscient. Désormais il se consacrera passionnément à « l'étude de la région inconsciente de la vie de l'âme ». La descente dans l'abîme a commencé.

CHAPITRE IV

LE MONDE DE L'INCONSCIENT

Vouloir oublier ce que l'on sait, rétrograder artificiellement d'un niveau plus élevé à une conception plus naïve, exige toujours un effort particulier. C'est pourquoi il est déjà difficile aujourd'hui de se représenter la façon dont le monde scientifique de 1900 comprenait la notion de l'inconscient. La psychologie pré-freudienne n'ignorait pas, bien entendu, que nos possibilités psychiques ne sont pas entièrement épuisées par l'activité consciente de la raison, qu'il existe derrière cela une autre puissance qui agit en quelque sorte à l'ombre de notre vie et de notre pensée. Mais ne sachant que faire de cette connaissance, elle ne tenta jamais de transporter réellement la notion de l'inconscient dans le domaine de la science et de l'expérience. La psychologie de cette époque-là ne s'occupe des phénomènes psychiques que dans la mesure où ils pénètrent dans le cercle illuminé par la conscience. Pour elle, c'est un contresens — une *contradictio in adjecto* — que de vouloir faire de l'inconscient un objet de la conscience. Le sentiment n'est considéré comme tel que dès qu'on le ressent nettement, la volonté dès qu'elle veut activement ; mais tant que les manifestations psychiques ne s'élèvent pas au-dessus de la surface de la vie consciente, la psychologie d'alors les écarte de l'esprit comme des impondérables dont on ne peut tenir compte.

Freud transporte dans la psychanalyse le terme technique « inconscient », mais il lui donne un tout autre sens que la philosophie scolaire. Pour Freud, le conscient ne constitue pas le seul acte psychique, ni l'inconscient, par conséquent, une catégorie absolument différente ou subordonnée ; au contraire, il déclare énergiquement : tous les actes psychiques sont tout d'abord des produits de l'inconscient ; ceux dont on prend conscience ne représentent pas une espèce différente ni supérieure ; leur entrée dans le conscient, ils ne la doivent qu'à une action extérieure, telle la lumière venant éclairer un objet. Qu'elle soit invisible dans une pièce obscure ou qu'une lampe électrique la rende perceptible au regard, une table reste toujours une table. La lumière rend son existence matériellement plus sensible, mais ce n'est pas elle qui produit sa présence. Certes dans cet état de visibilité accrue on peut la mesurer plus exactement que dans l'obscurité, bien que dans les ténèbres même, par une autre méthode, en palpant et en tâtant, il eût été possible dans une certaine mesure de constater et délimiter sa nature. Mais, logiquement, la table invisible dans le noir appartient au monde physique tout autant que la table visible, et de même dans le domaine de la psychologie l'inconscient fait partie de l'âme autant que le conscient. Par conséquent, chez Freud, pour la première fois, « inconscient » ne signifie plus « inconnaissable » ; doté d'un sens nouveau, le mot entre dans la science. Grâce à cette volonté étonnante de Freud d'examiner non seulement l'extérieur des phénomènes psychiques, mais aussi leur tréfonds et de sonder sous la surface du conscient avec une nouvelle attention et un autre instrument méthodologique la cloche à plongeur de sa psychologie abyssale, la psychologie scolaire redevient enfin une véritable connaissance de l'âme, une science vitale applicable et même curative.

L'œuvre géniale de Freud, c'est cette réforme fondamentale, cette découverte d'une nouvelle terre d'expériences, cet élargissement formidable du champ d'action de l'âme. D'un seul coup la sphère psychique perceptible multiplie son étendue antérieure et offre à la science, sous la surface, la profondeur. Toutes les mesures du dynamisme psychique sont bouleversées grâce à cette modification, apparemment insignifiante — après coup, les idées décisives apparaissent toujours simples et allant de soi. Aussi est-il probable qu'une future histoire de l'esprit comptera cet instant créateur de la psychologie parmi les plus grands et les plus riches de conséquences, de même que les simples déplacements de l'angle de vision intellectuel de Kant et de Copernic ont transformé la pensée de toute une époque. Aujourd'hui déjà l'image que se font de l'âme les universités au début du siècle nous semble être d'une gaucherie de bois gravé, étroite et fausse comme une carte ptoléméenne, qui qualifie de Cosmos une petite et misérable partie de l'univers géographique. Rappelant ces cartographes naïfs, les psychologues pré-freudiens voient tout simplement une *terra incognita* dans les continents inexplorés de l'âme, « inconscient » est pour eux un mot qui remplace inconnaissable et inaccessible. Ils pensent, certes, qu'il doit y avoir quelque part un réservoir obscur et stagnant de l'âme, où s'écoulent pour s'y enliser tous nos souvenirs inutilisés, un magasin où l'oublié et l'inemployé traînent sans but, un dépôt d'où la mémoire tire, tout au plus, de temps en temps, à la lumière de la conscience un quelconque objet. Mais la conception fondamentale de la science pré-freudienne est et reste celle-ci : ce monde inconscient en soi est entièrement inactif, absolument passif ; il représente une vie vécue et morte, un passé enterré, et, par là, sans aucune action, sans aucune influence sur nos sentiments présents.

A cette conception, Freud oppose la sienne : l'inconscient n'est en aucune façon le résidu de l'âme, il est au contraire sa matière première, dont seule une partie minime atteint la surface éclairée du conscient. Mais la partie principale, dite inconscient, qui ne se manifeste pas, n'est pas pour cette raison morte ou privée de dynamisme. En réalité, vivante et active, elle agit sur notre pensée et nos sentiments ; peut-être même représente-t-elle la partie la plus plastique de notre existence psychique. C'est pourquoi celui qui, dans toute décision, ne fait pas entrer en ligne de compte le vouloir inconscient, commet une erreur, car il exclut du calcul l'élément principal de nos tensions internes ; de même que l'on se tromperait grossièrement en évaluant la force d'un iceberg d'après la partie qui émerge de l'eau (son volume véritable restant caché sous la surface), de même se leurre celui-là qui croit que nos énergies conscientes, nos pensées claires, déterminent seules nos actions et nos sentiments. Notre vie ne se déroule pas librement dans la sphère du rationnel, mais cède à l'incessante pression de l'inconscient ; tout instant de notre vivante journée est submergé par les vagues d'un passé apparemment oublié. Notre monde supérieur n'appartient pas à la volonté consciente et à la raison logique dans la mesure orgueilleuse que nous supposons, car c'est des ténèbres de l'inconscient que jaillissent, comme des éclairs, les décisions essentielles et c'est dans les profondeurs de ce monde des instincts que se préparent les cataclysmes qui soudain bouleversent notre destinée. C'est là que gîtent serrés les uns contre les autres tous ces sentiments qui dans la sphère consciente sont pratiquement enregistrés dans les catégories du temps et de l'espace ; les désirs d'une enfance oubliée, que nous croyions enterrée à jamais, s'y meuvent impatiemment, et parfois, ardents et affamés, envahissent notre vie ; la terreur et l'effroi depuis longtemps effacés de la mémoire consciente font monter tout à coup de l'inconscient leurs hurlements par le fil conducteur des nerfs ; là se sont enracinés à notre être non seulement les désirs de notre propre passé, mais encore ceux des ancêtres barbares et des générations tombées en poussière. De ces profondeurs sortent les plus caractéristiques de nos actions, de ce mystère caché à nous-mêmes les soudaines illuminations, la puissance surhumaine qui domine la nôtre. Dans ce crépuscule habite le Moi antique dont notre Moi civilisé ne sait plus rien ou ne veut plus rien savoir ; mais tout à coup il se dresse, crève la mince couche de civilisation qui le retenait et ses instincts primitifs et indomptables se précipitent en nous, menaçants, car c'est la volonté primordiale de l'inconscient de monter à la lumière, de devenir conscient et de se libérer par l'action : « Puisque je suis, je dois agir. » A tout instant, chaque fois que nous prononçons une parole, que nous accomplissons un acte quelconque, nous sommes obligés de réprimer ou plutôt de refouler des mouvements inconscients ; notre sentiment éthique ou civilisateur doit se défendre sans cesse contre le barbare instinct de jouissance. Ainsi — vision formidable d'éléments pour la première fois évoqués par Freud — toute notre vie psychique apparaît comme une lutte incessante et pathétique entre le vouloir conscient et inconscient, entre l'action responsable et nos instincts irresponsables. Mais toute manifestation de ce qui est apparemment inconscient, même si elle nous reste incompréhensible, possède un sens précis ; faire comprendre à tout individu le sens de ses élans inconscients, c'est la tâche future que Freud exige d'une nouvelle et nécessaire psychologie. Nous n'apprenons à connaître le monde des sentiments d'un homme que lorsque nous pouvons éclairer ses régions souterraines : nous ne pouvons découvrir la cause de ses troubles et de ses désordres que lorsque nous descendons tout au fond de l'âme. Ce dont l'homme a conscience, le psychologue et le psychiatre n'ont pas besoin de le lui enseigner. Le médecin ne peut vraiment secourir le malade que là où celui-ci ignore son inconscient.

Mais comment descendre dans ces régions crépusculaires ? La science de l'époque ne connaît aucun moyen. De plus elle avoue carrément l'impossibilité de saisir les phénomènes du subconscient à l'aide de ses appareils basés sur les principes de la mécanique. L'ancienne psychologie ne pouvait donc poursuivre ses recherches qu'à la lumière du jour, dans le monde du conscient. Mais elle passait indifférente devant l'homme muet ou celui qui parlait en rêve. Freud brise et rejette cette conception comme un morceau de bois vermoulu. Selon sa conviction, l'inconscient n'est pas muet. Il s'exprime en d'autres signes et symboles, il est vrai, que le conscient. Celui qui veut quitter sa surface pour descendre dans son propre abîme doit avant tout apprendre la langue de ce monde nouveau. Comme les égyptologues devant la Rosette, Freud se met à interpréter signe après signe, puis il élabore un vocabulaire et une grammaire de la langue de l'inconscient, pour faire comprendre ces voix qui vibrent, tentations ou avertissements, derrière nos paroles et notre état de veille et auxquelles généralement nous obéissons plus facilement qu'à notre bruyante volonté. Celui qui comprend une nouvelle langue saisit un sens nouveau. Ainsi Freud, avec sa nouvelle méthode de psychologie abyssale, découvre un monde psychique inexploré : grâce à lui seul, la psychologie scientifique, qui n'était pas l'observation théorique des phénomènes de la conscience, devient ce qu'elle aurait toujours dû être : l'étude de l'âme. Un hémisphère du Cosmos intérieur ne reste plus négligé, à l'ombre lunaire de la science. Et dans la mesure où s'éclairent et se précisent les premiers contours de l'inconscient, se découvre de façon toujours plus nette une perspective nouvelle sur la structure grandiose et riche de sens de notre monde psychique.

CHAPITRE V

INTERPRÉTATION DES RÊVES

Comment les hommes ont-ils si peu réfléchi jusqu'alors aux accidents du sommeil, qui accusent en l'homme une double vie ? N'y aurait-il pas une nouvelle science dans ce phénomène ?... il annonce au moins la désunion fréquente de nos deux natures. J'ai donc enfin un témoignage de la supériorité qui distingue nos sens latents de nos sens apparents.

BALZAC, *Louis Lambert*, 1833.

L'inconscient est le secret le plus profond de tout homme : la tâche que se propose la psychanalyse est de l'aider à le dévoiler. Mais comment un secret se révèle-t-il ? De trois manières. On peut arracher de force à un homme ce qu'il cache : ce n'est pas en vain que les siècles ont montré comment on desserre à l'aide de la torture les lèvres les plus obstinément closes. On peut, en combinant les données, deviner une chose dissimulée si l'on profite des brefs et fugitifs instants où son contour — comme le dos d'un dauphin au-dessus de l'impénétrable miroir de la mer — émerge de l'obscurité. Enfin, on peut guetter avec beaucoup de patience le moment où, à l'état de vigilance relâchée, le secret se trahit lui-même.

La psychanalyse exerce tour à tour ces trois techniques. Au début, elle essaya de faire parler de force l'inconscient en le subjuguant par l'hypnose. La psychologie n'ignorait pas que l'homme sait sur lui-même plus qu'il ne s'avoue et n'avoue aux autres, mais elle ne connaissait pas le moyen d'aborder ce subconscient. Le mesmérisme montra le premier qu'à l'état de sommeil hypnotique on peut tirer d'un homme plus qu'à l'état de veille. Comme celui dont on a anesthésié la volonté ne sait pas, lorsqu'il est en transe, qu'il parle devant les autres et croit être seul avec lui-même, il exprime ingénument ses désirs et ses secrets les plus intimes. C'est pourquoi l'hypnose paraissait d'abord la méthode la plus riche de promesses ; mais bientôt (pour des raisons qu'il serait trop long d'exposer en détail) Freud renonce à ce moyen de pénétration violente dans l'inconscient, qui est immoral et d'ailleurs stérile. De même que la justice, en une phase plus humaine, renonce volontairement à la torture pour la remplacer par l'art plus finement ourdi de l'interrogatoire et des indices, la psychanalyse passe de la première période où l'aveu est arraché de force à celle où on le devine en combinant les données. Toute bête, même la plus agile et la plus légère, laisse des traces sur son passage. De même que le chasseur retrouve dans la moindre empreinte la marche et l'espèce du gibier, de même que l'archéologue, sur la foi d'un débris de vase, établit le caractère d'une génération dans toute une ville ensevelie, de même la psychanalyse, au cours de sa phase plus avancée, exerce son art de détective en s'attachant aux faits apparemment insignifiants dans lesquels la vie inconsciente se trahit à travers le conscient. Dès ses premières recherches dans ce sens, Freud découvrit une piste surprenante : les actes manqués. Par actes manqués (pour toute connaissance nouvelle Freud trouve toujours le terme frappant qui convient) la psychologie abyssale entend tous ces phénomènes singuliers qui paraissent à première vue infimes : se tromper d'expression, prendre une chose pour une autre, faire un lapsus, ce qui nous arrive à tous dix fois par

jour. Mais d'où viennent ces maudites erreurs ?
Quelle est la cause de cette révolte de la matière
contre notre volonté ? Hasard ou lassitude, tout simplement, répond la vieille psychologie, si tant est
qu'elle juge dignes de son attention ces erreurs insi-
gnifiantes de la vie quotidienne. Etourderie, distraction, inattention, dit-elle encore. Mais Freud a le
regard plus aigu : qu'est-ce que l'étourderie, sinon le
fait de n'avoir pas ses pensées là où on le voudrait ?
Et si l'on ne réalise point l'acte voulu, comment se
fait-il qu'un autre, involontaire, prenne sa place ?
Pourquoi dit-on un mot différent de celui que l'on
voulait dire ? Puisque, dans l'acte manqué, un acte
s'accomplit au lieu de celui qu'on projetait quelqu'un
doit s'être glissé à l'improviste pour l'exécuter. Il doit
y avoir quelqu'un qui fait jaillir le lapsus au lieu du
mot exact, qui cache la chose que l'on voulait trouver, qui glisse malignement au creux de la main
l'objet faux au lieu de celui qu'on cherchait
consciemment. Freud dans le domaine psychique (et
cette idée domine toute sa méthode) n'admet jamais
qu'une chose soit due au simple hasard ou dénuée
de sens. Pour lui tout événement psychique a un sens
précis, toute action son acteur ; et comme, dans ces
actes manqués, le conscient n'agit pas, mais se
trouve supplanté, quelle peut être cette force qui le
supplante sinon l'inconscient, cherché depuis si
longtemps et si vainement ? L'acte manqué, pour
Freud, ne signifie donc pas étourderie, absence de
pensée, mais au contraire triomphe d'une pensée
refoulée. Par ces lapsus s'exprime « quelque chose »
que notre volonté consciente voulait réduire au
silence. Et ce « quelque chose » parle la langue
inconnue, qu'il faut d'abord apprendre, de l'inconscient.

Ainsi s'éclaire un principe : premièrement, tout
acte manqué, toute action résultant apparemment
d'une erreur, exprime un vouloir caché. Deuxièmement, dans la sphère consciente il doit y avoir une
résistance active contre cette manifestation de

l'inconscient. Si, par exemple (je choisis un des propres exemples de Freud) un professeur dit du travail d'un collègue, à un congrès : « Nous ne pouvons suffisamment *déprécier* cette découverte », son intention consciente était certes de dire « *apprécier* », mais en son for intérieur il avait pensé « déprécier ». L'acte manqué trahit son attitude véritable, il divulgue à sa propre épouvante son secret désir de voir abaisser plutôt qu'exalter la découverte de son collègue. On dit en se trompant ce qu'en effet on ne voulait pas dire, mais ce qu'en réalité on avait pensé. On oublie ce qu'intérieurement on voulait vraiment oublier. Presque toujours l'acte manqué est un aveu et une autotrahison.

Cette découverte psychologique de Freud, insignifiante par rapport à ses découvertes essentielles, est la plus généralement admise, parce que la plus amusante et la moins choquante : pour sa théorie, elle ne représente qu'une transition. Car ces actes manqués sont relativement rares ; ils ne nous fournissent que d'infimes fragments du subconscient, trop peu nombreux et trop disséminés dans le temps pour qu'on puisse en composer une mosaïque d'importance générale. Mais de là, bien entendu, la curiosité observatrice de Freud va plus loin, elle examine toute la surface de notre vie psychique, pour trouver et interpréter dans ce sens nouveau d'autres phénomènes « absurdes ». Il n'a pas à chercher longtemps ; il se trouve vite en face d'une des manifestations les plus fréquentes de notre vie psychique qui passe également pour absurde, voire pour le modèle de l'absurde : le rêve. L'usage est de considérer le rêve, ce visiteur quotidien de notre sommeil, comme un intrus étrange, un vagabond capricieux sur la route ordinairement logique, et claire du cerveau. « Tout songe est mensonge », dit-on ; un rêve n'a ni sens ni but ; c'est un mirage du sang, une bulle de savon et ses images sont sans signification. On n'a « rien à faire » avec ses rêves ; on n'est pour rien dans ces jeux naïfs de lutins auxquels se livre notre fantaisie, déclare la vieille psychologie, en rejetant toute interprétation raisonnable : se laisser aller à discuter sérieusement avec ce menteur et ce bouffon qu'est le rêve n'a ni sens ni intérêt au point de vue scientifique.

Mais qui parle, qui agit dans nos rêves, qui les peint, les modèle et les sculpte ? L'Antiquité la plus reculée devinait déjà là le vouloir, l'action et le langage de quelqu'un d'autre que notre Moi éveillé. Elle disait des rêves qu'ils étaient « inspirés », introduits en nous par une puissance surhumaine. C'était là une volonté extra-terrestre, ou, si l'on peut oser ce mot, supersonnelle qui se manifestait. Mais pour toute volonté extérieure à l'homme le monde mythique ne connaissait qu'une seule interprétation : les dieux. Car qui, à part eux, avait le pouvoir de produire des métamorphoses et détenait la puissance suprême ? C'étaient eux, invisibles d'ordinaire, qui dans des rêves symboliques s'approchaient des hommes, leur murmuraient un message, leur emplissaient l'esprit de terreur ou d'espoir et, conjurant ou avertissant, traçaient des images luisantes sur l'écran noir du sommeil. Croyant entendre dans ces manifestations nocturnes une voix sacrée, une voix divine, les peuples des temps primitifs mettaient toute leur ferveur à traduire en langage humain cette langue divine, « le rêve », à y reconnaître la volonté des dieux. Ainsi, au commencement de l'humanité, une des premières sciences est l'interprétation des songes : à la veille des batailles, avant toute décision, après une nuit traversée de rêves, les prêtres et les sages examinent et interprètent leurs images comme les symboles d'un danger menaçant ou d'une joie prochaine. Car l'ancien art d'interpréter les rêves, en opposition avec celui de la psychanalyse qui veut dévoiler à travers les songes le passé d'un homme, croit que par ces fantasmagories les immortels annoncent l'avenir aux mortels. Cette science mystique s'épanouit, durant des milliers d'années dans les temples des Pharaons, les acropoles de Grèce, les sanctuaires de Rome et sous le ciel ardent de Palestine. Pour des centaines et des milliers de peuples et de générations le rêve était le véritable interprète du destin.

La nouvelle science empirique, bien entendu, rompt carrément avec cette conception qu'elle juge superstitieuse et naïve. Niant les dieux et admettant à peine le divin, elle ne voit dans les songes aucun message du ciel et ne leur trouve du reste aucun sens. Le rêve est pour elle un chaos, une chose sans valeur, parce que dénuée de sens, un acte physiologique pur et simple, une vibration tardive, atone et dissonante du système nerveux, un bouillonnement du sang affluant au cerveau, un reste d'impressions non digérées au cours de la journée et charriées par le flot noir du sommeil. Ce mélange incohérent est naturellement privé de tout sens logique ou psychique. C'est pourquoi la science ne concède à l'imagerie des rêves ni but ni vérité, ni loi ni signification ; sa psychologie ne cherche pas à expliquer l'absurde, à interpréter l'importance de ce qui n'en a pas.

Avec Freud seulement on en revient à une appréciation positive du rêve considéré comme révélateur du sort. Mais là où les autres ne voyaient que le chaos, l'incohérence, la psychologie abyssale a reconnu l'enchaînement ; ce qui semblait à ses prédécesseurs un labyrinthe confus et sans issue, lui apparaît comme la *via regia* qui relie la vie consciente à l'inconsciente. Le rêve est l'intermédiaire entre le monde de nos sentiments cachés et celui qui est soumis à notre raison : grâce à lui nous pouvons apprendre bien des choses que nous nous refusons à savoir à l'état de veille. Aucun rêve, déclare Freud, n'est entièrement absurde, chacun, en tant qu'acte psychique complet, possède un sens précis. Tout songe est la révélation non pas d'une volonté suprême, divine, surhumaine, mais souvent du vouloir le plus intime et le plus secret de l'homme.

Certes, ce messager ne parle pas le langage quotidien de la surface, mais celui de l'abîme, de la nature inconsciente. Nous ne comprenons pas immédiatement son sens et sa mission ; nous devons d'abord apprendre à les interpréter. Une science nouvelle qu'il nous faut créer doit nous enseigner à saisir, à percevoir, à recomposer en langage compréhensible ce qui passe avec une vitesse cinématographique sur l'écran noir du sommeil. Car, ainsi que toutes les langues primitives de l'humanité, celle des Egyptiens, des Chaldéens, des Mexicains, la langue des songes ne s'exprime qu'en images, et nous avons chaque fois pour tâche de traduire ses symboles en notions.

Cette transposition du langage des rêves en langage de la pensée, la méthode freudienne l'entreprend dans un but nouveau et caractérologique. Si l'ancienne interprétation prophétique voulait sonder l'avenir, l'interprétation psychologique cherche elle, à déceler le passé psycho-biologique et à découvrir ainsi le présent le plus intime de l'homme. Car le « Moi » qu'on est en rêve n'est qu'en apparence le même qu'à l'état de veille. Comme le temps n'existe pas alors (ce n'est pas par hasard que nous disons qu'une chose s'est « passée comme un rêve ») nous sommes au moment du rêve simultanément ce que nous étions jadis et ce que nous sommes maintenant, l'enfant et l'adolescent, l'homme d'hier et celui d'aujourd'hui, le Moi total, la somme non seulement de notre vie, mais de tout ce que nous avons vécu, tandis qu'éveillés nous ne percevons que notre Moi présent. Toute vie est donc double. En bas, dans l'inconscient, nous sommes notre totalité, le Jadis et l'Aujourd'hui, l'homme primitif et le civilisé, mélange confus de sentiments, restes archaïques d'un Moi plus vaste lié à la nature — en haut, à la lumière claire et tranchante, rien que le Moi conscient qui existe dans le temps. Cette vie universelle, mais plus sourde, communique avec notre existence temporelle presque uniquement pendant la nuit par ce mystérieux messager des ténèbres : le rêve ; ce que nous devinons sur nous de plus essentiel ; c'est lui qui nous le suggère. L'écouter, pénétrer son message, c'est donc apprendre notre essence la plus intime. Celui qui perçoit sa propre volonté non seulement dans sa vie consciente, mais encore dans les profondeurs de ses rêves, connaît réellement cette somme de vie vécue et temporelle que nous dénommons notre personnalité.

Mais comment jeter l'ancre dans ces profondeurs impénétrables et incommensurables ? Comment reconnaître d'une manière précise ce qui ne se montre jamais nettement, ce qui ne s'exprime que par symboles ? Comment cette lumière trouble qui vacille dans les labyrinthes de notre sommeil peut-elle nous éclairer ? Trouver une clef, découvrir le chiffre révélateur qui traduit dans la langue du conscient les images incompréhensibles des rêves, semble exiger l'intuition d'un voyant, la puissance d'un magicien. Mais Freud possède dans son atelier psychologique un rossignol qui lui ouvre toutes les portes, il use d'une méthode presque infaillible : partout où il veut atteindre au plus compliqué, il part du plus simple. Il place toujours la forme première près de la forme dernière ; partout et toujours, pour comprendre la fleur, il remonte d'abord jusqu'aux racines. C'est pourquoi Freud part de l'enfant dans sa psychologie du rêve, au lieu de partir de l'adulte conscient et cultivé. Car dans la conscience infantile l'imagination n'a encore emmagasiné que peu de chose, le cercle des pensées est encore restreint, l'association faible, donc les matériaux des rêves facilement accessibles. Le rêve infantile n'exige qu'un minimum d'interprétation. L'enfant a passé devant une chocolaterie, les parents n'ont rien voulu lui acheter, il rêve de chocolat. Tout naturellement, dans le cerveau de l'enfant la convoitise se transforme en image, le désir en rêve. La retenue, la pudeur, l'inhibition intellectuelle ou morale, tout cela est encore absent. Aussi ingénument qu'il expose à tout venant son physique, son corps, nu et ignorant de la honte, l'enfant dévoile en rêve ses désirs intimes.

Ainsi se prépare, dans une certaine mesure, l'interprétation future. Les images symboliques du rêve cachent donc, pour la plupart, des désirs refoulés ou inexaucés, qui, n'ayant pu se réaliser le jour, cherchent à rentrer dans notre vie par le chemin des songes. Ce qui, pour des raisons quelconques, n'a pu, dans la journée, devenir action ou parole, s'y exprime en multicolores fantaisies ; nues et insouciantes les aspirations et les envies du Moi intérieur peuvent s'ébattre à l'aise dans le flot libre du rêve. Ce qui ne peut s'affirmer dans la vie réelle — les plus sombres désirs, les ardeurs les moins admises et les plus dangereuses — s'y déploie apparemment sans entraves (bientôt Freud corrigera cette erreur) ; dans cet enclos inaccessible, l'âme parquée tout le jour peut se décharger enfin de toutes ses tendances agressives et sexuelles ; en rêve l'homme peut étreindre et violer la femme qui se refuse à lui dans la vie, le mendiant se saisir de la richesse, l'être laid se parer d'un beau masque, le vieillard rajeunir, le désespéré devenir heureux, l'oublié célèbre, le faible fort. Là seulement l'homme peut tuer ses ennemis, assujettir ses supérieurs, vivre avec une frénésie extatique, divinement libre et illimitée, son intime et profond vouloir. Tout rêve ne signifie donc pas autre chose qu'un désir réprimé pendant la journée ou dissimulé à soi-même : telle paraît être la formule initiale.

Le grand public en est resté à cette première constatation provisoire de Freud, car la formule : le rêve correspond à un désir inassouvi, est si commode et si facile qu'on peut jouer à la balle avec elle. En effet, dans certains milieux on croit s'occuper sérieusement d'analyse des songes en s'amusant à ce petit jeu de société qui consiste à chercher à travers les rêves les symboles du désir et de la sexualité. En réalité personne n'a considéré avec plus de respect que Freud les mailles multiples du réseau des songes, personne n'a comme lui célébré l'art mystique de ses

dessins enchevêtrés. Sa méfiance à l'égard des résultats trop vite obtenus ne fut pas longtemps à s'apercevoir que ces rapports si directs et si faciles à reconnaître entre le désir et le rêve n'avaient trait qu'au
rêve, peu compliqué, de l'enfant. Chez l'adulte, la
fantaisie créatrice se sert d'un formidable matériel
symbolique de souvenirs et d'associations ; le vocabulaire d'images, qui, dans le cerveau de l'enfant
comprend tout au plus quelques centaines de représentations distinctes, trame ici en de troublantes tex-
tures, avec une rapidité et une habileté inconce-
vables, des millions et peut-être des milliards
d'événements vécus. Finie, dans le rêve de l'adulte,
cette nudité de l'âme infantile, ignorant la honte,
montrant ses désirs sans entraves ; fini, le bavardage
insouciant de ces premiers jeux nocturnes ; non
seulement le rêve de l'adulte est plus différencié, plus
raffiné que celui de l'enfant, mais il est encore hypocrite, fourbe, menteur : il est devenu à moitié moral.
Même en ce monde caché des fantaisies l'éternel
Adam qui vit en l'homme a perdu le paradis de l'ingénuité ; il connaît le bien et le mal jusqu'au plus profond de son rêve. Même en songe, la porte de la
conscience éthique et sociale n'est pas complètement
fermée, et, les yeux clos, les sens flottants, l'âme de
l'homme craint d'être prise en flagrant délit de
crimes rêvés, d'envies indécentes, par sa « censure »
intérieure, la conscience — le sur-Moi, comme
l'appelle Freud. Le rêve n'apporte donc pas librement
et ouvertement les messages de l'inconscient, mais
les glisse en contrebande, par des voies secrètes, sous
les travestissements les plus singuliers. Dans le rêve
de l'adulte un sentiment veut s'exprimer, mais *n'ose*
le faire *librement* ; par peur de la censure, il ne parle
que par déformations voulues et très raffinées, il met
en avant quelque absurdité pour ne pas laisser deviner son sens réel : le rêve, comme tout poète, est un
menteur véridique ; il confesse « sub rosa », il
dévoile, mais en symboles seulement, un événement
intérieur. Il faut donc distinguer soigneusement deux

choses : ce que le rêve a « poétisé » dans le but de voiler — ce qu'on appelle le « travail du rêve » — et ce qui se cache d'éléments psychiques véritables sous ces voiles confus, c'est-à-dire le « contenu du rêve ». La tâche de la psychanalyse est de débrouiller cet écheveau troublant de déformations et de dégager de ce roman à clef — tout rêve étant « Poésie et Vérité » — la vérité, l'aveu véritable et par là le noyau du fait. Ce n'est pas ce que dit le rêve, mais uniquement ce qu'au fond il *voulait* dire qui nous fait pénétrer dans l'inconscient de la vie psychique. Là seulement est la profondeur vers laquelle tend la psychologie abyssale.

Mais en attribuant à l'analyse des rêves une importance particulière pour l'étude de la personnalité, Freud ne s'abandonne aucunement à une vague interprétation des songes. Il exige un processus de recherches scientifiquement exact, semblable à celui que le critique littéraire applique à une œuvre poétique. De même que celui-ci s'efforce de séparer les accessoires fantaisistes du noyau vécu, se demande ce qui a poussé le poète à l'affabulation des faits, de même le psychanalyste recherche dans la fiction du rêve la poussée affective de son malade. C'est à travers ses rêves que l'image d'un individu apparaît le plus nettement à Freud ; ici comme toujours il pénètre bien plus profondément les sentiments de l'homme lorsqu'il est en état de création. Comme le but essentiel du psychanalyste est de connaître la personnalité, il se sert alors de la substance inventive de l'homme, des matériaux du rêve, en les passant au crible de son jugement ; s'il évite les exagérations, s'il résiste à la tentation d'inventer lui-même un sens, il peut, dans beaucoup de cas, trouver des points d'appui importants pour définir la situation intérieure de la personnalité. Il est hors de doute que l'anthropologie, grâce à cette découverte productive du symbolisme psychique de certains rêves, doit à Freud des indications précieuses ; mais au cours de ses recherches il a dépassé cette sphère pour réali-

ser une conquête plus importante : il a interprété
pour la première fois le sens biologique du phénomène du rêve comme nécessité psychique. La
science avait établi depuis longtemps la signification
du sommeil dans l'organisation de la nature : renou-
vellement des forces épuisées par les actions de la
journée, remplacement de la substance nerveuse uti-
lisée et brûlée, interruption du travail fatigant et
conscient du cerveau par une pause d'oisiveté. Par
conséquent, la forme hygiénique la plus parfaite du
sommeil devrait être en somme un vide noir, quelque
chose de semblable à la mort, un arrêt de toute activité cérébrale, ne pas voir, ne pas savoir, ne pas penser : pourquoi donc la nature n'a-t-elle pas accordé
à l'homme cette forme apparemment la plus efficace
de détente ? Pourquoi, elle, qui est toujours sensée,
a-t-elle projeté sur l'écran noir du sommeil des
images si troublantes, pourquoi interrompt-elle
toutes les nuits le vide total, l'évanouissement dans
le nirvana avec ces apparitions flottantes et trom-
peuses ? A quoi bon les rêves qui interceptent,
dérangent, troublent, entravent, au fond, la détente
si sagement conçue ? En effet, ces phénomènes qui
semblent absurdes ne sont-ils pas un contresens de
la nature qui d'ordinaire a toujours un but et obéit
à un vaste système ? A cette question très naturelle,
la science de la vie, jusqu'alors, ne savait que
répondre. Freud, pour la première fois, établit que
les rêves sont nécessaires à la stabilisation de notre
équilibre psychique. Le rêve est la soupape de nos
sentiments. Car notre soif infinie de vie et de jouissance, nos désirs illimités sont à l'étroit dans notre
corps terrestre. Parmi les myriades de désirs qui
assaillent l'homme moyen, combien peut-il vraiment
en satisfaire au cours d'une journée bourgeoisement
délimitée ? C'est à peine si chacun de nous arrive à
réaliser un millième de ses aspirations. Un désir
inapaisé et inapaisable, visant l'absolu, bouillonne
jusque dans la poitrine du fonctionnaire, du petit
rentier, du travailleur le plus misérable. En nous tous

fermentent furieusement des envies mauvaises, une impuissante volonté de puissance, des convoitises anarchiques refoulées et lâchement déformées, une vanité déguisée, de violentes passions et jalousies ; déjà chaque femme qui passe n'éveille-t-elle pas sur son chemin de multiples et brefs désirs ? Et toute cette soif de possession, toutes ces envies, toutes ces convoitises insatisfaites se glissent, s'enchevêtrent et s'accumulent méchamment dans le subconscient, dès le son de la cloche matinale jusque dans la nuit. Sous cette pression atmosphérique, l'âme ne devait-elle pas exploser ou se décharger en violences meurtrières, si le rêve nocturne ne procurait un débouché aux désirs refoulés ?

En ouvrant, sans danger, la porte du rêve à nos convoitises enfermées tout le jour, nous libérons notre vie sentimentale de ses hantises, nous désintoxiquons nos âmes, de même que par le sommeil nous délivrons le corps de l'intoxication de la fatigue. Nos impulsions criminelles au point de vue social, nous les « abréagissons », au lieu de nous laisser aller à des actes passibles de la prison, en actions imaginaires et inoffensives, dans un monde apparent et accessible à nous seuls. Le rêve est le substitut de l'acte, qu'il nous évite souvent ; c'est pourquoi la formule de Platon : « Les bons sont ceux qui se bornent à rêver ce que les autres font réellement » est si magistrale et si parfaite. Le rêve ne nous visite pas pour troubler notre sommeil, mais pour le garder ; grâce à ses visions hallucinantes, l'âme sous pression se décharge de ses tensions — (« Ce qui s'amasse au fond du cœur s'éternue en rêve », dit un dicton chinois) — de sorte que le matin le corps ravivé retrouve une âme purifiée et légère, au lieu d'une âme qui étouffe.

Freud a reconnu en cette action affranchissante, cathartique, le sens du rêve dans notre vie, sens longtemps ignoré et nié. Et cette découverte s'applique aussi bien au visiteur nocturne du sommeil qu'aux formes plus élevées de toute rêverie et de tout rêve diurne, tels que le mythe et la poésie. Car le but et le vouloir de la poésie, quel est-il, sinon de délivrer par le symbole l'homme de ses tensions intérieures, d'évacuer dans une zone paisible le trop-plein qui submergeait son âme. Et de même que les individus se libèrent dans le rêve de leurs tourments et de leurs convoitises, de même les peuples échappent à leurs craintes et trouvent des débouchés à leurs désirs dans ces créations plastiques que nous appelons religions et mythes : les instincts sanglants réfugiés dans le symbole se purifient sur les autels sacrés, et la pression psychique se transforme en paroles libératrices par la prière et la confession. L'âme de l'humanité ne s'est jamais révélée que dans la poésie comme imagination créatrice. Nous devons la divination de sa force réalisatrice uniquement à ses rêves incarnés en religions, en mythes et en œuvres d'art. Aucune science psychique — cette connaissance, Freud l'a imposée à notre époque — ne peut donc atteindre l'essence de la personnalité de l'homme, si elle ne considère que son activité éveillée et responsable : il faut aussi qu'elle descende dans l'abîme où son être, demeuré mythe, forme précisément dans le flux de la création inconsciente l'image la plus véridique de sa vie intérieure.

CHAPITRE VI

LA TECHNIQUE DE LA PSYCHANALYSE

Il est étrange que la vie intérieure de l'homme ait été si médiocrement étudiée et si pauvrement traitée. On ne s'est guère encore servi de la physique pour l'âme ni de l'âme pour le monde extérieur.

NOVALIS

En de rares endroits de notre écorce terrestre multiforme, le pétrole jaillit des profondeurs de la terre, de façon soudaine et inattendue ; en d'autres, l'or brille dans le sable des rivages ; en d'autres encore le charbon gît à fleur de terre. Mais la technique humaine n'attend pas que ces événements exceptionnels nous fassent, çà et là, la grâce de se produire. Elle ne compte pas sur le hasard, elle perce le sol pour en faire sortir le liquide précieux, elle creuse des galeries dans les entrailles de la terre, elle en creuse en vain des centaines avant d'atteindre le minerai recherché. De même une science psychique active ne peut pas se contenter des aveux fortuits et d'ailleurs partiels que fournissent les rêves et les actes manqués : il faut aussi, pour s'approcher de la véritable couche de l'inconscient, qu'elle recoure à une psychotechnique, à un travail en profondeur, que, par un effort systématique et toujours tendu vers le but, elle pénètre jusqu'au tréfonds de la région *souterraine*. C'est à quoi Freud est arrivé et il a donné à sa méthode le nom de psychanalyse.

Elle ne rappelle en rien aucune des méthodes antérieures de la médecine ou de la psychologie. Elle est complètement neuve et autochtone, elle représente un procédé indépendant de tous les autres, une psychologie à côté de toutes celles d'autrefois, souterraine, si l'on peut dire, et surnommée pour cela, par Freud même, psychologie abyssale. Le médecin qui veut l'appliquer se sert de ses connaissances universitaires dans une mesure si insignifiante qu'on en arrive bientôt à se demander si le psychanalyste a vraiment besoin d'une instruction médicale spéciale ; en effet, après avoir longuement hésité, Freud admet « l'analyse laïque », c'est-à-dire le traitement par des médecins non diplômés. Car le guérisseur d'âmes dans le sens freudien abandonne les recherches anatomiques au physiologue, son effort ne tend qu'à rendre visible l'invisible. Comme il ne cherche rien de palpable ou de tangible, il n'a besoin d'aucun instrument ; le fauteuil dans lequel il est installé représente tout l'appareil médical de sa thérapeutique. La psychanalyse évite toute intervention, tant physique que morale. Son intention n'est pas *d'introduire* en l'homme une chose nouvelle, foi ou médicament, mais d'extraire de lui quelque chose qui s'y trouve. Seule la connaissance active de soi amène la guérison dans le sens psychanalytique ; c'est seulement quand le malade est ramené à lui-même, à sa personnalité et non pas à une banale foi guérisseuse, qu'il devient seigneur et maître de sa maladie. L'opération, ainsi, ne se fait pas du dehors, mais s'accomplit entièrement dans l'élément psychique du patient. Le médecin n'apporte à ce genre de traitement que son expérience, sa surveillance et sa prudente direction. Il n'a pas de remèdes tout faits comme le praticien : sa science n'est ni formulée ni codifiée, elle est distillée peu à peu de l'essence vitale du malade. Quant à ce dernier, il n'apporte au traitement que son conflit. Mais au lieu de l'apporter clairement et ouvertement, il le présente sous les voiles, les masques, les déformations les plus étranges et les plus trompeurs, de sorte qu'au début la nature de sa maladie n'est reconnaissable ni pour lui ni pour son médecin. Ce que le névrosé fait voir et avoue n'est qu'un symptôme. Mais les symptômes, dans la vie psychique, ne montrent jamais nettement la maladie, ils la dissimulent, au contraire ; car, d'après la conception, tout à fait neuve, de Freud, les névroses en elles-mêmes n'ont aucune signification, mais elles ont toutes une cause distincte. Ce qui le trouble vraiment, le névrosé ne le sait pas, ou ne veut pas le savoir, ou ne le sait pas consciemment. Depuis des années son conflit intérieur se manifeste dans tant de symptômes et d'actes forcés que finalement il arrive à ne plus savoir en quoi il consiste. C'est alors qu'intervient le psychanalyste. Sa tâche est d'aider le névrosé à déchiffrer l'énigme dont il est lui-même la solution. Il cherche avec lui, dans le miroir des symptômes, les formes typiques qui provoquèrent le malaise ; petit à petit ils contrôlent rétrospectivement tous les deux la vie psychique du malade, jusqu'à la révélation et l'éclaircissement définitif du conflit intérieur.

Au début, cette technique du traitement psychanalytique fait bien plus penser à la criminologie qu'à la médecine. Chez tout névrosé, chez tout neurasthénique, d'après Freud, l'unité de la personnalité a été brisée, on ne sait quand ni comment, et la première mesure à prendre est de s'informer le plus exactement possible des « faits de la cause » ; le lieu, le temps et la forme de cet événement intérieur oublié ou refoulé doivent être reconstitués par la mémoire psychique aussi exactement que possible. Mais dès ce premier pas le procédé psychanalytique rencontre une difficulté que ne connaît pas la jurisprudence. Car, dans la psychanalyse, le patient, jusqu'à un certain degré, représente tout en même temps. Il est celui sur qui a été perpétré le crime, et il est également le criminel. Il est par ses symptômes accusateur et témoin à charge, et simultanément c'est lui qui dissimule et embrouille furieusement les faits. Quelque part, au tréfonds de lui-même, il sait ce qui s'est passé, et cependant il ne le sait pas ; ce qu'il dit des causalités n'est pas la cause ; ce qu'il sait, il ne veut pas le savoir, et ce qu'il ne sait pas, il le sait pourtant d'une façon quelconque. Mais, chose plus fantastique encore, ce procès n'a pas commencé à la consultation du neurologue ; en réalité il se poursuit depuis des années de façon ininterrompue, chez le névrosé, sans jamais pouvoir se terminer. Et ce que l'intervention psychanalytique doit obtenir en dernier ressort, c'est précisément la fin de ce procès ; c'est donc, sans qu'il s'en rende compte, pour parvenir à cette solution, à ce dénouement, que le malade appelle le médecin.

Mais la psychanalyse n'essaie pas, par une formule rapide, d'arracher immédiatement à son conflit le névrosé, l'homme qui s'est égaré dans le labyrinthe de son âme. Au contraire, elle le ramène tout d'abord, à travers le dédale des errements de sa vie, à l'endroit décisif où a commencé la grave déviation. Pour corriger dans la texture manquée la trame fausse, pour renouer le fil, le tisserand doit replacer la machine là où le fil a été rompu. De même, pour renouveler la continuité de la vie intérieure, le médecin de l'âme doit inévitablement revenir encore et toujours à l'endroit où la brisure s'est produite : il n'y a ni précipitation, ni intuition, ni vision qui compte. Déjà Schopenhauer, dans un domaine voisin, avait exprimé la supposition qu'une guérison complète de la démence serait concevable si l'on pouvait atteindre le point où s'est produit le choc décisif dans l'imagination ; pour comprendre la flétrissure de la fleur, le chercheur doit descendre jusqu'aux racines, jusque dans l'inconscient. Et c'est un labyrinthe souterrain, vaste et plein de détours, de dangers et de pièges qu'il lui faut parcourir. De même qu'un chirurgien, au cours d'une opération, devient d'autant plus prudent et circonspect qu'il se rapproche de la texture délicate des nerfs, de même la psychanalyse tâtonne, avec une lenteur pénible, à travers cette matière, suprêmement meurtrissable, d'une couche de vie à une autre plus profonde. Chaque traitement dure non pas des jours et des semaines, mais toujours des mois, parfois des années ; il exige du thérapeute une concentration de l'âme que la médecine n'avait même pas soupçonnée jusqu'ici et qui n'est peut-être comparable par la force et la durée qu'aux exercices de volonté des Jésuites. Tout dans cette cure se fait sans annotations, sans aide aucune ; le seul moyen auquel on fasse appel est l'observation, une observation s'étendant sur de vastes espaces de temps. Le malade se met sur un divan, de façon à ne pas voir le médecin assis derrière lui (ceci pour éliminer les entraves de la pudeur et de la conscience), et il parle. Mais ce qu'il raconte ne s'enchaîne pas, contrairement à ce que croient la plupart ; ce n'est pas une confession. Vu par le trou de la serrure, ce traitement offrirait le spectacle le plus grotesque, car en des mois et des mois, apparemment, il ne se passe rien, sinon que des deux hommes l'un parle et l'autre écoute. Le psychanalyste recommande surtout à son patient de renoncer au cours de ce récit à toute réflexion consciente et de ne pas intervenir dans la procédure en cours comme avocat, juge ou plaignant ; il ne doit donc rien vouloir, mais uniquement céder sans raisonnement aux idées qui lui viennent involontairement à l'esprit (car ces idées, précisément, ne lui viennent pas du dehors, mais du dedans, de l'inconscient). Il n'a pas à chercher ce qui, selon lui, a trait au cas, car son déséquilibre psychique témoigne justement qu'il ne sait pas ce qu'est son « cas », sa maladie. S'il le savait, il serait psychiquement normal, il ne se créerait pas de symptômes et n'aurait pas besoin de médecin. La psychanalyse rejette pour cette raison tous les récits préparés ou écrits et ne demande au patient que de raconter sans suite tout ce qui lui vient à l'esprit comme souvenirs psychiques. Le névrosé doit parler sans détour, dire carrément tout ce qui lui passe dans le cerveau, en vrac, sans ordre, même ce qui n'a point de valeur apparente, car les idées les plus inattendues, les plus spontanées, qu'on n'a pas cherchées, sont les plus importantes pour le médecin. Ce dernier ne peut se rapprocher de l'essentiel qu'au moyen de ces « détails secondaires ». Vrai ou faux, important ou insignifiant, sincère ou théâtral, n'importe : la tâche principale du malade est de raconter beaucoup, de fournir le plus possible de matériaux, de substances biographique et caractérologique.

C'est alors que commence la besogne proprement dite de l'analyste.

Il faut qu'il passe au crible psychologique les multiples brouettées, charriées peu à peu, du formidable tas de décombres de l'édifice vital tombé en ruine — ces milliers de souvenirs, de remarques, de rêves, que lui a livrés le patient ; il faut qu'il en rejette les scories et qu'il extraie des matériaux qui lui restent, au moyen d'une lente refonte, la véritable matière psychanalytique. Jamais il ne doit accorder une pleine valeur à la matière première des récits du patient ; toujours il doit se souvenir « que les communications et les idées du malade ne sont que des déformations de ce qu'on cherche, des allusions, pour ainsi dire, derrière lesquelles se cachent des choses qu'il faut deviner ». Car ce qui importe pour le diagnostic de la maladie, ce ne sont pas les choses vécues par le névrosé (son âme s'en est depuis long-temps déchargée) mais celles qu'il n'a pas encore vécues, ce surplus affectif inemployé qui l'oppresse comme un morceau non digéré pèse sur l'estomac, qui comme lui cherche une issue, mais est à chaque fois arrêté par une volonté contraire. Cet élément inhibé et son inhibition, le médecin doit chercher à les déterminer dans chaque manifestation psychique « avec une égale et subtile attention », pour parvenir peu à peu au soupçon et du soupçon à la certitude. Mais cette observation calme, positive, faite du dehors, lui est à la fois facilitée et rendue plus pénible, surtout au début de la cure, par l'attitude affective presque inévitable du malade que Freud nomme « le transfert ». Le névrosé, avant de s'adresser au médecin, a traîné longtemps, sans jamais pouvoir s'en délivrer, cet excès de sentiment non vécu et inemployé. Il le transporte dans des douzaines de symptômes, il se joue à lui-même, dans les jeux les plus singuliers, son propre conflit inconscient ; mais dès qu'il trouve pour la première fois dans la personne du psychanalyste un auditeur attentif et un partenaire professionnel, il lui jette immédiatement son fardeau comme une balle, il tente de se décharger sur lui de ses sentiments inutilisés. Il établit entre le médecin et lui certains « rapports », certaines relations affectives intenses, haine ou amour, n'importe. Ce qui jusqu'ici s'agitait follement dans un monde illusoire, sans jamais pouvoir se montrer nettement, réussit à se fixer comme sur une plaque photographique. Seul ce « transfert » crée vraiment la situation psychanalytique : le malade qui n'en est pas capable doit être considéré comme inapte à la cure. Car le médecin, pour reconnaître le conflit, doit le voir se dérouler devant lui sous une forme vivante, émotionnelle : le malade et le docteur doivent le *vivre* en commun.

Cette communauté dans le travail psychanalytique consiste pour le malade à produire ou plutôt reproduire le conflit et pour le médecin à en expliquer le sens. Pour cette explication et cette interprétation il n'a pas à compter du tout (comme on serait immédiatement tenté de le croire) sur l'aide du malade ; tout psychisme est dominé par la dualité et le double sens des sentiments. Le même patient qui se rend chez le psychanalyste pour se débarrasser de sa maladie — dont il ne connaît que le symptôme — se cramponne en même temps inconsciemment à elle, car cette maladie-là ne représente pas une matière étrangère, elle est son produit à lui, son œuvre la plus intime, une partie active et caractéristique de son

Moi dont il ne veut pas se débarrasser. Il tient solidement à sa maladie, parce qu'il préfère ses symptômes désagréables à la vérité, qu'il craint, et que le
médecin veut lui expliquer (en somme, contre son
désir). Comme il sent et raisonne doublement, d'une
part du point de vue de l'inconscient, d'autre part du
point de vue du conscient, il est en même temps le
chasseur et la bête traquée ; seule une partie du
patient est l'auxiliaire du médecin, l'autre demeure
son adversaire le plus acharné, tandis que volontairement, en apparence, il lui glisse des aveux d'une
main, de l'autre, simultanément, il embrouille et
cache les faits réels. Donc, consciemment, le névrosé
ne peut en rien aider celui qui veut le délivrer, il ne
peut pas lui dire *la* vérité, car c'est précisément le fait
de ne pas la savoir, ou de ne pas vouloir la savoir, qui
a produit chez lui ce déséquilibre et ce trouble.
Même aux moments où il veut être sincère, il ment
à son propre sujet. Sous chaque vérité qu'il énonce
s'en cache une autre plus profonde, et lorsqu'il avoue
une chose, ce n'est souvent que pour dissimuler, derrière cet aveu, un secret encore plus intime. Le désir
d'avouer et la honte s'emmêlent et s'entrechoquent
ici mystérieusement ; le malade, en racontant, tantôt se donne et tantôt se reprend, et sa volonté de se
confesser est inévitablement interrompue par l'inhibition. Quelque chose, en tout homme, se contracte
comme un muscle, dès qu'un autre veut connaître ce
qu'il a de plus caché : toute psychanalyse, en réalité,
est donc une lutte.

Mais le génie de Freud sait toujours faire de
l'ennemi le plus acharné l'auxiliaire le meilleur. Cette
résistance elle-même trahit souvent l'involontaire
aveu. Pour l'observateur à l'ouïe fine, l'homme se trahit doublement au cours de l'entretien, premièrement par ce qu'il dit, et deuxièmement par ce qu'il
passe sous silence. C'est précisément lorsque le
patient veut, mais ne peut pas parler, que l'art détective de Freud s'exerce avec le plus de certitude et qu'il
devine la présence du mystère décisif : l'inhibition,

traîtreusement, se fait une auxiliaire et indique le chemin. Quand le malade s'exprime trop haut ou trop bas, quand il hésite ou se hâte, c'est là que l'inconscient veut parler. Et toutes ces innombrables petites résistances, ces ralentissements, ces légères hésitations, dès que l'on approche d'un certain complexe, montrent enfin nettement avec l'inhibition sa cause et son contenu, c'est-à-dire, en un mot, le conflit cherché et caché.

Car toujours, au cours d'une psychanalyse, il s'agit de révélations infinitésimales, de minuscules fragments d'événements vécus, dont se compose peu à peu la mosaïque de l'image vitale intérieure. Rien de plus naïf que l'idée courante adoptée dans les salons et les cafés qu'on n'a qu'à jeter dans le psychanalyste, comme dans un appareil automatique, des rêves et des aveux, à le mettre en marche par quelques questions, et à en tirer immédiatement un diagnostic. En réalité, toute cure psychanalytique est un processus formidablement compliqué, qui n'a rien de mécanique et tient plutôt de l'art ; à la rigueur elle est peut-être comparée à la restauration, selon toutes les règles, d'un tableau ancien sali et repeint par une main maladroite — opération qui exige une patience inouïe, où il faut, millimètre par millimètre, couche après couche, faire revivre une matière précieuse et délicate avant que l'image primitive ne reparaisse sous ses couleurs naturelles. Bien que s'occupant sans cesse des détails, le psychanalyste ne vise pourtant que le tout, la reconstruction de la personnalité : c'est pourquoi, dans une analyse véritable, on ne peut jamais s'arrêter à un complexe isolé ; chaque fois, il faut reconstruire, en partant des fondements, toute la vie psychique de l'homme. La première qualité qu'exige cette méthode est donc la patience, alliée à une attention permanente — sans être ostensiblement tendue — de l'esprit ; sans en avoir l'air, le médecin doit répartir son attention impartialement et sans préjugés entre les dires et les silences du patient, surveillant en outre avec vigilance les

nuances de son récit. Il doit chaque fois confronter
les dépositions de la séance avec celles de toutes les
séances précédentes, pour remarquer quels sont les
épisodes que son interlocuteur répète le plus souvent
et sur quels points son récit se contredit, mais sans
jamais trahir par sa vigilance le but de sa curiosité.
Car dès que le malade flaire qu'on l'espionne, il perd
sa spontanéité — qui seule amène ces brefs éclairs
phosphorescents de l'inconscient, à la lumière desquels le médecin reconnaît les contours du paysage
de cette âme étrangère. Mais il ne doit pas non plus
imposer au malade sa propre interprétation, car le
sens de la psychanalyse est précisément d'obliger
l'auto-compréhension du malade à se développer. Le
cas idéal de guérison ne se produit que lorsque le
patient reconnaît enfin lui-même l'inutilité de ses
démonstrations névrosiques et ne dépense plus ses
énergies affectives en rêves et en délires, mais les traduit en actes réels. Alors seulement l'analyste en a
fini avec le malade.

Mais combien de fois — question épineuse ! — la
psychanalyse arrive-t-elle à une solution si parfaite ?
Je crains bien que la chose ne se produise pas très
souvent. Car son art d'interroger et d'écouter exige
une telle ouïe du cœur, une telle clairvoyance du sentiment, un alliage si extraordinaire des substances
spirituelles les plus précieuses que seul un être pré-
destiné, un être ayant vraiment la vocation de psychologue, est capable ici d'agir en guérisseur. La
Christian Science, la méthode de Coué, peuvent se
permettre de former de simples mécaniciens de leur
système. Il leur suffit d'apprendre par cœur quelques
formules passe-partout : « Il n'y a pas de maladie »,
« Je me sens mieux tous les jours » ; au moyen de ces
idées grossières, les mains les plus dures martèlent
sans grand danger les âmes faibles, jusqu'à ce que le
pessimisme de la maladie soit totalement détruit.
Mais dans la cure psychanalytique le médecin vraiment honnête a le devoir, pour chaque cas individuel, de trouver un système indépendant, et ce genre

d'adaptation créatrice ne s'enseigne pas, même en y mettant de l'intelligence et de l'application. Il exige un connaisseur d'âmes né et expérimenté, doué de la faculté de s'introduire par la pensée et le sentiment dans les destins les plus étrangers, possédant en outre beaucoup de tact et capable de la plus grande patience d'observation. De plus, un psychanalyste vraiment réalisateur devrait dégager un certain élément magique, un courant de sympathie et de sécurité, auquel toute âme étrangère se confierait volontairement, avec une obéissance passionnée — qualités qui ne peuvent s'apprendre et ne se trouvent réunies chez le même homme que par la grâce. La rareté de ces vrais maîtres de l'âme me paraît être la raison pour laquelle la psychanalyse restera toujours une vocation à la portée de quelques-uns et ne pourra jamais être considérée comme un métier et une affaire — contrairement à ce qui arrive trop souvent, hélas, aujourd'hui. Mais Freud fait preuve, à ce sujet, d'une indulgence curieuse ; quand il dit que la pratique efficace de son art d'interprétation exige, bien entendu, du tact et de l'expérience, mais qu'elle n'est « point difficile à apprendre », qu'il nous soit permis de tracer en marge de sa phrase un grand et presque furieux point d'interrogation. Déjà le mot « pratique » me paraît malheureux par rapport à un processus exigeant la mise en œuvre des forces les plus grandes du savoir psychique et même le recours à une sorte d'inspiration psychique ; mais le fait de dire que cette « pratique » s'acquiert facilement me semble vraiment dangereux. Car l'étude la plus consciencieuse de la psychotechnique fait aussi peu le vrai psychologue que la connaissance de la versification fait le poète ; c'est pourquoi personne d'autre que le psychologue-né, l'homme doué du pouvoir de pénétrer l'âme humaine, ne devrait être admis à toucher à cet « organe » qui est le plus fin, le plus subtil et le plus délicat de tous. On frémit en pensant au danger que pourrait devenir entre des mains grossières la méthode inquisitoriale de la psychanalyse que le cerveau créateur de Freud enfanta dans la plus haute conscience de son extrême délicatesse. Rien, probablement, n'a autant nui à la réputation de la psychanalyse que le fait de n'être pas restée l'apanage d'une élite, d'une aristocratie d'âmes et d'avoir voulu enseigner dans des écoles ce qui ne s'apprend pas. Car le passage hâtif et inconsidéré de main en main de plusieurs de ses idées ne les a pas précisément clarifiées, bien au contraire ; ce qui aujourd'hui, dans l'Ancien et plus encore dans le Nouveau Monde, se fait passer pour de la psychanalyse d'amateur ou professionnelle n'est souvent qu'une triste parodie de l'œuvre primitive de Sigmund Freud basée sur la patience et le génie. Celui qui veut juger impartialement devra constater que par suite de ces analyses d'amateurs on ne peut à l'heure actuelle se rendre compte honnêtement des résultats de la psychanalyse ; à la suite de l'intervention de dilettantes douteux, pourra-t-elle jamais s'affirmer avec la validité absolue d'une méthode clinique exacte ? Ce n'est pas à nous qu'il appartient d'en décider, mais à l'avenir.

La technique psychanalytique de Freud, cela seul est certain, est loin de représenter le dernier mot dans le domaine de la médecine psychique. Mais elle garde à tout jamais la gloire de nous avoir ouvert un livre qui fut trop longtemps scellé, de représenter la première tentative méthodologique faite en vue de comprendre et de guérir l'individu par la matière même de sa personnalité. Avec son instinct génial, Freud seul a dénoncé le *vacuum* de la médecine moderne, le fait inconcevable que depuis longtemps des traitements avaient été découverts pour les parties les moins importantes du corps de l'homme — traitement des dents, de la peau, des cheveux — alors que seules les maladies de l'âme n'avaient encore trouvé aucun refuge dans la science. Jusqu'à l'âge adulte, les pédagogues aidaient l'individu incomplètement développé, puis ils l'abandonnaient avec indifférence à lui-même. Et l'on oubliait totalement ceux qui à l'école n'en avaient pas fini avec eux-

mêmes, n'avaient pas terminé leur pensum et traî-
naient, impuissants, leurs conflits non abréagis.
Pour ces névrosés, ces psychosés, ces arriérés de
l'âme, emprisonnés dans le monde de leurs instincts,
il n'y avait pas de lieux de consultations ; l'âme
malade errait sans appui dans les rues, cherchant en
vain une assistance. Freud a remédié à cette lacune.
La place où, aux temps antiques, régnait puissamment le psychagogue, le guérisseur d'âme et le
maître de sagesse, et aux époques de piété le prêtre,
il l'a assignée à une science nouvelle et moderne dont
on ne voit pas encore les limites. Mais la tâche est
magnifiquement tracée, la porte est ouverte. Et là où
l'esprit humain flaire l'espace et les profondeurs
inexplorées, il ne se repose plus, mais prend son
essor et déploie ses inlassables ailes.

CHAPITRE VII

LE MONDE DU SEXE

L'antinaturel aussi fait partie de la nature. Celui qui ne la voit point partout, ne la voit bien nulle part.

GOETHE

Le fait que Sigmund Freud soit devenu le fondateur d'une science sexuelle dont on ne pourrait plus se passer aujourd'hui s'est produit, en somme, sans qu'il en ait eu lui-même l'intention. Mais, comme si c'était une des lois secrètes de sa vie, toujours sa voie lui fait dépasser ce qu'il a primitivement cherché et lui ouvre des domaines où il n'aurait jamais osé pénétrer de son propre chef. A trente ans, il eût accueilli avec un sourire incrédule celui qui lui aurait prédit qu'il lui était réservé, à lui neurologue, de faire de l'interprétation des rêves et de l'organisation biologique de la vie sexuelle l'objet d'une science ; car rien, dans sa vie académique ou privée, ne témoignait du moindre intérêt pour des considérations aussi peu orthodoxes. Si Freud est arrivé au problème sexuel, ce n'est point parce qu'il l'a voulu ; au cours de ses recherches, le problème est venu de lui-même au-devant du psychologue.

Il est venu au-devant de lui, à sa propre surprise, sans être le moins du monde appelé ou attendu, du

fond de l'abîme décelé avec Breuer. En partant de
l'hystérie, Freud et Breuer avaient trouvé une formule révélatrice : les névroses et la plupart des
troubles psychiques naissent d'un désir non satisfait,
entravé et refoulé dans l'inconscient. Mais à quelle
catégorie appartiennent principalement les désirs
que refoule l'homme civilisé, qu'il cache au monde
et souvent à lui-même comme les plus intimes et les
plus gênants ? Freud a bientôt fait de se donner une
réponse qu'il est impossible de ne pas entendre. La
première cure psychanalytique d'une névrose
montre des forces érotiques refoulées. La deuxième
de même, la troisième également. Et bientôt Freud
sait : toujours ou presque toujours la névrose est cau-
sée par un désir sexuel qui ne peut s'accomplir, et
qui, transformé en rétentions et inhibitions, pèse sur
la vie psychique. Le premier sentiment de Freud
devant cette découverte involontaire fut peut-être
l'étonnement qu'un fait aussi évident eût échappé à
tous ses prédécesseurs. Cette causalité directe n'a-
t-elle réellement frappé personne ? Non, il n'en est
fait mention dans aucun manuel. Mais ensuite Freud
se souvient soudain de certaines allusions et conversations de ses maîtres célèbres. Quand Chrobak lui
a envoyé une hystérique dont il devait traiter les
nerfs, ne l'informait-il pas discrètement que cette
femme, mariée à un impuissant, était restée vierge
après dix-huit ans de mariage et ne lui donnait-il pas,
en plaisantant brutalement, son opinion personnelle
sur le moyen physiologique et voulu par Dieu qui
guérirait le plus facilement cette névrosée ? De
même, dans un cas similaire, son maître Charcot, à
Paris, n'a-t-il pas défini, au cours d'une causerie,
l'origine d'une maladie nerveuse en déclarant :
« Mais c'est toujours la chose sexuelle, toujours ! »
Freud s'étonne. Ils le savaient donc, ses maîtres, et
probablement d'innombrables autorités médicales
avant eux. Mais alors, se demande Freud dans sa
naïve loyauté, s'ils le savaient, pourquoi l'ont-ils tenu

secret ou n'en ont-ils fait mention que dans des conversations intimes et jamais en public ?

Bientôt on fera énergiquement comprendre au jeune médecin pourquoi ces hommes expérimentés dissimulaient leur savoir au monde. A peine Freud communique-t-il avec un tranquille réalisme sa découverte par la formule : « Les névroses naissent là où des obstacles extérieurs ou intérieurs entravent la satisfaction réelle des besoins érotiques », qu'une résistance acharnée éclate de tous les côtés. La science, à cette époque encore porte-drapeau inébranlable de la morale, se refuse à admettre publiquement cette étiologie sexuelle ; même son ami Breuer, qui a pourtant dirigé sa main vers la clef du mystère, se retire en toute hâte de la psychanalyse, dès qu'il voit quelle boîte de Pandore il a aidé à ouvrir. Freud, bientôt, doit se rendre compte que ce genre de constatations en l'an 1900, touche un point où l'âme, exactement comme le corps, est le plus sensible et le plus chatouilleuse ; la vanité du siècle de la culture préfère supporter n'importe quel ravalement intellectuel plutôt que de se voir rappeler que l'instinct sexuel continue à dominer et à déterminer l'individu et qu'il joue un rôle décisif dans les créations les plus hautes de la civilisation. « La société est convaincue que rien ne menacerait davantage sa culture que la libération des instincts sexuels et leur retour à leurs buts primitifs. La société n'aime donc pas qu'on lui rappelle cette partie embarrassante de ses fondements. Elle n'a aucun intérêt à ce qu'on reconnaisse la puissance des instincts sexuels et que soit exposée l'importance de la vie sexuelle pour l'individu. Elle a plutôt pris le parti de répandre une éducation qui détourne l'attention de tout ce domaine. C'est pourquoi elle ne supporte pas le résultat des recherches de la psychanalyse et aimerait par-dessus tout le stigmatiser comme esthétiquement répugnant, moralement condamnable ou dangereux. »

Cette résistance de l'idéologie de toute une époque

barre la route à Freud dès le premier pas. Et il est à
la gloire de sa probité d'avoir non seulement énergiquement accepté la lutte, mais de l'avoir encore rendue plus difficile par l'intransigeance de son caractère. Car Freud aurait pu exprimer tout ou presque
tout ce qu'il disait sans trop de désagréments si
seulement il s'était montré prêt à décrire sa généalo-
gie de la vie sexuelle avec plus de précautions, de
détours et en y mettant des formes. Il n'aurait eu qu'à
revêtir ses convictions d'un mantelet stylistique, à
leur appliquer un peu de fard poétique, et elles se
seraient insinuées sans grand scandale dans le
public. L'instinct phallique sauvage, dont il voulait
montrer au monde, dans leur nudité, la poussée et
la virulence, peut-être aurait-il suffi de le nommer
plus poliment Eros ou Amour au lieu de Libido. En
disant que notre vie psychique était dominée par
Eros, il eût fait penser à Platon à la rigueur. Mais
Freud, hostile à toutes les demi-mesures, use de mots
durs, incisifs, sur lesquels on ne se trompe pas ; il ne
glisse sur aucune précision : il dit carrément Libido
en pensant à la jouissance, instinct sexuel, sexualité,
au lieu d'Eros et d'Amour. Freud est toujours trop
sincère pour recourir prudemment aux circonlocutions. Il appelle un chat un chat, il donne aux choses
et aux égarements sexuels leurs noms véritables,
avec le même naturel qu'un géographe désigne ses
montagnes et ses villes, un botaniste ses herbes et ses
plantes. Avec un sang-froid clinique il examine
toutes les manifestations du sexuel, même celles
appelées vices et perversités, indifférent aux éclats
d'indignation de la morale et aux cris d'épouvante de
la pudeur ; les oreilles bouchées, pour ainsi dire, il
s'introduit patiemment et calmement dans le problème subitement découvert et entreprend systématiquement la première étude psycho-géologique du
monde des instincts humains.

Car Freud, ce penseur profondément matérialiste
et consciemment antireligieux, voit dans l'instinct la
région la plus profonde et la plus ardente de notre

moi. Ce n'est pas l'éternité que veut l'homme, ce n'est pas, selon Freud, la vie spirituelle que l'âme désire avant tout : elle ne désire qu'instinctivement et aveuglément. Le désir universel est le premier souffle de toute vie psychique. Comme le corps après la nourriture, l'âme languit après la volupté ; la libido, ce désir de jouissance originel, cette faim inapaisable de l'âme, la pousse vers le monde. Mais — et c'est là la découverte proprement dite de Freud pour la science sexuelle — cette libido n'a au commencement aucun but défini, son sens est simplement de délivrer l'instinct. Et comme, selon la constatation créatrice de Freud, les énergies psychiques sont toujours déplaçables, elle peut diriger son impulsion tantôt sur un objet, tantôt sur un autre. Le désir ne se manifeste donc pas constamment dans la recherche de la femme par l'homme et de l'homme par la femme ; c'est une force aveugle qui veut se dépenser, la tension de l'arc qui ne sait pas encore ce qu'il vise, l'élan du torrent qui ne connaît pas l'endroit où il va se jeter. Il veut simplement se détendre, sans savoir comment il y arrivera. Il peut se traduire et se libérer par des actes sexuels normaux et naturels ; il peut également se spiritualiser et accomplir des choses grandioses dans le domaine artistique ou religieux. Il peut s'égarer et se fourvoyer, se « fixer » au-delà du génital sur les objets les plus inattendus, et par d'innombrables incidents détourner l'instinct primitivement sexuel de la sphère physique. Il est apte à prendre toutes les formes, de la lubricité animale aux vibrations les plus fines de l'esprit humain, lui-même sans forme et insaisissable, et cependant intervenant partout. Mais toujours, dans les basses satisfactions et les suprêmes réalisations, il délivre l'homme de sa soif essentielle et primordiale de jouissance.

Du fait de ce bouleversement fondamental provoqué par Freud, la conception du problème sexuel se trouve d'un seul coup complètement changée. Jusqu'alors la psychologie, ignorant la faculté de transformation des énergies psychiques, confondait grossièrement le sexuel avec le rôle des organes sexuels ; le problème de la sexualité, pour la science, représentait l'examen des fonctions du bas-ventre, ce qui était donc une chose malpropre et gênante. En séparant l'idée de sexualité de l'acte sexuel, Freud l'arrache en même temps à son étroitesse et à son discrédit ; le mot divinatoire de Nietzsche : « Le degré et la nature de la sexualité d'un homme se manifestent jusqu'aux sommets les plus élevés de son esprit », apparaît grâce à Freud comme une vérité biologique. A l'aide d'innombrables exemples, il prouve comment la libido, cette tension la plus puissante de l'homme, par une transmission mystérieuse à travers les années et les décennies, éclate dans des manifestations psychiques absolument inattendues, comment la nature particulière de la libido ne cesse de s'affirmer par des métamorphoses et des dissimulations sans nombre, dans les formes de désir et les substituts de réalisations les plus singuliers. Là où il se trouve devant une bizarrerie psychique, une dépression, une névrose, un acte forcé, le médecin, dans la plupart des cas, peut donc déduire avec confiance qu'il y a quelque chose d'étrange ou d'anormal dans le destin sexuel de son patient ; c'est alors, selon la méthode de la psychologie abyssale, qu'il lui appartient de ramener le malade jusqu'à l'endroit de sa vie intérieure où un événement a provoqué cette déviation du cours normal de l'instinct. Ce nouveau genre de diagnostic fait faire à Freud, derechef, une découverte inattendue. Déjà, les premières psychanalyses lui avaient montré que les événements sexuels qui déséquilibrent le névrosé datent de très longtemps ; rien n'était donc plus naturel que de les chercher dans la jeunesse de l'individu, au temps du modelage de l'âme ; car seul ce qui s'inscrit durant la période de croissance de la personnalité sur la plaque encore molle, et par conséquent réceptive de la conscience en formation, demeure pour tout homme l'élément ineffaçable qui détermine son destin. « Que personne ne croie pouvoir se soustraire aux premières impressions de sa jeunesse », dit Goethe. Dans chaque cas qu'il a à examiner, Freud recule donc en tâtonnant jusqu'à la puberté — une période antérieure ne lui paraît d'abord pas devoir être étudiée : car comment les impressions sexuelles pourraient-elles se former avant l'aptitude sexuelle ? Il considère encore comme un contresens l'idée de poursuivre la vie instinctive sexuelle au-delà de cette limite, jusque dans l'enfance, dont l'heureuse inconscience ne pressent encore rien de la tension et de la poussée de la sève. Les premières recherches de Freud s'arrêtent donc à la puberté.

Mais bientôt, devant certains aveux remarquables, Freud ne peut se refuser à reconnaître que chez nombre de ses malades la psychanalyse fait surgir, avec une incontestable netteté, des souvenirs se rapportant à des événements sexuels bien plus anciens et pour ainsi dire préhistoriques. Des confessions très claires de ses patients l'amènent à soupçonner que l'époque antérieure à la puberté, c'est-à-dire l'enfance, doit déjà contenir l'instinct sexuel ou certaines de ses représentations. Ce soupçon se fait plus pressant au fur et à mesure qu'avancent les recherches. Freud se souvient de ce que la bonne d'enfant et le maître d'école rapportent des manifestations précoces de la curiosité sexuelle, et subitement sa propre découverte sur la différence qui existe entre la vie psychique consciente et inconsciente éclaire lumineusement la situation. Freud reconnaît que la conscience sexuelle ne s'infiltre pas soudainement dans le corps à l'âge de la puberté — car d'où viendrait-elle ? — mais que, comme la langue, mille fois plus psychologue que tous les psychologues scolaires, l'a depuis si longtemps exprimé avec une plasticité admirable elle « s'éveille » chez l'être à demi formé ; elle existait donc déjà depuis longtemps dans le corps de l'enfant, mais endormie (c'est-à-dire latente). De même que l'enfant a en puis-

sance la marche dans les jambes avant d'être à même
de marcher, et le désir de parler avant de pouvoir le
faire, la sexualité — bien entendu, sans le moindre
pressentiment de sa réalisation pratique — se tient
prête chez lui depuis longtemps. L'enfant — formule décisive — connaît sa sexualité. Seulement il
ne la comprend pas.

Ici, je ne sais pas, mais je suppose qu'au premier
moment Freud a dû être effrayé de sa propre découverte. Car elle bouleverse les conceptions les plus
courantes d'une façon presque profanatrice. S'il était
déjà audacieux de mettre en évidence et, comme
disent tous les autres, d'exagérer l'importance psychique du sexuel dans la vie de l'adulte — quel défi
à la morale de la société que cette conception révol-
tante : vouloir découvrir des traces d'affectivité
sexuelles chez l'enfant, auquel l'humanité associe
universellement l'idée de la pureté absolue. Comment, cette vie souriante, tendrement bourgeon-
nante, connaîtrait déjà le désir sexuel ou du moins
en rêverait ! Cette idée paraît d'abord absurde,
démente, criminelle, antilogique même, car les
organes de l'enfant n'étant pas aptes à la reproduction, cette formule terrible devait s'ensuivre : « Si
l'enfant a une vie sexuelle, elle ne peut donc être que
perverse. » Exprimer une telle chose en 1900 équi-
valait à un suicide scientifique. Pourtant Freud
l'exprime. Là où ce chercheur impitoyable sent un
terrain solide, il enfonce irrésistiblement jusqu'au
bout le foret de son énergie. Et, à sa propre surprise,
il découvre dans la forme la plus inconsciente de
l'homme, dans le nourrisson, l'image la plus caractéristique de la forme originelle et universelle de
l'instinct de jouissance. Précisément parce que là, à
l'entrée de la vie, aucune lueur de conscience morale
ne descend dans le monde inentravé des instincts cet
être minuscule lui révèle le sens primordial et plastique de la libido : attirer la jouissance, repousser le
déplaisir. Ce petit animal humain aspire à la jouissance de tout, de son propre corps et de l'ambiance,

du sein maternel, du doigt et de l'orteil, du bois et de l'étoffe, du vêtement et de la chair ; sans retenue et grisé de rêve, il veut faire entrer dans son petit corps mou tout ce qui lui fait du bien. A cette phase primitive de la volupté, l'être vague qu'est l'enfant ne distingue pas encore le Moi et le Toi qu'on lui enseignera plus tard, il ne pressent pas les frontières physiques ou morales que lui tracera par la suite l'éducation : c'est un être anarchique, panique, qui, avec une soif inapaisable, veut attirer l'Univers dans son Moi, qui porte tout ce qu'atteignent ses petits doigts à la seule source de volupté qu'il connaisse, à sa bouche qui tète (Freud qualifie cette époque d'orale). Il joue ingénument avec ses membres, totalement dissous dans son désir balbutiant et tétant, et repousse en même temps avec fureur tout ce qui trouble sa satisfaction délirante. Ce n'est que chez le nourrisson, dans le « non encore Moi », dans le « vague Soi » que la libido universelle de l'homme peut s'en donner à cœur joie sans but et sans objet. Là le Moi inconscient tète encore avidement toute la joie aux seins de l'Univers.

Mais cette première phase auto-érotique ne dure pas longtemps. Bientôt l'enfant commence à reconnaître que son corps a des limites : une petite lueur jaillit dans le minuscule cerveau, une différenciation s'établit entre le dehors et le dedans. Pour la première fois l'enfant éprouve la résistance du monde et doit constater que cet élément extérieur est une force dont on dépend. La punition ne tarde pas à lui enseigner une loi douloureuse et inconcevable pour lui qui ne lui permet pas de puiser sans limites la jouissance à toutes les sources : on lui interdit de se montrer nu, de toucher ses excréments et de s'en réjouir ; on le force impitoyablement à renoncer à l'unité amorale de la sensation, à considérer certaines choses comme permises et d'autres comme défendues. L'exigence de la culture commence à bâtir dans ce petit être sauvage une conscience sociale et esthétique, un appareil de contrôle, à l'aide duquel il peut classer ses actions en deux groupes : les bonnes et les mauvaises. Du fait qu'il acquiert cette reconnaissance, le petit Adam est chassé du paradis de l'irresponsabilité.

En même temps s'affirme du dedans un certain recul de l'instinct de jouissance, il cède la place, chez l'enfant grandissant, au penchant nouveau de l'auto-découverte. Du « Soi », inconsciemment instinctif, sort un « Moi », et cette découverte de son Moi représente pour le cerveau de l'enfant une tension et une occupation telles que l'instinct de jouissance aux manifestations primitivement paniques en est négligé et n'existe plus qu'en jouissance. Cet état d'auto-occupation ne se perd pas entièrement dans le souvenir de l'adulte, il reste même chez certains sous forme de tendance narcissique, de penchant égocentrique dangereux à s'occuper uniquement du Soi et à repousser tout lien affectif avec l'univers. L'instinct de jouissance qui montre chez le nourrisson sa forme originelle et universelle s'enferme et redevient invisible chez l'adulte. Entre la forme auto-érotique et pan-érotique du nourrisson et l'érotisme sexuel de la puberté, il y a un sommeil hivernal des passions, un état crépusculaire, au cours duquel les énergies et les sèves se préparent à leur affranchissement.

Lorsqu'à cette deuxième phase, celle de la puberté, de nouveau teintée de sexualité, l'instinct endormi s'éveille peu à peu, lorsque la libido se retourne vers l'univers, lorsqu'elle cherche de nouveau une « fixation », un objet sur lequel elle peut transférer sa tension affective — à ce moment décisif, la volonté biologique de la nature indique énergiquement au novice la voie naturelle de la reproduction. Des transformations flagrantes dans le corps du jeune homme, de la jeune fille nubile, à l'époque de la puberté, leur montrent que la nature se propose là un but. Et ces signes indiquent nettement la zone génitale. Ils signalent la voie que la nature veut voir suivre à l'homme pour servir son intention secrète et éternelle : la reproduction. La libido ne doit plus, comme jadis chez le nourrisson, jouir d'elle-même en s'amusant, mais se soumettre, utilement, au dessein insaisissable de l'univers qui se réalise dans la procréation. Si l'individu comprend cette indication impérieuse de la nature et y obéit — si l'homme se joint à la femme et la femme à l'homme pour l'accomplissement de l'acte créateur — s'il a oublié toutes les autres possibilités de jouissance de son ancienne volupté panique, son développement sexuel a suivi un cours direct et régulier, ses énergies se réalisent dans leur voie naturelle et normale.

Ce « rythme à deux temps » détermine le développement de toute la vie sexuelle humaine, et pour des millions et des millions d'êtres l'instinct de jouissance se conforme sans tension à ce cours régulier : volupté universelle et auto-jouissance chez l'enfant, besoin de reproduction chez l'adulte. L'être normal sert avec une parfaite simplicité les fins de la nature qui veut le voir obéir exclusivement aux lois métaphysiques de la reproduction. Mais dans des cas isolés, relativement rares — ceux, précisément, qui intéressent le médecin de l'âme — on s'aperçoit qu'un trouble néfaste est venu entraver la saine régularité de ce processus.

Nombre d'humains, pour des raisons particulières à chacun d'eux, ne peuvent se décider à canaliser entièrement leur instinct de jouissance dans les formes recommandées par la nature ; la libido, l'énergie sexuelle, chez eux, cherche pour se dissoudre en volupté une direction autre que la normale. Chez ces anormaux et ces névrosés, par suite d'une rupture du rail de leur vie, le penchant sexuel a été dirigé sur une voie fausse, d'où il n'arrive pas à se dégager. Les pervers ne sont pas, selon la conception de Freud, des êtres chargés d'hérédité, des malades, ni surtout des criminels ; ce sont pour la plupart des hommes qui se souviennent avec une fidélité fatale de certaine forme de réalisation voluptueuse de leur époque pré-génitale, d'un événement érotique de leur période de développement et qui, dominés par la hantise de la répétition, ne peuvent chercher la volupté que dans cette direction. Ainsi voit-on dans la vie de malheureux adultes aux désirs infantiles que n'attire pas la réalisation sexuelle jugée naturelle par la société et normale à leur âme ; toujours ils veulent revivre cet événement érotique (retombé chez la plupart depuis longtemps dans l'inconscient) et cherchent dans la réalité un substitut de ce souvenir. Jean-Jacques Rousseau dans son impitoyable autobiographie nous a révélé avec une parfaite maîtrise un cas classique de perversion de ce genre, provoqué par un souvenir de jeunesse. Sa maîtresse qui était très sévère et qu'il aimait secrètement lui donnait souvent et furieusement le fouet ; à la propre surprise de l'enfant, ce châtiment rigoureux infligé par son éducatrice lui causait un plaisir très net. A l'état latent (si admirablement défini par Freud) Rousseau oublie complètement ces scènes, mais son corps, son âme, son inconscient ne l'oublient pas. Et lorsque plus tard l'homme mûr cherche la satisfaction charnelle dans des rapports normaux avec des femmes, il n'arrive jamais à l'accomplissement de l'acte physique. Pour qu'il puisse s'unir à une femme, elle doit d'abord répéter cette flagellation historique ; et c'est ainsi que Jean-Jacques paie toute sa vie l'éveil précoce et funeste de son affectivité sexuelle dévoyée par un masochisme incurable qui le ramène toujours, en dépit de sa révolte intérieure, à cette unique forme de volupté qui lui soit accessible. Les pervers (Freud classe sous ce nom tous ceux qui cherchent la jouissance par d'autres moyens que celui qui sert la reproduction) ne sont donc ni des malades ni des natures obstinément anarchiques, s'insurgeant consciemment et audacieusement contre les lois communes, mais des prisonniers malgré eux enchaînés à un événement de leur prime jeunesse, enlisés dans l'infantilisme, et dont le désir violent de vaincre leurs instincts dévoyés fait des névrosés et des psychosés. Car ni la justice, qui par sa menace plonge le malade plus profondément encore dans son conflit intérieur, ni la morale qui en appelle à la « raison » ne peuvent le libérer de ce joug ; il faut pour cela le guérisseur d'âmes qui lui fait comprendre, avec une sympathie lucide, l'événement primitif. Car seule l'auto-compréhension du conflit intérieur — tel est l'axiome de Freud dans la doctrine psychique — peut réussir à le supprimer : pour se guérir on doit d'abord savoir le sens de sa maladie.

Ainsi, selon Freud, tout déséquilibre psychique découle d'une expérience personnelle, généralement érotique, et même ce que nous nommons nature et hérédité ne représente rien d'autre que les événements vécus par les générations antérieures et absorbés par les nerfs ; par conséquent, l'événement vécu est pour la psychanalyse le facteur décisif dans la formation de l'âme, et elle cherche à comprendre tout homme individuellement à travers son passé. Pour Freud il n'est pas de psychologie ni de pathologie autres qu'individuelles : dans la vie de l'âme rien ne doit être considéré d'après une règle ou d'après un schéma ; chaque fois il faut découvrir les données premières qui sont toujours uniques. Il n'en est pas moins vrai que la plupart des événements sexuels précoces, tout en conservant leur nuance personnelle, montrent cependant certaines formes de ressemblance typique ; de même que d'innombrables individus sont visités par les mêmes formes de rêve (le rêve du vol plané, de l'examen, de la poursuite), Freud croit reconnaître dans la réalisation sexuelle précoce certaines attitudes affectives typiques presque obligatoires et il s'est passionnément attaché à rechercher et à classer ces catégories, ces « complexes ». Le plus célèbre — et aussi le plus diffamé — est le complexe dit d'Œdipe, que Freud présente même comme un des piliers fondamentaux de son édifice psychanalytique (quant à moi, il ne me paraît pas autre chose qu'un de ces étais qui, une fois la construction terminée, peuvent être supprimés sans

danger). Il a gagné entre-temps une si fatale popula-
rité qu'il est à peine nécessaire d'en donner la défi-
nition : Freud suppose que l'affectivité funeste qui se
réalise tragiquement dans la légende grecque
d'Œdipe, où le fils tue le père et possède la mère
— que cette situation, qui nous paraît barbare, existe
encore aujourd'hui à l'état de désir dans toute âme
infantile ; car — hypothèse la plus discutée de Freud
— le premier sentiment érotique de l'enfant vise toujours la mère, la première tendance agressive le père.
Ce parallélogramme de forces d'amour pour la mère
et de haine pour le père, Freud croit pouvoir prouver qu'il est le premier groupement naturel et inévitable de toute vie psychique infantile et à côté de lui
il place une série d'autres sentiments subconscients
comme la peur de la castration, le désir d'inceste, etc.
— tous sentiments qui ont été incarnés dans les
mythes primitifs de l'humanité. (Car selon la conception culturelle et biologique de Freud, les mythes et
légendes des peuples ne sont rien d'autre que les
rêves-désirs « abréagis » de leur enfance.) Ainsi, tout
ce que l'humanité a depuis longtemps rejeté comme
contraire à la culture, la joie de tuer, l'inceste, le viol,
tous ces sombres égarements du temps des hordes,
tout cela frémit encore une fois du désir de se réaliser dans l'enfance, cette période préhistorique de
l'âme humaine : chaque individu renouvelle symboliquement dans son développement éthique toute
l'histoire de la civilisation. Invisiblement puisque
inconsciemment, nous charrions tous dans notre
sang les vieux instincts barbares, et aucune culture
ne protège complètement l'homme contre les éclairs
subits de ces désirs étrangers à lui-même ; des courants mystérieux de notre inconscient nous
ramènent encore et toujours à ces temps primitifs
sans lois ni morale. Même si nous employons toute
notre force à écarter ce monde des instincts de notre
activité consciente, nous ne pouvons, en mettant les
choses au mieux, que l'amender dans le sens moral

et spirituel, mais jamais nous en détacher complètement.

A cause de cette conception soi-disant ennemie de
la civilisation, qui considère comme vain, dans un
certain sens, l'effort millénaire de l'humanité vers la
domination totale des instincts et souligne sans cesse
l'invincibilité de la libido, les adversaires de Freud
ont traité sa doctrine sexuelle de pan-sexualisme. Ils
l'accusent de surestimer comme psychologue l'instinct sexuel en lui attribuant une influence aussi pré-
pondérante sur notre vie psychique et d'exagérer
comme médecin en ramenant tout déséquilibre de
l'âme uniquement à ce point de départ et en ne partant que de lui pour aller vers la guérison. Cette
objection, selon moi, englobe le vrai et l'inexact. Car
en réalité Freud n'a jamais présenté le principe de
jouissance comme la seule force psychique motrice
du monde. Il sait bien que toute tension, tout mouvement — et la vie est-elle autre chose ? — ne
découle que du *polemos*, du conflit. C'est pourquoi,
dès le début, il a théoriquement opposé à la libido,
à l'instinct centrifuge tendant à dépasser le Moi et
cherchant à se fixer, un autre instinct, qu'il appelle
d'abord instinct du Moi, ensuite instinct agressif,
puis finalement instinct de la mort et qui pousse à
l'extinction au lieu de la reproduction, à la destruction au lieu de la création, au Néant au lieu de la vie.
Mais — et sous ce rapport seul ses adversaires n'ont
pas complètement tort — Freud n'a pas réussi à
représenter cet instinct contraire aussi nettement et
avec une force aussi persuasive que l'instinct sexuel :
le royaume des instincts dits du Moi, dans son
tableau philosophique de l'univers, est resté assez
vague, car là où Freud ne perçoit pas avec une netteté absolue, c'est-à-dire dans tout le domaine purement spéculatif, il lui manque la plasticité magnifique de son don de délimitation. Une certaine
surestimation du sexuel domine donc peut-être son
œuvre et sa thérapeutique, mais cette insistance particulière de Freud était historiquement la consé-

quence de la sous-estimation et de la dissimulation systématiques de la sexualité par les autres pendant des dizaines d'années. On avait besoin d'exagération pour que la pensée pût conquérir l'époque ; en brisant la digue du silence, Freud a surtout ouvert la discussion. En réalité cette exagération tant décriée du sexuel n'a jamais constitué de vrai danger, et ce qu'il pouvait y avoir d'outrancier dans les premiers moments a vite été corrigé par le temps, cet éternel régulateur de toutes les valeurs. Aujourd'hui que vingt-cinq ans se sont écoulés depuis le début des exposés de Freud, l'homme le plus craintif peut se tranquilliser : grâce à notre connaissance nouvelle, plus sincère et plus scientifique du problème de la sexualité, le monde n'est en aucune façon devenu plus sexuel, plus érotomane, plus amoral ; la doctrine de Freud, au contraire, n'a fait que reconquérir une valeur psychique perdue par la pruderie de la génération antérieure : l'ingénuité de l'esprit devant tout le physique. Une génération nouvelle a ainsi appris — et déjà on l'enseigne dans les écoles — à ne plus éviter les décisions intérieures, à ne plus cacher les problèmes les plus intimes, les plus personnels, mais, au contraire, à prendre conscience le plus clairement possible du danger et du mystère des crises internes. Toute auto-connaissance équivaut déjà à la liberté envers soi-même, et il est hors de doute que la nouvelle morale sexuelle, plus libre, se montrera dans la future camaraderie des sexes autrement créatrice de moralité que l'ancienne, toute de dissimulation, dont Freud — mérite indéniable — aura, par sa hardiesse et son indépendance d'esprit, hâté la disparition définitive. Toujours une génération doit sa liberté extérieure à la liberté intérieure d'un seul individu, toute science nouvelle a besoin d'un précurseur qui la rend perceptible aux autres humains.

CHAPITRE VIII

REGARD CRÉPUSCULAIRE AU LOIN

Toute vision se change en contemplation, toute contemplation en réflexion, toute réflexion en association, de sorte que l'on peut dire que chaque fois que nous jetons un regard attentif sur le monde, nous faisons déjà de la théorie.

GOETHE

L'automne est le temps béni de la contemplation. Les fruits sont récoltés, la tâche achevée : purs et clairs, le ciel et l'horizon lointain illuminent le paysage de la vie. Quand Freud, à l'âge de soixante-dix ans, jette pour la première fois un regard rétrospectif sur l'œuvre accomplie, il s'étonne sûrement lui-même en voyant jusqu'où l'a conduit sa voie créatrice.

Un jeune neurologue étudie l'explication de l'hystérie. Plus rapidement qu'il ne le croit, ce problème lui découvre ses abîmes. Mais là, dans ces profondeurs, un nouveau problème se présente à lui : l'inconscient. Il l'examine et il se trouve que c'est un miroir magique. Quel que soit l'objet spirituel sur lequel il projette sa lumière, il lui donne un sens nouveau. Ainsi armé d'un don d'interprétation sans égal, mystérieusement guidé par une mission intérieure,

Freud avance d'une révélation à une autre, d'une vue spirituelle à une nouvelle, plus vaste et plus élevée — *una parte nasce dall' altra successivamente,* selon le mot de Léonard de Vinci — et toutes ces découvertes s'enchaînent naturellement pour former un tableau d'ensemble du monde psychique. Depuis longtemps sont dépassées les régions de la neurologie, de la psychanalyse, de l'interprétation des rêves, de la sexualité, et toujours apparaissent d'autres sciences qui ne demandent qu'à être renouvelées. Déjà la pédagogie, les religions, la mythologie, la poésie et l'art doivent aux inspirations du vieux savant un enrichissement important : du haut de ses années, c'est à peine s'il peut embrasser du regard les espaces de l'avenir où atteint la puissance insoupçonnée de son activité. Comme Moïse du sommet de la montagne, Freud, au soir de sa vie, découvre encore un espace infini de terre inculte que pourrait fertiliser sa doctrine.

Pendant cinquante ans il a suivi intrépidement le sentier de la lutte, chasseur de mystères et chercheur de vérités, son butin est incalculable. Que de choses n'a-t-il pas projetées, pressenties, vues, créées ! Qui serait à même de dénombrer ses activités dans tous les domaines de l'esprit ? Il pourrait se reposer, à présent, le vieil homme. En effet, il éprouve quelque part en lui le besoin de voir les choses d'un œil plus doux, plus indulgent. Son regard qui a pénétré, sévère et scrutateur, au fond de trop d'âmes sombres, désirerait maintenant embrasser librement, en une sorte de rêverie spirituelle, l'image entière de l'univers. Celui qui toujours a labouré les abîmes aimerait contempler les sommets et les plaines de l'existence. Celui qui toute une vie a sans repos cherché et interrogé en psychologue essaierait volontiers, à présent, de se donner en philosophe une réponse à soi-même. Celui dont les analyses d'individus isolés ne se comptent plus voudrait maintenant approfondir le sens de la communauté et mettre à l'épreuve son art d'interprétation dans une psychanalyse de l'époque.

Elle n'est pas récente, cette tentation de voir le mystère universel exclusivement en penseur, d'en faire une pure vision de l'esprit. Mais la rigueur de sa tâche a interdit à Freud, pendant toute une vie, les tendances spéculatives ; les lois de la construction psychique devaient d'abord être expérimentées sur d'innombrables individus avant qu'il osât les appliquer au général. Et il lui semblait toujours, à cet homme par trop conscient de sa responsabilité, qu'il n'était pas encore temps. Mais à présent que cinquante ans d'un labeur infatigable lui donnent le droit de dépasser l'individuel en « rêve-pensée », voici qu'il sort pour jeter un regard au loin et pour appliquer à toute l'humanité la méthode éprouvée sur des milliers d'humains.

Le maître, toujours si sûr de lui, commence cette entreprise avec quelque crainte, quelque timidité. On serait presque tenté de dire qu'il quitte avec remords son domaine des faits exacts pour celui de ce qui ne saurait être prouvé ; car il sait, lui qui a démasqué tant d'illusions, combien facilement on cède à des rêves-désirs philosophiques. Jusqu'ici il avait durement repoussé toute généralisation spéculative : « Je suis contre la fabrication de conceptions universelles. » Ce n'est donc pas de gaieté de cœur, avec l'ancienne et inébranlable certitude qu'il se tourne vers la métaphysique — ou, comme il l'appelle plus prudemment, la métapsychologie. Il semble s'excuser devant lui-même de cette entreprise tardive : « Un certain changement dont je ne puis nier les conséquences s'est introduit dans mes conditions de travail. Jadis je n'étais pas de ceux qui ne savent garder secrète une chose qu'ils croient être une découverte, jusqu'à ce qu'elle se trouve corroborée... Mais alors le temps s'étendait, incalculable, devant moi — oceans *of time*, comme dit un aimable poète — et les matériaux affluaient vers moi si nombreux que j'arrivais difficilement à expérimenter tout ce qui m'était offert... Maintenant cela a changé. Le temps devant moi est limité, il n'est pas complètement rempli par le travail, les occasions de faire de nouvelles expériences ne se multiplient plus autant. Lorsque je crois voir quelque chose de neuf, je ne suis plus certain de pouvoir en attendre la preuve. » On le voit : cet homme strictement scientifique sait d'avance qu'il va se poser cette fois toutes sortes de problèmes insidieux. En une sorte de monologue, d'entretien intellectuel avec lui-même, il examine certaines des questions qui lui pèsent sans exiger, sans donner de réponse complète. Ces livres venus sur le tard, *L'Avenir d'une illusion* et le *Malaise dans la civilisation* ne sont peut-être pas aussi nourris que les précédents ; mais ils sont plus poétiques. Ils contiennent moins de science démontrable, mais plus de sagesse. Au lieu du dissecteur impitoyable se révèle enfin le penseur qui synthétise amplement, au lieu du médecin d'une science naturelle exacte l'artiste si longtemps pressenti. C'est comme si, pour la première fois, derrière le regard scrutateur, surgissait l'être humain si longuement dissimulé qu'est Sigmund Freud.

Mais ce regard qui contemple l'humanité est sombre ; il est devenu tel parce qu'il a vu trop de choses sombres ; continuellement, pendant cinquante ans, les hommes n'ont montré à Freud que leurs soucis, leurs misères, leurs tourments et leurs troubles, tantôt gémissant et interrogeant, tantôt s'emportant, irrités, hystériques, farouches ; toujours il n'a eu affaire qu'à des malades, des victimes, des obsédés, des fous ; seul le côté triste et aboulique de l'humanité est apparu inexorablement à cet homme durant toute une vie. Plongé éternellement dans son travail, il a rarement entrevu l'autre face de l'humanité, sereine, joyeuse, confiante, la partie composée d'hommes généreux, insouciants, gais, légers, enjoués, bien portants, heureux : il n'a rencontré que des malades, des mélancoliques, des déséquilibrés, rien que des âmes sombres. Sigmund Freud est resté trop longtemps et trop profondément médecin pour n'en être pas arrivé peu à peu à considérer toute l'humanité comme un corps malade.

Déjà sa première impression, dès qu'il jette un regard sur le monde du fond de son cabinet de travail, fait précéder toutes recherches ultérieures d'un diagnostic terriblement pessimiste : « Pour toute l'humanité, de même que pour l'individu, la vie est difficile à supporter. »

Mot terrible et fatal qui laisse peu d'espoir, soupir qui monte du tréfonds plutôt que notion acquise. On se rend compte que Freud s'approche de sa tâche culturelle et biologique comme s'il s'avançait vers le lit d'un malade. Accoutumé à examiner en psychiatre, il croit nettement apercevoir dans notre époque les symptômes d'un déséquilibre psychique. Comme la joie est étrangère à son œil, il ne voit dans notre civilisation que le malaise et se met à analyser cette névrose de l'âme de l'époque. Comment est-ce possible, se demande-t-il, que si peu de satisfaction réelle anime notre civilisation, qui cependant a élevé l'humanité bien au-dessus de tous les espoirs et pressentiments des générations précédentes ? N'avons-nous pas mille fois dépassé en nous le vieil Adam, ne sommes-nous pas déjà plus pareils à Dieu qu'à lui ? L'oreille, grâce à la membrane téléphonique, n'entend-elle pas les sons des continents les plus éloignés ; l'œil, grâce au télescope, ne contemple-t-il pas l'univers des myriades d'étoiles, et, à l'aide du microscope, ne voit-il pas le Cosmos dans une goutte d'eau ? Notre voix ne survole-t-elle pas en une seconde l'espace et le temps, ne nargue-t-elle pas l'éternité, fixée au disque d'un gramophone ; l'avion ne nous transporte-t-il pas avec sécurité à travers l'élément interdit au mortel pendant des milliers d'années ? Pourquoi ces conquêtes techniques n'apaisent-elles pas et ne satisfont-elles pas notre moi intime ? Pourquoi, malgré cette parité avec Dieu, l'âme de l'homme n'éprouve-t-elle pas la vraie joie de la victoire, mais uniquement le sentiment accablant que nous ne faisons qu'emprunter ces splendeurs, que nous ne sommes que des « dieux à prothèses » ? Quelle est l'origine de cette inhibition, de ce déséquilibre, la racine de cette maladie de l'âme ? se demande Freud en contemplant l'humanité. Et, gravement, rigoureusement, méthodiquement, comme s'il s'agissait d'un des cas isolés de sa consultation, le vieux savant se met en devoir de rechercher les causes du malaise de notre civilisation, cette névrose psychique de l'humanité actuelle.

On sait que Freud commence toujours une psychanalyse par la recherche du passé : il procède de même pour celle de la civilisation à l'âme malade en jetant un regard rétrospectif sur les formes primitives de la société humaine. Au début Freud voit apparaître l'homme préhistorique (dans un certain sens le nourrisson de la civilisation), ignorant mœurs et lois, animalement libre et vierge de toute inhibition. Mû par son égoïsme concentré, que rien n'entrave, il trouve une décharge à ses instincts agressifs dans le meurtre et le cannibalisme, à son penchant sexuel dans le pan-sexualisme et l'inceste. Mais à peine cet homme primitif forme-t-il avec ses pareils une horde ou un clan, qu'il est forcé de se rendre compte qu'il y a des bornes à ses appétits, bornes représentées par la résistance de ses compagnons : toute vie sociale, même au degré le plus bas, exige une limitation. L'individu doit se résigner à considérer certaines choses comme défendues ; on établit des coutumes, des droits, des conventions communes qui entraînent le châtiment pour toute transgression. Bientôt la connaissance des interdictions, la crainte du châtiment, tout extérieures, se déplacent peu à peu à l'intérieur et créent dans le cerveau jusque-là borné et bestial une instance nouvelle, un sur-Moi, un appareil en quelque sorte signalisateur qui avertit à temps de ne pas traverser les rails des mœurs, afin de ne pas être happé par la punition. Avec ce sur-Moi, la conscience, naît la culture et en même temps l'idée religieuse. Car toutes les limites que la nature oppose du dehors à l'instinct humain de jouissance, le froid, la maladie, la mort, la peur aveugle et primitive de la créature ne les conçoit toujours que comme envoyées par un adversaire invisible, par un « Dieu-père », qui a le pouvoir illimité de récompenser et de châtier, un Dieu de terreur auquel on doit servitude et soumission. La présence imaginaire d'un Dieu-père omniscient et omnipotent — à la fois idéal suprême du Moi en tant que représentant de la toute-puissance et image terrifiante en tant que créateur de tous les effrois — tient en éveil la conscience qui refoule l'homme révolté dans ses frontières ; grâce à cet auto-refrènement, à cette renonciation, à cette discipline et auto-discipline, commence la civilisation graduelle de l'être barbare. En unissant ses forces primitivement ultra-belliqueuses, en leur assignant une activité commune et créatrice, au lieu de les lancer uniquement les unes contre les autres en des luttes sanglantes et meurtrières, l'humanité accroît ses dons éthiques et techniques et enlève peu à peu à son propre idéal, à Dieu, une bonne part de sa puissance. L'éclair est emprisonné, le froid asservi, la distance vaincue, le danger des fauves dompté par les armes ; tous les éléments : eau, air, feu, assujettis peu à peu à la communauté civilisée. Grâce à ses forces créatrices organisées, l'humanité monte toujours plus haut à l'échelle céleste vers le divin ; maîtresse des sommets et des abîmes, triomphatrice de l'espace, pleine de savoir et presque omnisciente, elle, partie de la bête, peut déjà se considérer comme égale à Dieu.

Mais au milieu de ce beau rêve d'une civilisation créatrice de bonheur universel, Freud, l'incurable désillusionniste — absolument comme Jean-Jacques Rousseau, plus de cent cinquante ans auparavant — lance la question : pourquoi, malgré cette parité avec Dieu, l'humanité n'est-elle pas plus heureuse et plus joyeuse ? Pourquoi notre Moi le plus profond ne se sent-il pas enrichi, délivré et sauvé par toutes ces victoires civilisatrices de la communauté ? Et il y répond lui-même, avec sa dureté énergique et implacable : parce que cet enrichissement par la culture ne nous a pas été donné gratuitement, mais est payé par une limitation inouïe de la liberté de nos instincts. L'envers de tout gain de civilisation pour l'espèce est une perte de bonheur pour l'individu (et Freud prend toujours le parti de ce dernier). A l'accroissement de civilisation humaine collective correspond une diminution de liberté, une baisse de force affective pour l'âme individuelle. « Notre sentiment actuel du Moi n'est qu'une partie rabougrie d'un sentiment vaste, universel même, conforme à une parenté plus intime entre le Moi et le monde environnant. » Nous avons trop cédé de notre force à la société, à la collectivité, pour que nos instincts primitifs, sexuel et agressif, possèdent encore leur unité et leur puissance anciennes. Plus notre vie psychique s'éparpille en d'étroits canaux, plus elle perd de sa force torrentielle élémentaire. Les restrictions sociales plus rigoureuses de siècle en siècle racornissent et rétrécissent notre force affective, et « la vie sexuelle de l'homme civilisé notamment en a gravement souffert. Elle fait parfois l'impression d'une fonction en déclin, comme semble avoir diminué le rôle de nos organes, de notre denture et de nos cheveux ». L'âme de l'homme ne se laisse pas tromper : elle sait d'une façon mystérieuse que les innombrables jouissances nouvelles et supérieures parmi lesquelles les arts, les sciences, la technique, essaient quotidiennement de lui faire illusion ; que l'asservissement de la nature et les multiples commodités de la vie lui ont valu la perte d'une autre volupté plus totale, plus farouche, plus naturelle. Quelque chose, en nous, biologiquement caché peut-être dans les labyrinthes du cerveau et que charrie notre sang, se souvient mystiquement de cette liberté suprême liée à notre état primitif : tous les instincts vaincus depuis longtemps par la culture — l'inceste, le parricide, la pansexualité — hantent encore nos rêves et nos désirs. Même en l'enfant soigné et dorloté, mis au monde sans chocs et sans douleurs par la plus cultivée des mères dans le local bien chauffé, éclairé à l'électricité, dûment désinfecté, d'une clinique de luxe, le vieil homme primitif se réveille : il doit reparcourir lui-même à travers les millénaires tous les degrés qui conduisent des instincts paniques à l'auto-limitation, il doit revivre et souffrir en son propre petit corps croissant toute l'évolution de la culture. Ainsi, un souvenir de l'ancienne autocratie reste indestructible en nous tous, et à certains moments notre Moi éthique a la nostalgie folle de l'anarchisme, de la liberté nomade, de l'animalité de nos débuts. Dans notre vitalité, la perte et le profit s'équilibrent éternellement, et plus se creuse l'abîme entre les limitations toujours plus nombreuses qu'imposent la communauté et la liberté primitive, plus s'aggrave la méfiance de l'âme individuelle ; elle se demande si, au fond, elle n'est pas spoliée par le progrès, et si la socialisation du Moi ne la frustre pas de son Moi le plus profond.

L'humanité réussira-t-elle jamais, continue Freud, en s'efforçant de percer l'avenir, à maîtriser définitivement cette inquiétude, ce dualisme, ce déchirement de son âme ? Désorientée, hésitant entre la crainte de Dieu et la jouissance animale, entravée par les interdictions, accablée par la névrose de la religion, trouvera-t-elle une issue à ce dilemme de sa civilisation ? Les deux puissances originelles, l'instinct agressif et l'instinct sexuel, ne se soumettront-elles pas enfin volontairement à la raison morale et ne pourrons-nous pas, plus tard, définitivement écarter comme superflue l'« hypothèse utilitaire » du Dieu qui juge et qui châtie ? L'avenir — pour parler en psychanalyste — surmontera-t-il ce conflit affectif le plus secret en le mettant à la lumière de la conscience ? S'assainira-t-il complètement un jour ?

Question dangereuse. Car en se demandant si la raison pourra devenir maîtresse de notre vie instinctive, Freud se voit acculé à une lutte tragique. D'une part, on le sait, la psychanalyse nie la domination de la raison sur l'inconscient : « Les hommes, dit-elle, sont peu accessibles aux arguments de la raison, ils sont mus par leurs instincts », et cependant elle affirme, d'autre part, « que nous n'avons pas d'autre

moyen que notre intelligence pour dominer notre vie
instinctive ». Comme doctrine théorique la psychanalyse combat pour la prédominance des instincts et
de l'inconscient ; comme méthode pratique elle voit
dans la raison l'unique moyen de salut pour l'homme
et par conséquent pour l'humanité. Depuis longtemps se cache au fond de la psychanalyse cette
contradiction secrète ; maintenant, proportionnel-
lement à l'ampleur de l'examen, elle s'enfle démesurément : Freud à présent devrait prendre une décision définitive ; c'est justement ici, dans le domaine
philosophique, qu'il devrait se prononcer pour la
prépondérance de la raison ou celle de l'instinct.
Mais pour lui, qui ne sait pas mentir et toujours se
refuse à se mentir à lui-même, ce choix est terriblement difficile. Comment conclure ? Le regard bouleversé, le vieil homme vient de voir confirmer sa théorie de la domination des instincts sur la raison
consciente par la psychose collective de la guerre
mondiale : jamais on ne s'était rendu compte aussi
sinistrement qu'en ces quatre années apocalyptiques
combien est encore mince la couche de civilisation
qui cache la violence de nos instincts sanguinaires,
et comme une seule poussée de l'inconscient suffit à
faire crouler tous les édifices audacieux de l'esprit et
tous les temples de la morale. Il a vu sacrifier la religion, la culture, tout ce qui ennoblit et élève la vie
consciente de l'homme, à la jouissance sauvage et
primitive de la destruction ; toutes les puissances
saintes et sanctifiées se sont trouvées une fois de plus
d'une faiblesse enfantine en face de l'instinct sourd
et assoiffé de sang de l'homme primitif. Et pourtant,
quelque chose en Freud se refuse à reconnaître
comme définitive cette défaite morale de l'humanité.
Car à quoi bon la raison, à quoi bon avoir lui-même
servi pendant des décennies la science et la vérité, si
en fin de compte toute prise de conscience de
l'humanité doit quand même rester impuissante
contre son inconscient ? Incorruptiblement honnête,
Freud n'ose nier ni la puissance active de la raison

ni la force incalculable de l'instinct. Aussi, pour finir,
répond-il prudemment à la question qu'il s'est posée
— envisageant ainsi un « troisième royaume » de
l'âme — par un vague « peut-être », « peut-être qu'un
jour très lointain » ; car il ne voudrait pas, après ce
tardif voyage, retourner en lui-même sans la
moindre consolation. Il est émouvant d'entendre sa
voix toujours si sévère devenir conciliante et douce,
lorsque maintenant, au soir de sa vie, il veut montrer à l'humanité, au bout de sa route, une petite
lueur d'espoir : « Nous pouvons continuer à dire avec
raison que l'intellect humain est faible en comparaison des instincts. Mais cette faiblesse est chose singulière ; la voix de l'intellect est basse, mais elle ne
cesse pas tant qu'elle ne s'est pas fait entendre. A la
fin, après d'innombrables échecs, elle y réussit quand
même. C'est un des rares points sur lesquels on peut
être optimiste pour l'avenir de l'humanité, mais il ne
signifie pas peu de chose en soi. Le primat de l'intellect se trouve, certes, dans une région lointaine, mais
probablement pas inaccessible. »

Ce sont là des paroles merveilleuses. Mais cette
petite lueur dans l'obscurité vacille pourtant dans un
lointain trop vague pour que l'âme interrogatrice,
glacée par la réalité, puisse s'y réchauffer. Toute
« probabilité » n'est qu'une mince consolation, et
aucun « peut-être » n'étanche la soif inapaisable de
foi en des certitudes suprêmes. Ici nous nous trou-
vons devant la limite infranchissable de la psychanalyse : là où commence le royaume des croyances
intérieures, de la confiance créatrice, sa puissance
finit ; consciemment désillusionniste et ennemie de
tout mirage, elle n'a pas d'ailes pour atteindre ces
régions élevées. Science exclusive de l'individu, de
l'âme individuelle, elle ne sait rien et ne veut rien
savoir d'un sens collectif ou d'une mission métaphysique de l'humanité : c'est pourquoi elle ne fait
qu'éclairer les faits psychiques et ne réchauffe pas
l'âme humaine. Elle ne peut donner que la santé,
mais la santé seule ne suffit pas. Pour être heureuse

et féconde, l'humanité a besoin d'être sans cesse for-
tifiée par une foi qui donne un sens à sa vie. La psychanalyse ne recourt ni à l'opium des religions, ni
aux extases grisantes des promesses dithyrambiques
de Nietzsche, elle n'assure ni ne promet rien, elle préfère se taire que consoler. Cette sincérité engendrée
entièrement par l'esprit sévère et loyal de Sigmund
Freud est admirable sous le rapport moral. Mais à
tout ce qui n'est que vrai se mêle inévitablement un
grain d'amertume et de scepticisme, sur tout ce qui
n'est que raison et analyse plane une certaine ombre
tragique. Indéniablement il y a dans la psychanalyse
quelque chose qui sape le divin, quelque chose qui a
un goût de terre et de cendres ; comme tout ce qui
n'est qu'humain, elle ne rend pas libre et joyeux ; la
sincérité peut admirablement enrichir l'esprit, mais
jamais satisfaire totalement le sentiment, jamais
enseigner à l'humanité à « se dépasser », ce qui est
la satisfaction la plus folle, et pourtant la plus nécessaire. L'homme — qui l'a prouvé plus magnifiquement que Freud ? — ne peut, même dans le sens physique, vivre sans rêve, son corps frêle éclaterait sous
la pression des sentiments irréalisés ; comment alors
l'âme de l'humanité supporterait-elle l'existence sans
l'espoir d'un sens plus élevé, sans les rêves de la foi.
C'est pourquoi la science peut sans cesse lui démon-
trer la puérilité de ses créations divines, toujours,
pour ne pas tomber dans le nihilisme, sa joie de créer
voudra donner un sens nouveau à l'univers, car cette
joie de l'effort est déjà en elle-même le sens le plus
profond de toute vie spirituelle.

Pour l'âme affamée de croyance, la froide et lucide
raison, la rigueur, le réalisme de la psychanalyse
n'est pas un aliment. Elle apporte des expériences,
sans plus ; elle peut donner une explication des réalités, mais non de l'univers, auquel elle n'attribue
aucun sens. Là est sa limite. Elle a su, mieux que
n'importe quelle méthode spirituelle antérieure, rapprocher l'homme de son propre Moi, mais non pas
— ce qui serait nécessaire pour la satisfaction totale

du sentiment — le faire sortir de ce Moi. Elle analyse, sépare, divise, elle montre à toute vie son sens
propre, mais elle ne sait pas regrouper ces mille et
mille éléments et leur donner un sens commun. Pour
être réellement créatrice, il faudrait que sa pensée,
qui éclaire et décompose, fût complétée par une
autre qui rassemblerait et ferait fusionner — après
la psychanalyse, la psychosynthèse — chose qui sera
peut-être la science de demain. Quel que soit le chemin parcouru par Freud, plus loin que lui de vastes
espaces restent à explorer. Maintenant que l'art
d'interprétation du psychanalyste a montré à l'âme
les entraves secrètes qui arrêtent son essor, d'autres
pourraient lui parler de sa liberté, lui apprendre à
sortir d'elle-même et à rejoindre le Tout universel.

CHAPITRE IX

LA PORTÉE DANS LE TEMPS

> *L'individu qui naît de l'Un et du Multiple et qui,*
> *dès sa naissance, porte en soi tant le défini que l'indé-*
> *fini — nous ne voulons point le laisser s'évanouir*
> *dans l'illimité avant d'avoir revu toutes ses catégories*
> *de représentations qui font l'intermédiaire entre l'Un*
> *et le Multiple.*

PLATON

Deux découvertes d'une simultanéité symbolique se produisent dans la dernière décennie du XIXe siècle : à Wurtzbourg, un physicien peu connu, du nom de Wilhelm Rœntgen, prouve par une expérience inattendue la possibilité de voir à travers le corps humain considéré jusqu'alors comme impénétrable. A Vienne un médecin aussi peu connu, Sigmund Freud, découvre la même possibilité pour l'âme. Les deux méthodes non seulement modifient les bases de leur propre science, mais fécondent tous les domaines voisins ; par un croisement remarquable, le médecin tire profit de la découverte du physicien, et celle du médecin enrichit la psychophysique, la doctrine des forces de l'âme.

Grâce à la découverte grandiose de Freud, dont les résultats, aujourd'hui encore, sont loin d'être épuisés, la psychologie scientifique dépasse enfin les limites de son exclusivité académique et théorique et entre dans la vie pratique. Par elle, la psychologie comme science devient pour la première fois applicable à toutes les créations de l'esprit. Car la psychologie de jadis, qu'était-elle ? Une matière scolaire, une science théorique spéciale, emprisonnée dans les universités et les séminaires, engendrant des livres aux formules illisibles et insupportables. Celui qui l'étudiait n'en savait pas plus sur lui-même et ses lois individuelles que s'il avait étudié le sanscrit ou l'astronomie, et le grand public, par un juste instinct, considérait ses résultats de laboratoire comme sans portée, parce que totalement abstraits. En faisant passer d'un geste décisif l'étude de l'âme du théorique à l'individuel, et en faisant de la cristallisation de la personnalité un objet de recherches, Freud transporte la psychologie scolaire dans la réalité et la rend d'une importance vitale pour l'homme, puisque désormais applicable. A présent seulement la psychologie peut assister la pédagogie dans la formation de l'être humain grandissant ; coopérer à la guérison du malade ; aider au jugement du dévoyé en justice ; faire comprendre les créations artistiques, et, en même temps qu'elle cherche à expliquer à chacun son individualité toujours unique, elle vient en aide à tous. Car celui qui a appris à comprendre l'être humain en lui-même le comprend en tous les hommes.

En orientant ainsi la psychologie vers l'âme individuelle, Freud a inconsciemment délivré la volonté la plus intime de l'époque. Jamais l'homme ne fut plus curieux de son propre Moi, de sa personnalité, qu'en notre siècle de monotonisation croissante de la vie extérieure. Le siècle de la technique uniformise et dépersonnalise de plus en plus l'individu dont il fait un type incolore ; touchant un même salaire par catégorie, habitant les mêmes maisons, portant les mêmes vêtements, travaillant aux mêmes heures, à la même machine, cherchant ensuite un refuge dans le même genre de distraction, devant le même appareil de T. S. F., le même disque phonographique, se livrant aux mêmes sports, les hommes sont extérieurement, d'une manière effrayante, de plus en plus ressemblants ; leurs villes aux mêmes rues sont de moins en moins intéressantes, les nations toujours plus homogènes ; le gigantesque creuset de la rationalisation fait fondre toutes les distinctions apparentes. Mais cependant que notre surface est taillée en série et que les hommes sont classés à la douzaine conformément au type collectif, au milieu de la dépersonnalisation progressive des modes de vie, chaque individu apprécie de plus en plus l'importance de la seule couche vitale de son être inaccessible et qui échappe à l'influence du dehors : sa personnalité unique et impossible à reproduire. Elle est devenue la mesure suprême et presque unique de l'homme, et ce n'est point un hasard si tous les arts et toutes les sciences servent maintenant si passionnément la caractérologie. La doctrine des types, la science de la descendance, la théorie de l'hérédité, les recherches sur la périodicité individuelle s'efforcent de séparer toujours plus systématiquement le particulier du général ; en littérature la biographie approfondit la science de la personnalité ; des méthodes d'examen de la physiognomonie intérieure, comme l'astrologie, la chiromancie, la graphologie, qu'on croyait mortes depuis longtemps, s'épanouissent de nos jours d'une façon inattendue. De toutes les énigmes de l'existence aucune n'importe autant à l'homme d'aujourd'hui que la révélation de son être et de son propre développement, que les conditions spéciales et les particularités uniques de sa personnalité.

Freud a ramené à ce centre de vie intérieure la science psychique devenue abstraite. Pour la première fois il a développé, en atteignant une grandeur poétique, l'élément dramatique de la cristallisation de la personnalité humaine, ce va-et-vient ardent et trouble de la région crépusculaire entre le conscient et l'inconscient, où le choc le plus infime engendre les conséquences les plus vastes, où le passé se rattache au présent par les enchevêtrements les plus singuliers, véritable cosmos dans la sphère étroite du sang et du corps, impossible à embrasser du regard dans son ensemble et cependant beau à contempler comme une œuvre d'art dans son insondable conformité aux lois internes. Mais les lois gouvernant un homme — c'est là le bouleversement radical apporté par sa doctrine — ne peuvent jamais être jugées d'après un schéma courant ; il faut qu'elles soient expérimentées, éprouvées et reconnues de ce fait comme valeurs uniques. On ne peut pas comprendre une personnalité au moyen d'une formule rigide, mais uniquement et exclusivement par la forme de son destin, découlant de sa propre vie : c'est pourquoi toute cure médicale, toute aide morale suppose avant tout chez Freud le savoir et notamment un savoir affirmatif, sympathisant et par là vraiment intuitif. Le commencement obligatoire de toute science et de toute médecine psychique est pour lui le respect de la personnalité, ce « mystère révélé », selon le sens goethéen ; ce respect, Freud, comme personne d'autre, a enseigné à le révérer en tant que commandement moral. Par lui seul des milliers et des centaines de milliers d'êtres ont compris pour la première fois la fragilité de l'âme, en particulier de l'âme infantile ; à la vue des blessures dévoilées par lui, ils ont commencé à se rendre compte que tout geste grossier, toute intervention brutale (il suffit parfois d'un seul mot) dans cette matière super-délicate, douée d'une force mystérieuse de ressouvenance, peut détruire un destin ; que, par conséquent, toute menace, interdiction, punition ou correction irréfléchie charge son auteur d'une responsabilité inconnue jusqu'ici. Le respect de la personnalité, même dans ses erreurs, c'est ce que Freud a introduit toujours plus profondément dans la conscience d'aujourd'hui, à l'école, à l'église, au tribunal, ces refuges de la rigueur ; par cette vision meilleure des lois psychiques il a propagé dans le monde une délicatesse et une indulgence plus grandes. L'art de se comprendre mutuellement, le plus important dans les relations humaines, et celui qui est de plus en plus nécessaire entre les nations, le seul en somme qui puisse nous aider dans la construction d'une humanité supérieure, cet art n'a profité d'aucune méthode actuelle ayant trait au domaine de l'esprit autant que de la doctrine freudienne de la personnalité ; grâce à Freud on s'est rendu compte pour la première fois dans un sens nouveau et actif de l'importance de l'individu, de la valeur unique et irremplaçable de toute âme humaine. Il n'y a pas en Europe, dans tous les domaines de l'art, de l'étude, des sciences vitales, un seul homme important dont les conceptions ne soient directement ou indirectement, bon gré, mal gré, influencées d'une manière créatrice par les idées de Freud : partout cet homme isolé a atteint le centre de la vie — l'humain. Et tandis que les spécialistes continuent à ne pas pouvoir s'incliner devant le fait que cette œuvre n'est pas rigoureusement conforme aux règles de l'enseignement médical, philosophique ou autre, tandis que les savants officiels disputent encore furieusement à propos de détails et de finalités, la théorie de Freud a fait depuis longtemps ses preuves et s'est montrée irréfutablement vraie — vraie dans le sens créateur, selon le mot inoubliable de Goethe : « Seul ce qui est fécond est vrai. »

Table

SIGMUND FREUD

Le Livre de Poche s'engage pour
l'environnement en réduisant
l'empreinte carbone de ses livres.
Celle de cet exemplaire est de :
650 g éq. CO_2
Rendez-vous sur
www.livredepoche-durable.fr

PAPIER À BASE DE
FIBRES CERTIFIÉES

Composition réalisée par JOUVE

Imprimé en France par CPI
en janvier 2019
N° d'impression : 2042339
Dépôt légal 1re publication : février 2003
Édition 10 - janvier 2019
LIBRAIRIE GÉNÉRALE FRANÇAISE
21, rue du Montparnasse - 75298 Paris Cedex 06